怎样搞好调查研究

—— 认知与实践 ——

魏礼群 ◎ 著

中国言实出版社

图书在版编目(CIP)数据

怎样搞好调查研究：认知与实践 / 魏礼群著 . -- 2 版. -- 北京：中国言实出版社, 2023.4
ISBN 978-7-5171-4441-0

Ⅰ.①怎… Ⅱ.①魏… Ⅲ.①社会科学－文集 Ⅳ.①C53

中国国家版本馆 CIP 数据核字（2023）第 056057 号

怎样搞好调查研究——认知与实践

出 版 人：冯文礼
责任编辑：张　丽　刘　磊
责任校对：代青霞

出版发行：	中国言实出版社
地　址：	北京市朝阳区北苑路180号加利大厦5号楼105室
邮　编：	100101
编辑部：	北京市海淀区花园路6号院B座6层
邮　编：	100088
电　话：	010-64924853（总编室）　010-64924716（发行部）
网　址：	www.zgyscbs.cn电子邮箱：zgyscbs@263.net

经　销：	新华书店
印　刷：	北京温林源印刷有限公司
版　次：	2023年5月第1版　2023年5月第1次印刷
规　格：	710毫米×1000毫米　1/16　21.75印张
字　数：	345千字

定　价：	58.00元
书　号：	ISBN 978-7-5171-4441-0

作者近照

作者简介

魏礼群，曾任国家计委政策研究室主任、体制改革和法规司司长，国家计委党组成员兼秘书长，中央财经领导小组办公室副主任，国务院研究室主任、党组书记，国家行政学院党委书记，第十一届全国政协委员、文史和学习委员会副主任。中国共产党第十六届、十七届中央委员会委员。曾担任国际行政院校联合会副主席，中国行政体制改革研究会会长，中国西部人才开发基金会理事长，中国国际经济交流中心常务副理事长、学术委员会主任，国家行政学院、中国人民大学、北京师范大学教授、博士生导师。2011 年至 2022 年应聘担任北京师范大学中国社会管理研究院院长、2015 年兼任北京师范大学社会学院院长。

现任中央马克思主义理论研究和建设工程咨询委员会委员、国家社会科学基金应用经济组召集人、中国行政体制改革研究会学术委员会主任。

参加或主持过党中央、国务院大量重要文件和党中央、国务院领导人重要讲话的起草工作，包括：参加中国共产党十三大、十四大、十五大、十六大、十七大、十八大报告起草，以及 20 余次中共中央全会《决定》《建议》的起草；1999 年至 2008 年连续十年负责国务院总理在全国人民代表大会上《政府工作报告》的起草；负责或参与起草各种重要文稿 3000 多件。

主持过 120 多项重大课题研究，包括《邓小平经济理论研究》《科学发展观研究》《习近平总书记关于中国式现代化重要论述研究》，以及行政体制改革、社会治理现代化研究等，取得了一大批有重要价值的学术、科研、决策咨询成果。出版了《中国经济发展与改革》等个人专著 20 多部，主编著作 130 多部。

2009 年入选"影响新中国 60 年经济建设的 100 位经济学家"，2013 年被评为"20 世纪中国知名科学家"，先后入选"2014 中国智库建设十大代表人物""2016 年度十大智库人物"，2018 年入选"致敬改革开放四十年·中国智库建设 40 人"。

出版前言

调查研究是我们党的重要传家宝，是做好各项工作的基本功。习近平总书记强调指出，调查研究是谋事之基、成事之道，没有调查就没有发言权，更没有决策权；正确的决策离不开调查研究，正确的贯彻落实同样离不开调查研究；要大兴调查研究之风。习近平总书记这些重要指示，深刻阐明了搞好调查研究的极端重要性。广大干部一定要学会调查研究、不断提高调查研究能力，在调查研究中提高本领，把工作做实做好。

2020年，中国言实出版社出版的国务院研究室原主任、党组书记魏礼群同志所著《怎样搞好调查研究》一书，深受党政机关工作人员和企事业单位研究人员的欢迎，自出版以来已经加印多次。

近日，中共中央办公厅印发《关于在全党大兴调查研究的工作方案》以后，更多的读者关注到这本书。为满足广大读者需求，中国言实出版社决定在原书的基础上进行补充完善修订再版，定名为《怎样搞好调查研究——认知与实践》。

《怎样搞好调查研究——认知与实践》内容结构上分为"认知篇"和"实践篇"两部分，共收录了作者有关怎样搞好调查研究的理论文章、讲话、调研报告30篇。其中，"认知篇"侧重调查研究理论与方法，饱含了作者多年从事调查研究工作的真知灼见，很多观点历经数年、十数年依然历久弥新。"实践篇"收入了作者在不同工作岗位上围绕党和国家工作大局，主持或组织对若干重要问题的调查研究实践及其形成的调研成果。通过本书可以

怎样搞好调查研究——认知与实践

感受到魏礼群同志的初心和情怀，也可以一窥高质量调研报告的谋篇布局和写作技巧。本书内容权威、实用，既有理论、有认知、有方法，又有实践、有经验、有范式，是党政机关、企事业单位广大干部提高调查研究能力、增强工作本领的好帮手。相信本书的出版，对于一些有调查研究工作经历的人来说，具有"捅破一层窗户纸"的作用，能让人豁然开朗，可以迅速找到做好调查研究的突破点；对于缺少调查研究经验的读者来说，同样也能够起到"他山之石、可以攻玉"的效果，从而有助于全面、扎实、有效推进调查研究工作。

2023 年 5 月

目 录

认知篇

怎样搞好调查研究	3
大力弘扬理论联系实际的优良学风	20
总结经验　找出差距　努力提高调查研究工作水平	32
着力提高文稿起草质量	48
提高调查研究水平　做好决策咨询工作	67
练好调查研究基本功	76
搞好调查研究贵在深入	80
调查研究要多出精品力作	84
认真做好政策研究工作　努力提高决策咨询水平	90
努力加强决策咨询服务工作	112

开展重大课题研究是国家高端智库的主要任务……120

大力开展社会调查　多出智库精品成果……130

办好中国政策专家库　充分发挥专家委员会的作用……142

开展百村社会治理调查　助力乡村振兴战略……150

深入开展"百村社会治理调查"工作……160

"京师社会调查丛书"总序……168

实践篇

正确认识和高度重视解决农民工问题

——《中国农民工调研报告》序言……179

当前金融领域的一些主要问题和建议

——赴天津市调研金融工作的情况报告……189

深入开展调查研究　加强和改进学院工作……197

广东深化行政体制改革的调研报告……202

深入研究加强和创新社会管理问题……213

国家种子"硅谷"发展战略研究……222

关于加快明清黄河故道综合整治和开发的建议……249

关于加快渤海海峡跨海通道重大工程论证的几点建议……278

关于加快青年诚信体系建设的建议……285

关于加快社科类科研经费管理制度改革的建议…………………… 292

关于深入推进青年诚信建设创新工程的建议…………………… 300

关于新时代坚持和发展"枫桥经验"的建议…………………… 306

关于"十四五"时期推动淮海经济区协同发展的建议…………… 314

推动县域高质量发展的生动范例

——《浙江嘉善县域科学发展示范点发展改革方案》实施情况评估与建议………………………………………………………………… 325

认知篇

怎样搞好调查研究

（2016年9月3日）

改革开放以来，我长期在国家宏观管理部门做政策研究和决策咨询工作，先后在国家计委、中央财经领导小组办公室、国务院研究室和国家行政学院履职；近些年又在几个智库工作。回顾近40年的工作历程，主持或参与许多调查研究课题，有一些认知和感悟。

今天，我主要围绕建设新型智库、搞好调查研究这个主题，讲一些认识和体会。主要讲三个方面问题：一是充分认识调查研究工作的重要性；二是搞好调查研究需要把握的几个方面；三是全面增强调查研究的能力和素质。

一、充分认识调查研究工作的极端重要性

做任何工作，首先要认识到它的重要性和必要性，这样才可以增强自觉性。调查研究工作也不例外。

重视调查研究，是坚持辩证唯物主义和历史唯物主义世界观、方法论的必然要求，是我们党的一项基本领导制度和工作方法。历届中央领导集体都高度重视，身体力行，在调查研究的理论和实践方面，都为全党树立了光辉的典范。

今年5月17日，习近平总书记在哲学社会科学座谈会上的重要讲话中指出，毛泽东同志的许多调查研究名篇对我国社会作出了鞭辟入里的分析，

是社会科学的经典之作。习近平总书记对毛泽东同志的调查研究，给予了高度的评价。的确，我们回顾历史，在新民主主义革命极为艰难的时期，毛泽东同志进行过大量的实地调查，写出了一批不朽的调查报告。比如：《中国社会各阶级的分析》《湖南农民运动考察报告》，以及《寻乌调查》《兴国调查》等。特别是他在《反对本本主义》中，提出了"没有调查，就没有发言权"和"不做正确的调查研究，同样没有发言权"两个著名论断。毛泽东同志还说："我的经验历来如此，凡是忧愁没有办法的时候，就去调查研究，一经调查研究，办法就出来了，问题就解决了。"他甚至形象地说："调查就像'十月怀胎'，解决问题就像'一朝分娩'。调查就是解决问题。"新中国成立后，20世纪50年代中期，党和国家工作重点转移到经济建设上来的时候，毛泽东同志仍经常亲自进行调查研究。1956年，他用了一个半月的时间，听取了34个部委的汇报，全面分析研究有关问题，写出了《论十大关系》的重要著作。1960—1963年，我们国家经济处于困难时期，毛泽东同志亲自组织人员，分别到浙江、湖南、广东进行调查，在此基础上制定了农业六十条、工业七十条和其他一些重要条例，为纠正"大跃进"时期的一些错误做法起了很重要的作用。邓小平同志认为，离开了调查研究，任何天才的领导者也不可能进行正确领导。江泽民同志指出："坚持做好调查研究这篇文章，是我们的谋事之基，成事之道。"陈云同志指出：领导机关制定政策，要用百分之九十以上的时间做调查研究工作，最后讨论作决定用不到百分之十的时间就够了。胡锦涛同志强调，加强调查和研究，着力提高工作本领。习近平总书记特别强调："没有调查，就没有发言权，更没有决策权。"还指出："重视调查研究，是我们党在革命、建设、改革各个历史时期做好领导工作的重要传家宝。"党中央、国务院领导同志每年都要抽出大量时间，深入基层和群众，召开各种各样的座谈会，亲自组织对一些重大问题的调查研究。历届中央领导同志以调研活动为基础形成的重大决策，对我国革命、建设、改革事业产生了重要的推动作用。

做好调查研究工作，具有以下重要意义。

第一，调查研究是正确认识社会现状和了解社会发展的基本方法

调查研究的过程，不仅是了解实际情况的过程，也是概念、论断形成的过程，还是分析推理的过程。只有深入实践中去进行调查研究，才能正确反映客观事物，把握事物的本质和规律。毛泽东同志说过："用马克思主义的基本观点和方法，做周密的调查，仍是了解情况的最基本方法。"他还说："认识世界，不是一件容易的事。马克思、恩格斯努力终生，做了许多调查研究工作，才完成科学的社会主义。"大量事实证明，马克思列宁主义、毛泽东思想和中国特色社会主义理论体系的形成，都是在革命、建设、改革实践中进行大量社会调查和深入研究的结果。

第二，调查研究是科学制定和执行政策的重要基础

调查研究是民主科学决策的基础。正确的方针政策，不是基本原理的简单演绎，也不能用推导公式的方法来求得，而是来源于对实际情况的透彻了解，要全面了解情况就必须调查研究。毛泽东同志说："实际政策的决定，一定要根据具体情况，坐在房子里面想象的东西和看到的粗枝大叶的书面报告上写着的东西，绝不是具体的情况。倘若根据'想当然'或不合实际的报告来决定政策，那是危险的。"习近平总书记指出，研究问题、制定政策、推进工作，刻舟求剑不行，闭门造车不行，异想天开更不行，必须全面深入地调查研究。同时，要正确地执行政策，也必须根据当地的实际情况，找到具体执行的方法和步骤，因地制宜地贯彻落实，这同样离不开调查研究。在座的同志们都了解，这次深化国防和军队改革的方案，就是通过广泛、深入调查研究作出的重大部署。这说明我们这次改革是在大量调查研究的基础上作出的正确决策。同样，我们要正确执行决策和政策，也必须进行调查研究。在政策执行过程中，还存在许多新情况新问题，需要调查研究，以使正确的决策得到贯彻执行。

第三，调查研究是继承和发扬党的优良作风的根本要求

我们经常讲，发扬党的优良传统和作风，比如坚持实事求是、理论联系实际、批评与自我批评等，这些都离不开调查研究。毛泽东同志说："一切实际工作者必须向下作调查。对于只懂得理论不懂得实际情况的人，这种调查研究工作尤有必要，否则他们就不能将理论和实际相联系。"调查研究是密切联系群众的有效渠道。群众路线是我们党的生命线。调查研究必须到群众中去，深入农村、工厂、学校，面向社会，面向群众，广泛听取群众的意见，体察群众的生活，从群众中汲取智慧。只有这样，才能制定出充分反映民意、集中民智的政策措施，才能得到群众的拥护、理解和支持。因此，调查研究的过程，也是联系群众的过程，是与群众交朋友的过程。

第四，调查研究是发现问题和解决问题的必要过程

从某种意义上说，推动经济社会发展的过程，就是发现问题、解决问题的过程。然而，经济社会发展中的问题是极其复杂的，各种问题无处不有、无时不在，有些问题相互交织，有些问题若隐若现。要及时发现问题，找出问题的成因和症结，提出解决问题的思路和对策，就必须深入进行调查研究。离开了调查研究，在纷繁复杂的问题和矛盾面前，我们的行动必然是盲目的、被动的。

第五，调查研究是建设新型智库重要的不可缺少的重要活动

我们国家的智库不少，但是高端智库不多。所谓高端智库，不是名家有多少、机构有多大，而是要有高质量的智力产品，只有有高质量的调研成果，才能为领导决策提供真知灼见。现在，我们有些智库不在调查研究上下功夫，而是只追求请名人、开大会、造舆论，这个不是办智库的办法，办智库还是要开展调查研究。军队的智库是直接为领导服务的。中央提出要搞好新型智库建设，也必须搞好调查研究，不能只搞轰轰烈烈那一套，看着很热闹，实则无多大用处。

第六，调查研究是培养优秀人才的有效途径

调查研究是一项科学性、实践性很强的工作，要求调研人员具有较高的文化素质和理论政策水平，同时还要具有良好的道德品质和较强的专业技能。要做好调查研究，归根结底是要提高调查研究人员的素质能力。对调研人员来说，通过调查研究可以培养出较强的综合分析能力，培养出科学的工作态度和务实精神，培养出密切联系群众的工作作风。总之，调查研究可以使我们长见识、增才干。在调研单位、政策研究部门工作过的人，他的素质和能力会得到很大提升。在这些机构工作过的人，出去做多个部门的工作都容易适应，因为他在为领导同志服务的过程中，看问题、思考问题的角度、把握全局问题的能力都得到了全面的锻炼和提高。当今世界面临着前所未有的大调整、大变革，世界治理体系也正在调整，处于转折时期，国际形势复杂多变；综合国力竞争日趋激烈，我国外部环境出现了很多新的情况和不确定的因素，维护国家主权、安全和发展的任务相当繁重。从国内看，我国进入全面建成小康社会的决胜阶段，改革处于攻坚期和深水区，各种矛盾问题都不断出现，特别是我们进入信息社会，决策需求和决策因素变化很快，一定要搞好调查研究和智库工作。在信息化、互联网快速发展的条件下，事物非常复杂，瞬息万变，不论多么聪明的人，都不可能掌握所有信息，需要多获取信息、多研究问题。目前，我们所处的环境与过去相比更加复杂，更加需要搞好调查研究。这是因为我们需要决策的信息量增加了，决策的因素增多了，决策的时效性增强了，有时差几分几秒，就涉及国家安全问题、涉及社会稳定。决策的风险性增大了，如果决策正确，解决问题就可以势如破竹；如果决策错误，就会陷入被动。这对政策研究者和决策咨询研究机构提出了新的更高要求。我在几个智库做研究工作，我感觉现在研究问题复杂得多，主要是现在的情况更复杂了。因此，必须不断提高对调查研究的认识和自觉性，切实搞好调查研究。

二、搞好调查研究需要把握的几个方面

搞好调查研究取决于多方面的因素，包括要有正确的指导思想、原则，要有正确的调研方式方法。我想讲以下六个方面。

第一，明确要求

我们各级各类机构都要调查研究，各个领导干部、各个方面、各个部门都要搞调查研究，但不同工作性质和机构对调查研究的要求是不一样的。从党政军领导机关研究部门的工作性质和职能看，调查研究工作要注意把握好以下六个特点：

一是政策性。领导机关研究部门调研的目的,是要为领导机关和领导同志作决策提供情况和建议。调查研究质量高低关键要看我们有多少调研成果进入了决策、变成了政策,以及这些决策和政策在实际工作中发挥了什么样的作用。可以说,政策性是领导机关研究部门做调查研究最基本的特征,它和一般科研机构、大专院校的调查研究是有区别的。

二是针对性。领导机关工作千头万绪,有许多问题需要解决,我们的调查研究必须围绕中心工作和领导决策的需要,着力调查研究重点难点热点问题,这样才能有的放矢。也就是说,我们的调研工作要聚焦问题,忙在点子上,谋在关键处,才能富有成效,做到事半功倍。如果脱离中心工作,远离决策需要,调研效果必然会大打折扣。

三是应用性。领导机关研究部门的调研工作,既不是纯粹的学术理论探讨,也有别于具体的工作部署,它是介于两者之间的应用性研究,尤其强调"研以致用"。古人云:"文可载道,以用为贵。"具体说,我们的调研为领导机关提供工作思路、政策依据,有效解决经济社会生活中的实际问题。根据我们的工作定位、性质,这个应用性是为中央决策提供政策依据。此其一。其二,调研的成果还应用于起草文件和领导讲话,有的是直接应用于决策。我认为,有很多就是在起草重要文件和讲话中,吸纳我们的调研成果。一些好的思想火花、生动事例,在起草文件和讲话中就可以直接运用,并能发挥很好的作用。

四是前瞻性。许多领导决策往往事关全局、影响深远,特别是一些重大决策更是如此,作出这样的决策首先要有预见性。这个预见性就是要有全球眼光和战略思维,立足当前,着眼长远;面向世界,把握未来。所以,调查研究工作要提前做,特别是要看到大势所趋,发现苗头性、倾向性问题,这样才能在起草文稿中加以应用。

五是操作性。领导机关研究部门提出的对策建议,必须做到思路清晰、观点正确、措施具体,千万不能笼而统之、含糊其词、空发议论。我们的对策建议不能光看它的科学性,还要看它的应用性。调研成果的操作价值是非常重要的。虽然有的是科学的东西,但可能要经过相当长的时期才能发挥作用，或者说操作性不强，决策时很难采纳。调查研究必须脚踏实地，提出的对策措施必须切实可行，应充分考虑需要和可能。有些对策建议，看似很正确，却是"空中楼阁"，中看不中用，因无实际操作可能，只能成为书柜之物。

六是时效性。领导机关调查研究往往是围绕中心任务，是领导同志关注的重要问题和紧迫问题，对这些问题必须快速反应，集中力量，及时调研，尽快提出相关的对策建议。"文当其时，一字千金。"倘若时过境迁，领导的注意力转移了，工作重点已经转变了，才慢腾腾拿出调研成果，这时调研成果无论写得多么正确、多么全面，发挥的作用也要大打折扣，因为决策已经过去了。所以，对多数调研成果而言，时机因素是至关重要的。调查研究及其成果报送时机是非常重要的，这是我的一个经验之谈。

只有把握领导机关调查研究这些特点，我们的调查研究才会更加富有成效。

第二，善于选题

调查研究的选题是至关重要的。有一个好题目，就成功了一半。选好题目可以事半功倍，选不好题目可能劳而无功。

调研题目怎么选？领导机关的调研题目，往往是领导人提出来的。我在国务院机关工作的时候，不少题目都是领导同志提出的。重大的问题往往都是领导提出来的，我们必须全力以赴。但是作为领导机关，很多题目需要我们自己来选，参谋不可能是领导说什么就做什么，领导给任务、出题目是一个方面，我们也要发挥主观能动性，自己选题目，为领导当参谋、当助手，这是一个很重要的职责。我认为，选择题目有两个基本点要把握：一个是必须贴近党和国家的中心任务，贴近领导的决策需求，也可以说是需求导向。如果选的题目离开中心任务，离开领导需要，题目再好也不起作用。另一个基本点是要聚焦问题，以强烈的问题意识，精准选题，也可以叫作问题导向。"问题是时代的声音"，我们要善于发现问题、选准问题。进一步说，我们选题目要重点考虑以下两个因素：

怎样搞好调查研究——认知与实践

一是考虑国内外大势走向，及其带来或可能带来的新情况、新问题，需要做前瞻性、战略性、政策性研究。比如，前年我们搞了大数据战略研究，这是在全面了解和分析世界上主要国家对大数据技术研究和应用的基础上，提出的具有前瞻性的战略性对策建议，上报党中央领导之后，立即受到高度重视，作出重要批示，推动了相关工作。这说明，我们的调研要把握世界大势，题目选对了，调研的成果就会得到运用，进入决策。

二是选题要把握改革发展实践中面临的突出问题和需要着力研究解决的问题。我从领导岗位退下来后，选了一个研究题目，是关于干部人事制度改革的问题。前些年，各方面对组织人事制度很有意见，认为很多是形式主义的东西，尽管有很多花样，但效果并不好。这个问题，我当面向中央领导汇报过。包括干部的年龄层层递减，县一级的50岁就开始考虑退到二线去了，这是当时的一个普遍现象。这造成人才的极大浪费。我们国家最缺的是人才，最大的浪费也是人才。在不少地方，所谓的民主推荐，进行票决制，完全是走形式，让你上，就说你的票够，不让你上，就说你的票不够。这个票的结构很复杂，就看让哪些人来投票。你的人际关系怎么样，很决定问题。我搞了一个调研报告，中央领导同志作出批示，说我们的调研报告是下了功夫的，很有针对性。再比如，要实行官邸制。在中央作出全面深化改革的文件出台之前，我就组织人员搞了个调研，结果有关建议就被吸收了。去年，我组织一些人进行调研，撰写了关于社会科学研究经费管理办法改革势在必行的报告。我们在报告中提出，目前的科研经费管理办法，如果不改革，会严重挫伤科研人员的积极性；如果不改革，就会产生腐败分子。中央领导同志高度重视，前段时间出台的科研管理办法，很多都吸收进去了。所以，调研工作抓题目很重要，要抓住那些人民群众反映强烈的问题。另外，选题要避免一般化，注重轻重缓急、分清主次、突出重点。选择调研题目，有时候是决策前，有时候是决策后，不是说决策了、定了的事就不去调研了。决策正不正确，符不符合实际，效果如何，要靠实践检验，实践中会出现一些新情况新问题，所以要继续调研，为执行决策和完善决策服务。

第三，深入调查

最重要的是在求真求实上下功夫，把事情的真相全貌搞清楚、把事情的本质和规律搞清楚，把握事实的客观性，不能搞主观臆断。有些人在调查研究工作中有一个很大的问题，就是带着自己的结论去找材料、去调研，那等于是验证，而不是在调查事实之后提出思路和结论。当然，通过调查对结论进行验证，不是不可以，但通常是调查之后得出结论。列宁说："如果从事实的全部总和、从事实的联系去掌握事实，那么，事实不仅是'胜于雄辩的东西'，而且是证据确凿的东西。如果不是从全部总和，不是从联系中去掌握事实，而是片断的和随便挑出来的，那么，事实只能是一种儿戏，或者甚至连儿戏也不如。"调查研究工作要充分反映社会现象和客观事物的方方面面，做到局部和整体相结合、现实和历史相结合、动态和静态相结合、正面和反面相结合，要注意克服片面性，防止走极端。

要搞好调查，我体会有以下两点需要注意：

一是调查一定要深入扎实。深入实际、深入基层、深入群众、深入实践活动中去，正如毛泽东同志强调的"不入虎穴，焉得虎子"。这样才能得到第一手材料，掌握真实情况。深入基层说起来容易，做起来不是那么容易，要有不怕吃苦的精神，有的时候甚至不能怕冒风险。在2002年药品市场非常混乱的时候，我决定搞一次深入市场调研活动，确定了一个题目，让我们综合司人员深入到安徽，搞明察暗访，三个人组成一个调研组深入药品市场，把当时药品市场的混乱情况摸得一清二楚。发现药品市场"一顶帽子大家戴"，到处都是药品有限责任公司，买卖药品都不开发票，结账都给现钱。此外，还发现地方保护主义严重。回来后，写了一个调研报告给国务院领导同志，为在全国开展整顿和规范市场秩序提供了重要依据。可以说，深入开展整顿和规范市场秩序是国务院研究室调查研究后提出来的。这个调查研究就进入了国家的决策。

二是必须深入群众。调查研究要从客观实际出发，实事求是，要有追求真理、修正错误的勇气。要搞好调查，还要注意创新方法。在实践中，我们积累了许多行之有效的调研方法，如召开调查会、研讨会，走访调查、蹲点调查、典型调查、实地考察等。这些方法具有感受直接、体验深刻、互动性强、人情味重等优点，应继续坚持。但必须在此基础上，适应经济社会发展变化的新情况，拓展调研渠道，创新调研方式，特别要积极运用统计调查、问卷调查、抽样调查、网络调查等现代调查方法，提高调查的效率和质量。现在，互联网、大数据等现代信息技术高度发达，要充分利用现代信息技术和手段进行资料的收集、整理和加工，为调研乃至决策提供快捷、全面、翔实的信息资料。现在搞问卷调查比较通用，我也亲自搞了几次，国家行政学院司局长培训，我就在司局长中搞问卷调查，看来还是非常有效的。此外，调查研究既是科学，也是艺术。搞好调研工作，必须在实践中做有心人，不断积累经验、丰富技巧、提高能力。比如，调查的提问方式就有多种，或开门见山，直来直去；或投石问路，先做试探；或竹笋剥皮，层层深入；或枯井打水，一竿到底；或耐心开导，循循善诱；或旁敲侧击，弦外听音。2003年10月24日，我陪同时任国务院总理温家宝同志到重庆云阳县调研，路过一个村子，温家宝同志临时告诉司机停车，下车去看一看，了解村民有什么困难、有什么问题。这样做，事先谁都不知道，连村干部都没告诉。温家宝同志去看了看老百姓的房子、菜园子和饲养小猪的情况，还找了几个村民进行座谈。刚开始，怎么问他们，回答就一个：很好，没有问题。温家宝同志说，你们几位省里的领导都出去吧，只留下我们两三个人。这时一位叫熊德明的女同志才腼腆地小声说：丈夫在外打工，包工头拖欠的工钱要了一年都没给。温家宝同志问有多少钱，回答说有两千多元。温家宝同志当即表示让有关人员把拖欠工钱还给她，当晚11时，熊德明和丈夫就收到拖欠的2240元工资。这就是当时社会广为流传、影响深远的温家宝同志为农民工讨欠薪的佳话。这件事说明，调研技巧、时机和方式方法很重要，老百姓一般不愿意给当地干部讲问题，调研的时候最好不要让当地领导陪同。

第四，精心研究

调查和研究虽然是密切联系的，但是调查并不是研究，必须在掌握事实情况之后精心地去研究。这是一个很重要的环节。要对调查得到的材料，加以科学分析和综合的研究。观察、分析与综合，是认识客观事物的一般过程和步骤。观察是调查的第一步，这是感性认识阶段，必须对掌握的材料进行加工，才能上升到理性认识。分析是进行加工的重要一步，就是把复杂的事物分解为几个组成部分，然后分别加以研究。研究是调查的升华，是由感性认识上升为理性认识的过程。不调查而研究，是无米之炊；只调查不研究，则是食而不化。调查以"求实"，研究以"求是"，只有把调查与研究、"求实"与"求是"有机结合，在"求实"的基础上"求是"，在"求是"的思维中"求实"，才能正确认识事物的本质和规律性，把握事物的发展趋势。2004年，我们按照国务院领导批示，组织对解决农民工问题的调研，先做了大量的社会调查，然后在研究问题上下了狠功夫。我们组织了有党中央、国务院17个部门参加，8个农民工输出输入大省的有关领导和五位专家参加调查，收到了32份地方调研报告和11份中央部门报告。在掌握大量事实的基础上，我们又深入到农民工工作的企业、农民工劳务市场、农民工家庭，掌握了第一手材料。但是，仅有大量的材料和现象还不行，对农民工问题怎么看、怎么办？我们又根据农民工收入偏低、生活困难，农民工的权益得不到保障，农民工的社会保障不健全，农民工本身的文化素质低，以及对农民工的各种服务、土地流转怎么办等，通过从多方面运用分析与综合、归纳与演绎、具体与抽象的办法，以及比较、分类、统计、想象等手段，对调查中掌握的丰富材料加以科学分析，去粗取精、去伪存真、由此及彼、由表及里地思考，把握事物的本质，找出规律性和普遍性的东西，包括对"农民工"这个概念的定义都提出了意见。当时，对"农民工"的定义就有分歧。有的说，叫"农民工"是对这个群体的歧视，是歧视农民和农民工，他在城市务工不就是工人吗？为什么还要叫农民工呢？党中央和国务院文件也是不断演变的过程，原来没提农民工，只称为进城务工人员，但务工人员的内涵不是太清晰，后来提农民工人，但又是农民又是工人，概念也不太清楚，最后研究认为，在没有更准确的概念取代之前，还是简称农民工为好。农民工就是特指进城务工的群体，在农村还有承包地，还没有脱离农村，如有困难还可以回农村去，同时他又是产业工人。在没有更好的概念去代替前，只好用约定俗成的概念，对农民工权益保护、社会保障、子女上学、就业、公共服务等采取一些政策保障措施。所以说，调查来的材料要经过深入研究，才能够起到调查研究的目的。这方面的例子还有很多，比如西部大开发、东北振兴、中部崛起等大的区域发展战略，都是通过大量的调查研究为中央决策提供依据的。

第五，睿智谋策

谋策，就是谋划对策，政策研究不是一般的研究，要为领导决策、为制定政策提出有价值的建议，多谋良策。要对症下药，注重实用，具有可操作性。举一个例子，2003年初"非典"肆虐的时候，突如其来，社会上都不知道怎么回事，出现了恐慌情绪，当时要防止"非典"向农村转移。怎么办？我们组织研究室农村司同志深入农村，听听农民建议，到农村和城市的交界处进行调查研究，提出严防"非典"向农村转移的调研报告。国务院领导同志马上就作了批示，第三天就召开全国电视电话会议，部署防止"非典"向农村转移的问题。当然，提出结论性意见，是需要勇气的，要敢于出主意、出大主意。出主意要秉持创新思维、辩证思维和战略思维，真正做到不唯书、不唯上、只唯实，不人云亦云，不随声附和，要根据我们掌握的情况，提出正确的对策建议和工作方案。

第六，认真撰写

调研报告是调研工作的最终成果，撰写好调研报告是提高调研质量的关键环节，也是最后环节。无论调查多么深入、研究多么精心，如果调研报告写得不好，仍然达不到预期目的，拿不出精品成果。调查、研究、谋策都很好，但调研报告写不好，就会影响调查研究的效果。我从国务院研究室到国家行政学院工作不久，就遇到过这样一件事。国家行政学院向国务院总理报送了一个调研报告，事先没给我看就报给总理办公室了。办公室秘书给我打电话说，学院送来的报告，里面有些思想火花，有的建议有可取之处，但写得太长，将近一万字，看了三遍才看出点闪光的东西来，不便送给领导看，请帮助改一改。之后我对这个报告基本上是重新写了，由原来的近万字改为3000字。送上去以后，受到领导的重视。我在学院工作三年半时间，给党中央、国务院报送的调研报告460多件，领导批示的有250多件，达一半以上，绝大多数报告都是经过我亲自修改的。我深切体会到，写好调研报告非常重要，不然就前功尽弃。搞那么多调查、那么多研究，如果写不好调研报告，要么是不能送领导，要么是领导不愿看。高层领导确实没那么多精力和时间看长文章。

我认为，写好调研报告，一是要搞好谋篇布局。要突出主题主线，观点鲜明，重点突出，单刀直入，不要搞弯弯绕，搞成学术报告，从开天辟地讲起。二是表现形式要多样化。调研报告的形式取决内容，不要千篇一律，所有的调研报告都写成一样的东西。要根据反映的主题，怎么能够表达得更清晰就怎么写，可以不拘一格。三是文字表达要精练。写调研报告不要搞过多的雕饰，更不应追求深奥，要善于提炼、概括，当然也不能过于平淡或套话连篇，而要准确、鲜明、生动、朴实。四是要反复修改提炼。好的调研报告是不断修改出来的。反复修改的过程，是思路不断清晰、分析不断深入、认识不断升华、对策不断完善的过程，也是文字精雕细刻而臻于完美的过程。要想打造精品，就要不厌其烦地修改。清代书画家郑板桥有句名言："删繁就简三秋树，领异标新二月花。"要竭力将一些赘言套话删掉，努力做到"丰而不余一言，约而不失一辞"，使文章主题和新观点、新思想更加突出。我在国务院研究室、国家行政学院工作期间给领导的阅件和报告，一般不超过3000字，重要的也不超过5000字。选题、调查、研究、谋策和撰写是相互联系的统一过程。在这个过程中，每个阶段虽各有侧重，但不可分割，都不可偏废。作为政策研究和决策咨询机构，只有把握好这些环节，调查研究才能出精品力作，也才能当好领导者的参谋助手。

三、全面增强调查研究的能力和素质

如何搞好调查研究，不断提高调研水平，涉及诸多因素，需要多方面努力，尤其是要全面增强研究队伍的能力和素质。以下几个方面尤为重要。

（一）树立大局意识，增强把握全局的能力

"不谋全局者，不足以谋一域。"作为中央领导机关或军委机关部门的研

究人员,要站得高、看得远、想得深,这是最起码的要求。站得高,就是要站在时代的高度、国家的高度、大局的高度,往远处看,往深里想,不能一叶障目、不见泰山。调查研究工作必须服从服务于中央、国家和军队的中心任务,从党和国家全局出发,紧紧围绕制定或贯彻党的路线、方针和重大决策、部署去进行,要在把握大局的前提下想大事、谋大事、议大事。如果给领导写东西,就要站在他那个高度想问题。

（二）坚持解放思想,增强开拓创新的能力

调查研究贵在创新。我在国务院研究室工作的时候,国务院领导经常讲,希望起草的文稿和调研成果中有新思想、新材料、新见解。有新东西、新材料、新思想、新建议,这才能符合时代发展的要求。如何才能达到这样的要求呢？最根本的是要坚持解放思想,以宽广的视野观察世界,准确把握时代特征和国内外政治经济形势的变化,真正做到与时俱进。解放思想、实事求是、与时俱进是我们党的思想路线,一定要从实际出发,敢于破除迷信,敢于冲破不合时宜的思想观念和传统做法的束缚,大胆探索,坚持用改革开放的精神和办法去认识问题、分析问题、解决问题。要敢于想别人之未想,善于谋别人之未谋,提出新的观点和建议。

（三）跟踪形势发展,增强洞察问题的能力

作为中央国家机关的一名研究人员,能否履行好自己的职责、搞好调查研究工作,在很大程度上取决于对经济社会发展变化情况的把握程度。因此,必须敏于观察,勤于思考,增强敏锐性和鉴别力,做到紧紧跟踪形势变化,透彻分析形势,明确鉴别是非,能够举一反三。特别是对那些一叶知秋、似小实大、微而见重的倾向性因素和代表性事物,非但不能视而不见,而且要给予高度关注,善于见微知著,及时发现苗头性问题,并提出具有前瞻性的对策建议。作为研究人员这是基本的、难能可贵的品质。要善于敏锐把握时代脉搏,及时发现存在的问题,明确提出具有前瞻性的对策建议。例如,2005年上半年,针对固定资产投资增长过猛的势头,我们组织力量分赴各地调研,及时发现问题,撰写了《加大宏观调控力度,尽快遏制投资过快增长》的调研报告,国务院主要领导很快作出批示,要求有关部门研究。同年6月初,针对部分地区粮价出现下跌的新情况,国务院研究室农村司同志敏锐地发现了问题,并在很短时间内拿出了《关于稳定当前粮食市场价格的建议》的调研报告,国务院主要领导也作出了重要批示,要求有关部门抓紧落实各项稳定粮价的政策措施,同时注意分析市场状况,提早做好应对粮价下跌的预案。这样的例子还有很多,就不一一列举了。总之,要密切关注和及时跟踪经济社会形势的发展变化,善于发现新问题、新情况,努力提高调研工作的质量。

(四)务必求真务实,增强深入实际调研的能力

在调查工作中要求深、求细、求准、求实,深入基层、深入实际,抓住问题的重点,掌握第一手材料,全面了解事物本来面目。要敢于"较真"和"碰硬",做到查实情、说实话,不回避矛盾,不说违心话,不人云亦云,不随风倒,要坚持实事求是。这是我们应该具备的基本素质。

(五)学会科学思维,增强分析问题的能力

调查研究工作是一项植根于实践基础上的创造性思维活动。既要"调查",又要"研究"。深入调查以及对所得材料进行分析、研究和概括的过程,就是从感性认识上升到理性认识,并逐步揭示事物本质的过程。因此,必须学会科学思维,尤其要善于用辩证法分析研究问题。要掌握共性与个性原理的使用方法,要学会抓主要矛盾,学会典型调查。毛泽东同志说过:十样事物,调查了九样,只有一样没有调查,"如果你调查的九样都是一些次要的东西,把主要的东西都丢掉了,那末,仍旧是没有发言权"。调查要抓住主要矛盾、主要问题,把定性和定量结合起来,要把"走马观花"与"下马看花"结合起来。

(六)努力改进文风,增强文字表达的能力

每一篇调研报告都要冥思苦想,精心写作。调查研究是运用科学理论探索未知、认识事物发展,寻求解决问题方法的一种复杂的脑力劳动,是一项高度依赖调研人员素质的工作。提高调研水平,必须提高调研人员的政治思想、基本业务和写作的功底。要掌握马克思主义基本原理,认真学习马克思主义经典作家的著作,特别要学习习近平总书记重要讲话精神,提高我们的政治理论水平和思想水平。还要认真学习党的基本理论、基本路线、基本方略，学习党中央、国务院、中央军委的文件。只有掌握了基本理论，把中央的一些文件精神吃透，我们再去调查研究，才能产出高水平的调研成果。我们的研究队伍还要有高尚的思想境界，增强事业心、责任感。在国务院研究室工作时我多次强调，我们的调研关乎国家发展、关乎人民切身利益，需要我们投入极大的精力进行深入调研。只有不怕辛苦、甘于奉献、淡泊名利、守得住清贫、耐得住寂寞，才能扎扎实实沉下心来搞调查研究。同时，调查研究人员必须拓展知识面，博和精这两方面都要处理好。各方面的知识都要有，包括市场经济知识、世界经济知识、财税、金融、工业、农业各个方面都要掌握一些，不但要学好专业知识，还要学好哲学、历史、政治、经济、国防、文化、社会等知识，这样才能够增强发现问题和解决问题的能力，以及增强战略思维、科学思维的能力。

我还有点体会，作为领导机关，一定要营造多出调查研究成果的环境。要建立鼓励调查研究、多出调查研究成果的激励机制。这对产生优秀的调研成果是很重要的。

【背景与效果】

2015年1月，中共中央办公厅、国务院办公厅印发《关于加强中国特色新型智库建设的意见》以后，各部门、各地方都开始研究成立新型智库。2016年5月17日，习近平总书记在哲学社会科学座谈会上的重要讲话中，特别强调做好调查研究。建设新型智库和开展社会科学研究，都需要加强调查研究。在这种形势下，中央军委办公厅研究局邀请魏礼群作智库建设和调查研究的学术报告。本文系作者应邀于2016年9月3日在中央军委办公厅研究局"周末强军论坛"上作的学术报告（记录整理稿）。这个报告深入论述了搞好调查研究的重要意义，系统阐述了搞好调查研究的方式方法和需要注意的问题，包括精心选题、调查、研究、谋策和撰写调研报告，强调了要全面增强调查研究的素质和能力。在论坛报告后的互动阶段,作者还回答了"怎样才能调查到真实情况"、"怎样才能上报真实情况"、"决策者怎样才能得到真实情况"等的提问。该文收入人民出版社2019年6月出版的魏礼群著《新型智库——知与行》一书;近日,此文被"长安街读书会"作为"好书推荐",一些微信公众号也广为转发推介。

大力弘扬理论联系实际的优良学风

（2001年10月）

党的十五届六中全会通过的《中共中央关于加强和改进党的作风建设的决定》（以下简称《决定》）指出："理论联系实际，是党一贯坚持的马克思主义学风，是党具有旺盛创造力的关键所在。大力弘扬这一学风，提高全党的马克思主义理论水平和解决实际问题的能力，是加强和改进党的作风建设的一项基础性工作。"全会要求全党同志联系实际刻苦学习，做到理论与实际、学习与运用、言论与行动相统一，创造性地开展工作。认真学习领会和贯彻落实党的十五届六中全会这一重要精神，大力弘扬理论联系实际的优良学风，对于在新的形势下把党的作风建设提高到一个新水平，胜利推进党和国家的各项事业，具有全局性和关键性意义。

一、理论联系实际是党80年奋斗的一条基本经验

我们党历来特别强调学风建设，这是对马克思主义建党学说的独创性贡献。学风问题，是对待马克思主义的根本态度问题，即究竟是从本本出发，还是用马克思主义的立场观点方法来研究和解决中国的现实问题。坚持马克思主义基本原理与中国具体实际相结合，是我们党对待马克思主义的科学态度，是党一贯倡导的理论联系实际的优良学风。毛泽东同志早在延安时期就明确说过，学风问题是一个非常重要的问题，是第一重要的问题。他指出："应确立以研究中国革命实际问题为中心，以马克思列宁主义基本原则为指

导的方针，废除静止地孤立地研究马克思列宁主义的方法。"并批评"从本本出发"的教条主义是不正派的学风，是反科学的反马克思列宁主义的主观主义的方法，是共产党的大敌，是工人阶级的大敌，是人民的大敌，是民族的大敌，是党性不纯的一种表现。在历经"文化大革命"教训之后的20世纪70年代末，邓小平同志再次强调学风问题，并将其上升到关系"亡党亡国"的高度来论述，反复强调要坚持解放思想，实事求是，理论联系实际。他指出："我们坚信马克思主义，但马克思主义必须与中国实际相结合。只有结合中国实际的马克思主义，才是我们所需要的真正的马克思主义。"20世纪90年代以来，党的第三代中央领导集体在新时期党风建设中，也极为重视学风问题。江泽民同志在许多重要讲话中，都要求全党同志一定要理论联系实际，端正学风。他在党的十五大报告中指出："离开本国实际和时代发展来谈马克思主义，没有意义。静止地孤立地研究马克思主义，把马克思主义同它在现实生活中的生动发展割裂开来、对立起来，没有出路。"江泽民同志在庆祝建党80周年大会上的重要讲话中，把"始终坚持马克思主义基本原理同中国具体实际相结合"，作为我们党80年奋斗历程的第一基本经验，并且进一步深刻论述了理论联系实际与理论创新的极端重要性和必要性。

我们党为什么如此高度重视坚持和发扬理论联系实际的学风呢？这个问题可以从以下几个方面来认识。

（一）只有坚持理论联系实际，马克思主义才能不断发展

马克思主义来源于实践，始终严格地以客观事实为根据。世界是物质的，物质是运动的，运动是有规律的。随着实践的发展，作为现实世界运动变化规律的反映，理论也必须随之发展变化。任何理论包括科学的理论，都必须随着实践的发展而发展。马克思主义理论的这种与时俱进的品质，决定了它必然随着实践的发展而发展，是不断发展的科学。江泽民同志在党的十五大报告中指出，马克思主义必定随着时代、实践和科学的发展而不断发展，不可能一成不变。只有坚持理论联系实际，根据实践中的新情况、新变化，提出新思想、新观点，才能把马克思主义不断推向前进。一部马克思主义发展史，就是一代一代马克思主义者坚持理论与实际紧密结合，不断进行理论创新，赋予马克思主义以新的时代内涵的历史。

还要指出的是，马克思主义是普遍真理，是对事物共性的认识。而共性寓于个性之中，没有脱离个性而存在的共性。世界上各个民族和国家都有自己独特的社会、经济、历史、文化背景，有不同的国情，有自己的"个性"。列宁曾经指出："一切民族都将走向社会主义，这是不可避免的"，"但是一切民族的走法却不会完全一样，每个民族都会有自己的特点"。这就要求共产党人必须把马克思主义理论与本国的实际很好结合起来，把马克思主义所揭示的"共性"与本国的"个性"很好结合起来，提出既符合"共性"，又具有"个性"特点的理论观点，推动马克思主义理论的发展，并成功地指导本国的革命和建设事业。

（二）只有坚持理论联系实际，才能正确地运用马克思主义理论指导实践

"没有革命的理论，就不会有革命的运动。"马克思主义是人类社会发展规律的科学反映，这种科学理论一旦与实践结合起来，变成广大群众的自觉行动，就会转化成巨大的物质力量。正因为如此，我们党不但注重实践，也注重理论，是高度重视理论指导的党。重视理论建设和理论指导，是我们党的一个根本特点。运用马克思主义理论指导实践，决不能不顾具体情况照抄照搬，必须把它与不同国家和民族的实际结合起来，加以运用，并有所创新和发展。

中国革命和社会主义建设、改革取得的伟大胜利，都是马克思主义理论与中国实际相结合的结果。在民主革命时期，毛泽东同志把马克思主义的基本原理与中国革命的具体实际相结合，提出中国必须走农村包围城市、武装夺取政权的道路，并同党内出现的右倾和"左"倾错误进行斗争，确立了毛泽东思想的指导地位，使中国新民主主义革命取得了节节胜利。20世纪70年代末，"文化大革命"结束后，邓小平同志全面总结国际共产主义运动和新中国成立以后社会主义革命和建设的经验教训，从中国的实际出发，领导我们党坚决停止"以阶级斗争为纲"，果断地把党的工作重心转移到经济建设上来,并决定实行改革开放的新政策,同时坚持四项基本原则,创立了中国特色社会主义理论。在邓小平理论指导下,短短20多年,我国生产力和综合国力上了一个大台阶,人民生活总体上达到了小康水平,使我国现代化建设进入新世纪,站在一个新的伟大起点上,社会主义制度得到了进一步巩固和发展。20世纪90年代以来,以江泽民同志为代表的党的第三代中央领导集体,高举邓小平理论伟大旗帜,正确回答了我国在改革开放和现代化建设中面临的一系列新课题,根据实践发展,作出了许多重要的新结论、新概括和理论创新,指导我们在新的历史条件下把建设中国特色社会主义伟大事业不断推向前进。

当然也不能忘记,我们党历史上曾经发生过偏离理论联系实际原则,出现过教条主义和"左"的严重错误。在第二次国内革命战争时期,以王明为代表的教条主义者,不顾中国的具体实际,把马克思主义教条化,把共产国际决议和苏联经验神圣化,差一点断送了中国革命。从20世纪50年代后期滋长的、特别是在"文化大革命"中出现的全局性的"左"的指导错误,使党的事业遭受了严重损失。这里很重要的原因,就是偏离马克思主义基本原理,指导思想脱离中国的实际。

历史的经验和教训告诉我们,我们党什么时候坚持理论联系实际的学风,革命和建设事业就顺利前进,就不断取得新的胜利;什么时候教条主义、本本主义盛行,我们党的事业就会受到挫折。因此,坚持理论联系实际的学风,确实是关系党和国家前途与命运的大问题。江泽民同志在2001年"七一"重要讲话中指出:"马克思主义的基本原理任何时候都要坚持,否则我们的事业就会因为没有正确的理论基础和思想灵魂而迷失方向,就会归于失败。"同时,"马克思主义具有与时俱进的理论品质。如果不顾历史条件和现实情况的变化,拘泥于马克思主义经典作家在特定历史条件下、针对具体情况作出的某些个别论断和具体行动纲领,我们就会因为思想脱离实际而不能顺利前进,甚至发生失误"。这是对我们党历史经验的深刻总结,我们必须牢牢记取。要坚持科学态度,大胆进行探索,使我们的思想和行动更加符合客观实际,更加符合社会主义初级阶段的国情和时代发展的要求。

（三）只有坚持理论联系实际，才能坚定对马克思主义的信仰

马克思主义之所以是科学，不仅因为马克思主义理论含有丰富的科学观点和科学论断，更重要的是马克思主义提供了认识世界的科学方法，体现了彻底的科学精神。我们只有把马克思主义理论与实践紧密联系起来，不断创新发展，才能指导我们的事业不断前进，马克思主义才具有生命力，才能显示出认识世界、改造世界的巨大作用，才能使我们对马克思主义的信仰更加坚定。如果用教条主义的态度对待马克思主义，不考虑社会历史条件已经发生变化，照抄照搬马克思主义针对某些具体问题的个别结论和词句，必然会在实践中碰壁，造成严重损失。这种不良学风必然严重败坏马克思主义的声誉，从而使人们对马克思主义产生怀疑，动摇对马克思主义的信仰。"文化大革命"结束后，社会上之所以出现过马克思主义"过时论"、"危机论"等错误思潮，一个重要原因，就是在"文化大革命"中"左"的一套和教条主义式的假马克思主义，把马克思主义糟蹋得不成样子，国家和人民吃了苦头，严重损害了马克思主义的形象。从这个意义上说，共产党人要捍卫马克思主义，坚定对马克思主义的信仰，关键是要坚持理论联系实际的作风，坚持马克思主义的科学精神，正确运用它、发展它。

二、必须加强马克思主义理论学习

要做到理论联系实际，学习和掌握理论是前提。我们党一贯重视全党的理论学习。党的十五届六中全会再次强调："加强马克思主义理论学习，努力掌握和运用马克思主义的立场、观点、方法，始终是全党一项重要的政治任务。"这是理论联系实际，坚持和发展马克思主义的首要问题。如果不认真学懂弄通理论，不全面、系统地掌握马克思主义经典作家的理论体系和深刻内涵，对科学理论不甚了了，就无法做到理论联系实际，就不能自觉坚持和运用马克思主义理论，更难以认识和进行理论创新。因此，我们必须按照十五届六中全会的要求，坚持不懈地学习马克思列宁主义、毛泽东思想、邓小平理论，深入学习"三个代表"重要思想，不断深化对共产党执政规律、

社会主义建设规律、人类社会发展规律认识，在改造客观世界的同时不断改造主观世界。要把学习马克思主义理论与总结实践经验结合起来，与学习党的历史、中国历史和世界历史结合起来，与学习当代经济、科技、文化等知识结合起来。领导干部特别是走上新岗位的领导干部，还要认真学习、掌握同本职工作相关的方针政策和法律法规。领导干部特别是党的高级干部要做学习的表率，打牢马克思主义理论功底，坚定理想信念，提高政治敏锐性和政治鉴别力，增强工作的原则性、系统性、预见性和创造性，要通过贯彻十五届六中全会精神，在全党形成学习理论的新高潮，进一步提高全党同志的马克思主义理论水平。

首先，要增强学习的自觉性，坚决纠正轻视理论、忽视学习的错误倾向。目前，一些党员干部其中包括领导干部，存在轻视理论、忽视学习的倾向。有的在工作中单纯凭经验办事，陷入忙忙碌碌的事务主义，甚至以"不懂理论的实干家"为荣；有的盲目骄傲自满，往往在学习中粗枝大叶，不求甚解；有的则为了应付考试，死记硬背个别词句和结论，甚至搞形式主义，作表面文章。这些错误倾向都是十分有害的，必须坚决纠正。

这里的关键，是要充分认识重视理论和加强学习的重要性。学习理论和其他知识，是适应改革开放和现代化建设迅速发展变化形势的需要。毛泽东同志曾指出："有工作经验的人，要向理论方面学习，要认真读书，然后才可以使经验带上条理性、综合性，上升成为理论，然后才可以不把局部经验误认为即是普遍真理，才可不犯经验主义的错误。教条主义、经验主义，两者都是主观主义。"我国改革处于攻坚阶段，发展进入关键时期。目前世界格局正在走向多极化，经济全球化进程加快，科技革命突飞猛进，我们既面临着良好机遇，也存在着严峻挑战。在这种情况下，无论是系统学习过还是没有很好学习马克思主义理论的人们，理论知识和其他知识都不够，不能与新形势、新任务相适应。如果放松学习，对马克思主义一知半解，对现代经济、科技、文化知识一问三不知，只凭工作热情和老经验、老办法办事，就必然如同"盲人骑瞎马，夜半临深池"，必然会碰钉子。理论和实践都证明，政治上的清醒和坚定，来源于思想理论上的清醒和坚定；政治上的糊涂和摇摆,都是由于思想理论上的动摇和混乱。不学习和掌握科学理论,在错综复杂的情况下,就难以辨明政治方向和是非界限,也难以全面贯彻执行中央的路线、方针、政策。要通过学习,用马克思主义理论和其他现代知识把自己武装起来。否则,就要落后于时代,落后于实践,就不能很好地完成我们所承担的历史使命,甚至会迷失前进方向,犯这样或那样的政治错误。同时,也只有学好理论,掌握党的路线方针政策,才能结合本地区、本部门的具体实际创造性地开展工作。否则,思想和行动就会出现偏差。

学习理论也是加强党性、陶冶情操的需要。江泽民同志曾经指出:"加强学习,对提高人的精神境界很有益处","学习搞好了,掌握的理论知识和科学文化知识多了,政治认识和精神境界提高了,讲政治、讲正气才讲得起来"。必须认识到,良好的政治素质、高尚的人格、洁美的操守、刚直不阿的凛然正气,都不是与生俱来的,而是长期学习和实践的结果。学习是增强党性、陶冶情操的重要环节和途径。只有学好理论,才能通晓人类社会历史的进程,感悟党的事业的伟大;只有学好理论,才能坚定信念,增强政治敏锐性和政治鉴别力;只有学好理论,才能懂得"高山仰止,景行行止",牢固树立正确的世界观、人生观、价值观。因此,我们要把学习看作是一种政治责任,一种精神追求,做到学习、学习、再学习,活到老,学到老,永不懈怠。

其次,要发扬"钉子"精神,挤时间保证学习。有的同志常常借口工作忙、任务重,没有时间学习,为自己轻视理论开脱。确实,现在改革和发展的任务十分繁重,各级领导干部工作都很忙,但关键还在于对学习是否真正重视。如果不必要的应酬活动少一点,就可以有大量时间用来学习。中央领导同志日理万机,仍然坚持学习理论、历史、法律和现代经济科技文化知识,经常把专家请来,举办各种专题讲座,为全党同志作出了表率。我们要认识到,面对世界日新月异的变化和艰巨复杂的工作任务,不学习就不能肩负起承担的责任,就容易犯错误。近几年揭露出来的一些走上犯罪道路的领导干部,一个重要方面就是长期不学习、假学习,放松了世界观的改造,结果逐渐丧失了理想信念,成了金钱和私欲的俘虏,最终堕落为犯罪分子。因此，作为一个领导干部，无论工作多么繁忙，都应该坚持挤时间学习理论，学习党的方针政策和国家法律法规，学习现代经济科技文化知识。要切实改变一些干部存在的"学风不浓、玩风太盛"的现象。

再次，要坚持学习制度，加强督促检查。党的十五届六中全会《决定》指出："学习制度化是加强学习的有力保证。"要建立健全理论学习的领导责任制，坚持一级抓一级，对学习情况经常监督检查。要建立健全党委中心组学习制度、领导干部在职自学制度和干部理论学习考核制度，认真落实县以上党政领导干部定期脱产进修和新进领导班子成员到党校、行政学院和其他干部培训机构学习的制度。许多地方和单位的实践证明，健全和坚持实行这些学习制度，是完全必要的，取得了好的效果。同时，要加强监督检查，使学习制度落到实处，讲求实效，防止流于形式。既要从制度上保证有一定的学习时间，又要正确安排学习内容，结合实际需要，学好理论和现代经济、科学、文化知识。要通过加强学习，达到提高理论素质、树立世界眼光、培养战略思维、加强党性修养、增强解决实际问题能力的效果。要把理论学习情况和理论联系实际、解决实际问题的能力，作为评议和考核干部的重要内容，并把考核结果作为选拔使用干部的重要依据。

三、学习和掌握理论的目的全在于应用

我们党在加强学风建设中历来强调：学习和掌握理论的目的在于应用。要以我国改革开放、现代化建设和我们正在做的事情为中心，着眼于马克思主义理论的运用，着眼于对现实问题的理论思考，着眼于新的实践和新的发展，开动脑筋，勤于思考，勇于探索，敢于创新。坚持有的放矢，确立以解决实际问题为中心学习和研究马克思主义，是我们党一贯倡导的科学方法。解决的实际问题越多，就说明学习和运用理论越好。

为此，最重要的是坚持解放思想，实事求是。应该看到，由于我国过去长期实行计划经济，必然给人们留下根深蒂固的思想烙印；由于教条主义、本本主义在我们党内曾经一度盛行，搞乱了人们的思想，主观主义、形而上

学的思想方法仍然禁锢着一些人的思想。这些都是理论联系实际的大敌。我们一定要坚持党的基本理论和基本路线，按照实践是检验真理的唯一标准，一切从实际出发，自觉地把思想认识从那些不合时宜的观念、做法和体制中解放出来，从对马克思主义的错误的教条式的理解中解放出来，从主观主义和形而上学的桎梏中解放出来，正确地运用马克思主义研究新情况，解决新问题。坚持理论联系实际的学风，就要打破陈旧的思想观念的束缚，研究改革开放和现代化建设过程中出现的新情况、新问题，提出新思想、新观点、新政策，使我们的思想随着实践的发展而发展，使我们的思想和行动更加符合客观实际。要时刻防止思想僵化。在一个拥有十几亿人口的大国，推进改革开放和现代化建设是一项全新的事业，"马克思没有讲过，我们的前人没有做过，其他社会主义国家也没有干过，所以，没有现成的经验可学。我们只能在干中学，在实践中摸索"。这就要求我们破除迷信，反对僵化，既要打破框框，大胆探索，勇于创新；又要反对"九斤老太"式的做法，正确认识和对待新事物、新思想、新创造。只有这样，才能在理论上有所创新，有所发展，使我们的事业生机勃勃，兴旺发达。

要正确做到理论联系实际，还要把握以下四个方面：

一是要紧密联系当今世界的实际。邓小平同志曾经告诫全党，要用世界的眼光看问题。和平和发展是时代的主题，但这两大课题至今一个也没有解决。现在，世界格局日益走向多极化，经济全球化趋势不断增强，科技革命迅猛发展，国际竞争十分激烈。我们必须运用马克思列宁主义、毛泽东思想和邓小平理论，科学地、敏锐地观察分析国际形势，把握当今世界的大背景、大格局、大趋势，正确认识这些新变化、新情况、新问题，给予科学的回答，并能及时提出应对措施，以抓住机遇，迎接挑战，掌握主动。无疑，这方面的学习和研究任务是多方面的，而且是非常重要和紧迫的。

二是要紧密联系当代中国的实际。我国改革开放和现代化建设取得了伟大成就，现在已进入新的发展阶段。在我们党面前，有许多重大理论问题和实践问题亟待研究解决。包括：如何正确认识和处理所有制结构调整和发展社会主义市场经济出现的新情况、新变化；如何正确认识和推进深层次经济体制改革和全方位、宽领域对外开放；如何正确认识和处理既要积极参与国际经济合作与竞争，又要善于维护国家的主权、独立与国家安全；如何正确认识和理解在新的情况下，不断增强党的阶级基础和扩大党的群众基础；如何按照"三个代表"的要求，加强党的建设、经济建设和各项社会事业建设；等等。我们应该按照党中央的要求，坚持发扬理论联系实际的学风，在实践中进行深入的思考和探索，寻求解决问题的正确答案，以利推动改革开放和现代化建设事业更好地向前发展。

三是要紧密联系个人的思想实际。这里主要是指联系个人主观世界的实际，在马克思主义理论指导下，加强对世界观、人生观、价值观的改造。比如，要在学习和掌握马克思主义世界观、方法论的基础上，结合实践"三个代表"的要求，根据党的历史使命和根本宗旨，经常想一想"参加革命是为什么、现在当干部应该做什么、将来身后应该留点什么"；对照自己的思想实际和所作所为，看自己在发展社会主义市场经济的情况下，在对外开放各种思想文化相互激荡的情况下，能否坚定共产党人的理想信念和宗旨，能否坚持人民的利益高于一切，能否自觉抵制个人主义、"一切向钱看"的思想行为，能否保持思想的警醒和行为的廉洁。要通过学习和运用理论，提高个人的思想政治素质，坚定理想信念，弘扬浩然正气，经受住金钱、权力和美色的考验，永葆共产党人的本色。

四是要紧密联系具体工作的实际。对于一个地区、部门和单位的领导干部来说，学习掌握马克思主义理论，根本目的是要以科学理论为指导，做好本地区、本部门、本单位的工作。在实际工作中，对党的理论、路线、方针、政策、上级的决定和工作部署，必须坚决贯彻执行，不能违背，不能盲目蛮干。同时，我国经济社会发展不平衡，每个地区、部门和一个单位都有自己的具体情况。要正确运用马克思列宁主义、毛泽东思想、邓小平理论的基本观点和科学方法，深入分析研究自己面对的实际情况，针对工作中存在的具体矛盾和问题，正确提出解决的方法和措施，创造性地开展工作。照抄照搬上级指示，当"收发室"、"传声筒"，必然会给一个地区、部门和单位的工作造成损失，是对党的事业不负责任、也是党性不纯的表现，必须克服。各地方、各部门要在大局下行动，防止和纠正各种形式的分散主义现象。不能有令不行、有禁不止，搞"上有政策、下有对策"，搞地方和部门保护主义；不能制定与中央政策和国家法律法规相抵触的规定。

四、切实加强和改进调查研究工作

党的十五届六中全会号召，要大力加强调查研究工作，这是弘扬理论联系实际优良学风的必然要求。各地方、各部门要建立健全调查研究制度，改进调查研究方法，提高调查研究的质量。为此，必须进一步提高认识，真正把大兴调查研究之风作为改进学风、理论联系实际的关键措施和重要途径。

我们党之所以历来十分重视深入调查研究，是因为人们对事物运动变化的正确认识只能来自于实践，并经过实践的反复检验，不断丰富发展，逐渐向真理接近。这就是认识的规律。毛泽东同志曾经指出："共产党的正确而不动摇的斗争策略，决不是少数人坐在房子里能够产生的，它要在群众的斗争过程中才能产生的。因此，我们需要时时了解社会情况，时时进行实际调查。"改革开放以来，我们党的一系列重大正确决策，都是通过深入调查研究，总结群众在实践中的创造和经验，加以理论和政策升华而作出的。邓小平同志曾经说过，改革开放以来在农村实行土地联产承包责任制、发展乡镇企业等重大政策，都是从基层干部和广大群众具体实践中概括出来的。江泽民同志关于"三个代表"的重要思想，也是经过深入农村、企业进行大量调查研究和反复思考提出来的。新世纪已经拉开帷幕，我们国家要在本世纪中叶基本实现社会主义现代化，任务非常艰巨，前进中要解决许多复杂问题，克服各种困难。全面、正确地实践"三个代表"的要求，顺利实现我国现代化的宏伟目标，就必须坚持理论联系实际，深入调查研究，向群众学习，向实践学习，发现事物运动的规律，找出解决问题的办法。

加强调查研究，要建立制度，改进方法，提高质量。各级党政领导机关都要健全调研制度，制定和落实调研计划。按照中央的要求，省部级领导干部每年应至少抽出一个月时间，市（地）县党政领导干部每年要有两个月以上时间，深入基层调研，总结经验，探索规律，指导工作，解决问题。建立了制度，就要执行；制定了计划，就要落实。各地方、各部门要定期对调查研究制度和调研计划的执行、落实情况进行检查，经常督促，把调查研究情况和成果作为党政干部特别是各级领导干部考核的重要指标，把考核结果作为干部任用的重要标准。要坚决反对和纠正调查研究走过场、做样子，真正深入实际，深入基层，深入群众，了解真实情况，掌握第一手材料。中央领导同志经常深入到基层单位和群众中作调查，倾听基层干部和群众的意见和建议，了解基层单位工作情况和群众生产生活中的实际困难，这种求真务实的工作作风值得各级干部学习。现在，有的地方领导干部只要求下级干部调查研究，自己则官僚主义、高高在上、脱离群众；有的虽然下去作调查，但走马观花，浮光掠影，名曰调查研究，实则劳民伤财；有的听赞颂奉承之词格外顺耳，对批评意见则芒刺在背；有的只看先进典型，不看落后单位。这样做，结果必然是"情况不明决心大，脑筋不动办法多"，造成决策失误，给事业带来损失，必须坚决纠正。只要全党切实加强和改进调查研究工作，党的理论联系实际的优良学风和作风就一定会得到发扬光大，我们党的各项事业也就一定会更好地向前发展。

【背景与效果】

　　2001年2月15日至9月26日，魏礼群参加党的十五届六中全会通过的《中共中央关于加强和改进党的作风建设的决定》的起草工作。本文是作者承担党的十五届六中全会文件起草组分工撰写辅导文章的任务。文章着重阐述了坚持和发扬理论联系实际学风的极端重要性，强调切实加强和改进调查研究工作，"真正把大兴调查研究之风作为改进学风、理论联系实际的关键措施和重要途径"。本文收入《〈中共中央关于加强和改进党的作风建设的决定〉学习辅导读本》，学习出版社2001年10月出版。

总结经验　找出差距
努力提高调查研究工作水平

（2005年7月）

2002年3月，国务院研究室采取以自我总结、交流体会的方式，举办了"提高文稿起草质量学习班"，大家普遍反映收获很大。当时室党组就提出，应该也举办一次提高调研工作质量培训班。经过长时间的酝酿和准备，这个培训班今天举办了。举办这次培训班主要任务是，回顾总结本届政府以来我室调研工作的情况，肯定成绩，交流经验，畅谈体会，找出差距，明确要求，进一步提高调查研究工作水平，以更好地履行我室的职责，为国务院和国务院领导同志提供优质服务。这次办班的方式，也是以自我总结、自我教育为主，相互交流、相互切磋，共同提高。

一、为什么要更加重视调查研究工作

重视调查研究，是坚持辩证唯物主义和历史唯物主义世界观、方法论的必然要求。调查研究是我们认识世界和改造世界的重要手段，是发现问题、找出解决问题方法的重要途径，也是密切联系群众、倾听群众呼声、反映群众要求的重要渠道。

坚持调查研究，是我党的一项基本工作方法和领导制度。中央领导集体高度重视，身体力行，在调查研究的理论和实践方面，都为全党树立了光辉的典范。在新民主主义革命极为艰难的时期，毛泽东同志曾进行过大量的

总结经验 找出差距 努力提高调查研究工作水平

实地调查,写出了影响深远的《中国社会各阶级的分析》《湖南农民运动考察报告》以及《寻乌调查》《兴国调查》等一系列调查报告。他在《反对本本主义》的文章中,提出了"没有调查,就没有发言权"和"不做正确的调查研究,同样没有发言权"的两个著名论断。他还说:"我的经验历来如此,凡是忧愁没有办法的时候,就去调查研究,一经调查研究,办法就出来了,问题就解决了。"他甚至形象地说:"调查就像'十月怀胎',解决问题就像'一朝分娩'。调查就是解决问题。"新中国成立后,毛泽东同志仍经常亲自进行调查研究。1956年,他和其他领导同志一起,用了一个半月的时间,听了34个部委的汇报,认真分析研究有关问题,并写出了《论十大关系》的重要著作。1961年,毛泽东同志亲自组织人员,分别到浙江、湖南、广东进行调查,在此基础上制定了农业六十条、工业七十条和其他一些重要条例。邓小平、江泽民等同志都十分重视调查研究工作。邓小平同志指出,离开了调查研究,任何天才的领导者也不可能进行正确领导。江泽民同志强调:"坚持做好调查研究这篇文章,是我们的谋事之基,成事之道。"陈云同志也曾指出:"难在弄清情况,不在决定政策。""领导机关制定政策,要用百分之九十以上的时间作调查研究工作,最后讨论作决定用不到百分之十的时间就够了。"现在的中央领导同志也都高度重视调查研究工作。胡锦涛同志在2005年2月22日中共中央政治局第20次集体学习时强调,加强调查和研究,着力提高工作本领。党中央、国务院领导同志每年都抽出大量时间深入基层和群众,召开各种各样的座谈会,亲自组织对一些重大问题的调查研究。历届中央领导同志以调研活动为基础形成的重大决策,对我国的革命、建设、改革事业产生了重要的推动作用。

在我国历史上,一些名人名著对调查研究留下了无数名言佳句。比如,孔子的"每事问";《吕氏春秋》中关于不能人云亦云、黑白不分的"察传"思想;王安石"农夫女工无所不问"的观点;王夫之"察之精而尽其变"的论述等。还诸如,兼听则明,偏听则暗;知彼知己,百战不殆;集众思,广众益;遇事虚怀观一是,与人和气察群言;等等。伟大的民主革命先行者孙中山则认为,只有调查研究才能顺应世界之潮流,合乎人群之需要。所有这些，都从不同侧面强调了调查研究的必要性和重要性。事实上，任何时候、做好任何事情都需要做调查研究，差别仅在于方式方法不同、粗细深浅有别。

做好调查研究工作，具有以下重要意义。

第一，调查研究是我们正确认识社会的重要方法

调查研究的过程，不仅是了解实际情况的过程，也是概念、论断形成的过程，还是分析推理的过程。只有在实践中反复进行调查研究，才能正确反映客观事物，并把握事物的本质和规律。毛泽东同志说过："用马克思主义的基本观点和方法，作周密的调查，仍是了解情况的最基本方法。"他还说过："认识世界，不是一件容易的事。马克思、恩格斯努力终生，做了许多调查研究工作，才完成科学的社会主义。"大量事实证明，马克思列宁主义、毛泽东思想、邓小平理论和"三个代表"重要思想的形成，都是在革命、建设、改革实践中进行大量社会调查和深入研究的结果。

第二，调查研究是科学制定和执行政策的重要基础

调查研究是民主科学决策的基础。正确的方针政策，不是基本原理的简单演绎，也不能用推导公式的方法来求得，是来源于对情况的透彻了解，而要全面了解情况就必须以调查研究为先导和基础。毛泽东同志说："实际政策的制定，一定要根据具体情况。坐在房子里面想象的东西，和看到的粗枝大叶的书面报告上写着的东西，决不是具体的情况，倘若根据'想当然'或不合实际的报告来决定政策，那是很危险的。"温家宝同志指出："各项重大决策，都要经过深入调查研究，充分论证，广泛听取各方面意见。"同时，要正确地执行政策，也必须根据当地的实际情况，找到具体执行的方法和步骤，因地制宜地贯彻落实，这同样离不开调查研究。

第三，调查研究是密切联系群众的重要渠道

群众路线是我们党的生命线。调查研究必须到群众中去，深入农村、工厂、学校，面向社会，面向群众，广泛听取群众的意见，体察群众的生活，从群众中汲取智慧。只有这样，才能制定出充分反映民意、集中民智的政策措施，才能得到群众的拥护、理解和支持。因此，调查研究的过程，也是联

系群众的过程，是与群众交朋友的过程。

第四，调查研究是发现问题和解决问题的重要条件

从某种意义上说，推动经济社会发展的过程，就是发现问题、解决问题的过程。然而，经济社会发展中的问题是极其复杂的，各种问题无处不有、无时不在，有些问题互相交织，有些问题或隐或现。要及时发现问题，要找出问题的成因和症结，要提出解决问题的思路和对策，就必须深入进行调查研究。离开了调查研究，在纷繁复杂的问题和矛盾面前，我们就会变得盲目、被动，甚至手足无措。

第五，调查研究是加快培养优秀人才的重要途径

调查研究是一项科学性、实践性很强的工作，要求调研人员具有较高的理论政策水平和文化素质，同时还要具有良好的道德品质和较强的专业技能。要做好这项工作，取得高水平的调研成果，就必须不断加强学习，提高自身素质。同时，对调研人员来说，通过调查研究可以培养出较强的综合分析能力，培养出密切联系群众的工作作风，培养出科学的工作态度和务实精神。总之，调查研究可以使我们长见识、增才干。

面对全面建设小康社会的新形势新任务，调查研究工作更加重要。当前，国际形势复杂多变，综合国力竞争日趋激烈，我国外部环境面临许多复杂的和不确定的因素。从国内看，改革开放和现代化建设中的各种矛盾相互交织，国内外各种思想文化相互激荡，新事物、新情况层出不穷。经济市场化程度不断提高，社会经济结构发生着广泛而深刻的变化。经济成分、组织形式、就业方式、利益关系和分配形式等日益多样化、复杂化。我们既面临着加快发展的历史机遇，也面临着一系列前所未有的难题和挑战。与过去相比，影响决策的因素增多了，决策的时效性增强了，决策的风险性增大了，决策所需的信息量也增加了。这些都对调查研究工作提出了更高要求，同时也赋予了政策研究和咨询机构更为重要的使命。

对国务院研究室来说，调查研究无疑具有更加重要的意义。国务院研究室是直接为国务院领导提供决策咨询和政策研究服务的办事机构，主要工作包括三个方面：一是负责或参与起草国务院有关文件和国务院领导同志讲话等重要文稿,二是调查研究改革开放和现代化建设中的重要问题,三是收集、整理和报送重要信息。在这里,调查研究不仅是我们的基本职能之一,而且也是全面履行其他各项职能的重要前提。这是因为,无论是起草、修改文稿,还是整理、报送信息,都必须建立在调查研究基础之上。离开了调查研究这个基础环节,不了解实际情况,不懂得社情民意,各项工作就会成为无源之水、无本之木,做好工作当然也就无从谈起。只有以大量的、高质量的调研成果为基础,我们才能写出符合实际、思路正确生动的各种文稿;才会提出分析深刻、观点明确和切实可行的咨询建议;才能提供及时准确、内容重要和视角独特的优质信息。完全可以说,调查研究是我们的基本功和生命线;它与我们的工作须臾不可分离。我们要争创一流业绩、建设一流队伍,其中一个很重要的任务,就是多出一流调研成果。

近几年,我们紧紧围绕党中央、国务院的中心任务,通过多种方式和途径开展调查研究活动,调研工作取得了显著成绩,成果不断增多,质量稳步提高。据统计,2003年、2004年撰写的调研报告分别为189篇和192篇,国务院领导同志作出批示的分别有45件和64件。2005年上半年,撰写的调研报告已达104篇,国务院领导同志作出批示的已有35件。这些调研成果质量上乘,突出应用性、政策性和咨询性,有很强的实用价值。许多成果受到国务院领导同志重视并在决策中起到重要作用;有些直接应用于起草领导讲话及其他文稿,从而对指导和推动工作产生了重要影响;有些在社会上产生了较大反响。例如,2003年4月在非典肆虐时刻,我室提供的《要严防非典型肺炎疫情向农村扩散》《关于解决高校毕业生就业问题的建议》调研报告;2004年我室提供的《加大宏观调控力度尽快遏制投资过快增长》《采取果断措施遏止乱征滥用耕地的对策建议》等调研报告;2005年上半年我室对房地产、免征农业税后的农村改革、防止粮食价格下跌、汇率改革和股权分置改革、完善出口退税机制等问题的调研,都引起国务院领导同志的重视,作出重要批示,有力地推动了相关工作。

当然,也要清醒地看到,我们的调查研究工作与国务院领导同志的要求还有差距。一是对经济社会中长期发展的全局性、战略性、前瞻性问题研究不够；二是一些调研成果的质量不够高，针对性和时效性不强；三是调研工作与文稿起草工作结合不够密切，应用调研成果不够好。对这些不足之处，我们一定要认真加以改进，努力把调研工作提高到一个新水平。

二、调研工作的主要做法和经验

近几年来，我室的调研工作之所以能取得可喜成绩，原因是多方面的。首先归功于国务院领导同志的重视和支持，也取决于我们有一支高素质的研究队伍，同时还与我们努力探索并逐步形成了一些好的做法密不可分。归纳起来看，主要有以下几点。

——牢固树立围绕中心、服务大局的思想。作为国务院的办事机构，我们的调研工作必须坚持紧紧围绕党中央、国务院的中心任务开展，并努力做到急领导之所急、想领导之所想、求领导之所求。这既是履行我室职责的根本要求，也是做好调研工作的关键所在。比如，近三年我们主要是跟踪和围绕宏观经济形势、"三农"工作、农村税费改革、财税金融体制改革、非公有制经济发展、政府自身改革、建设和谐社会等问题进行调查研究。这些调研课题都与党中央、国务院的工作部署密切相关。事实上，近几年凡受到领导重视并在推动工作中发挥了重要作用的调研成果，首先是在这方面做得比较好。

——坚持解放思想，鼓励大胆创新。求是乃调查研究的宗旨所在，创新是社会进步的不竭源泉。离开了求真务实，禁锢了自由探讨，缺乏了创新思维，调研工作势必会变成死水一潭。这些年来，我们研究室为大家创造了较为宽松的调研环境，允许不同观点进行争论；鼓励真实反映情况，倡导大胆提出新观点、新见解、新对策。这无疑是我室调研气氛浓厚、思想观点务实、成果不断涌现的一个重要原因。

——注重调查研究与文稿起草有机结合。调查研究和文稿起草、信息报送等工作都有着深刻的内在联系。在实际工作中，只要善于利用、综合考虑、安排得当，就完全可以使它们形成相互促进的局面。比如，在文稿起草中如能及时吸收调查研究的最新成果，其质量必然会显著提高；反过来看，在文稿起草过程中获得的情况和启示，也用以指导和深化调查研究工作。调查研究与信息工作的关系也大致如此。近几年，我们比较注意各方面工作的有机结合，并取得了显著成效。

——始终把提高调研成果质量放在首位。我室的调研工作直接为中央领导决策和起草重要文稿服务，调研成果质量高低事关大局，责任重大，可谓"优能兴邦，劣可损国"。因此，无论对什么问题进行研究，特别是一些重大调研课题，都必须坚持高标准、严要求，深入调查，精心研究，努力创造优秀成果，决不能"粗制滥造"。唯此，才能与职责相符、不辱使命。近几年，我室的调研精品越来越多，这与我们大力增强调研质量意识是分不开的。

——建立多出高质量调研成果激励机制。我们将调研成果多少、质量高低作为干部业务考核的重要内容，并给予一定的物质奖励和精神鼓励。为了建立提高调研成果质量的激励机制，2001年起，凡在我室《决策参考》《送阅件》《研究报告》和《室内通讯》上发表的调研文章和专送报告，我们都给予不同程度的物质奖励。同时，我室还制定了《国务院研究室研究成果奖励办法》，每年年终都搞一次成果评奖活动，对获奖者颁发证书并给予物质奖励。这些措施调动了大家进行调查研究工作的积极性，对提高调研成果质量发挥了重要作用。

三、提高调研工作质量需要把握好的几个方面

搞好调查研究工作，最根本的，是必须坚持正确的指导思想。我们要以马克思列宁主义、毛泽东思想、邓小平理论和"三个代表"重要思想为指导，树立和落实科学发展观，认真贯彻党的基本理论、基本路线和基本方针，坚持党的实事求是的思想路线，坚持党的从群众中来、到群众中去的群众路线，努力提高调查研究工作水平。同时，还要把握好以下几个方面。

（一）搞好调查研究要遵循的重要原则

调查研究必须坚持辩证唯物主义世界观和方法论，反对唯心主义的先验

论；坚持历史地、发展地、全面地看问题，反对孤立地、静止地、片面地看问题；坚持一切从实际出发和实践第一的观点，反对主观主义、教条主义。具体地说，调查研究应坚持以下重要原则：

一是客观性。搞调查研究，要不"唯上"，不"唯书"，只"唯实"，客观、准确和真实地反映社会现象和客观事物，努力做到调查的情况是真实的，调查得到的数据是准确的，对情况和数据的分析要实事求是，不能搞主观臆断。

二是全面性。列宁说："如果从事实的全部总和、从事实的联系去掌握事实，那末，事实不仅是'胜于雄辩的东西'，而且是证据确凿的东西。如果不是从全部总和，不是从联系中去掌握事实，而是片断的和随便挑出来的，那末，事实只能是一种儿戏，或者甚至连儿戏也不如。"调查研究工作要充分反映社会现象和客观事物的方方面面，做到局部和整体相结合、现实和历史相结合、动态和静态相结合、正面和反面相结合，要注意克服片面性，防止走极端。

三是系统性。在调查研究中，必须用辩证的、系统的观点看待和分析问题。要系统分析构成社会现象和客观事物的各个要素，深入研究它们之间的相互关系，搞清楚作为系统的社会现象和客观事物的整体功能，同时还要研究社会现象和客观事物所处的环境条件。不能孤立地看待问题，避免把视野局限在狭小范围之内。

四是群众性。人民群众是智慧之源。调查研究必须深入群众，依靠群众，虚心向群众学习，甘当群众的小学生。要善于发挥群众的积极性和主观能动性，倾听群众的呼声，反映群众的疾苦，认真汲取群众的看法和建议。

五是科学性。搞调研要遵循科学的调查方法，并对事实材料进行去粗取精、去伪存真、由此及彼、由表及里的筛选和加工处理，尤其要注重实证分析和逻辑推理。不能以偏概全，以树木盖森林；不能预设结论或按某种假设去搜集材料；更要避免随心所欲和主观臆测。

六是理论与实践相结合。做好调查研究工作，一方面要以正确的理论作指导，深入实践，从实践中找出解决问题的办法；另一方面又要让这些办法重新回到实践中去接受检验。只有经过实践验证是正确的东西,才是高质量的调研成果,才能用于进一步指导我们的实践活动。

(二)政府研究部门调研工作的主要特点

做任何工作都要进行调查研究,但不同工作性质和机构对调查研究的要求不一样。从政府研究部门的工作性质和职能看,调查研究工作要注意把握好以下一些特点:

一是政策性。政策和策略是党的生命。作为政府的政策研究和决策咨询部门,我们调研的根本目的,就是要为领导机关和领导同志决策提供情况和建议,其质量高低关键要看有多少调研成果进入了决策、变成了政策,以及这些决策和政策在实际工作中发挥了什么样的作用。可以说,政策性是政府研究部门调研工作的最基本特征。

二是针对性。政府工作千头万绪,有许多问题需要研究探讨,我们的调查研究必须围绕中心工作,考虑决策需要,关注和着力调研重点热点难点问题,做到有的放矢。实践表明,政府研究部门的调查研究工作,只有忙在点子上,谋在关键处,才能富有成效,事半功倍。如果脱离中心工作,远离决策需要,其调研效果必然会大打折扣。

三是应用性。政府研究部门的调研工作,既不是纯粹的理论探讨,也有别于具体的工作部署,而是一种介于二者之间的应用性研究,尤其强调"研以致用"。古人云:"文可载道,以用为贵。"具体说,我们的调研选题必须紧扣现实工作需要,出发点是提供急需有效的对策建议,落脚点是解决经济社会生活中的实际问题。只有这样的调研成果,才能对决策有用,才能真正称为上乘之作。

四是前瞻性。政府的许多决策往往事关全局、影响深远,特别是一些重大决策更是如此,作出这样的决策首先要有预见性。为此,调查研究必须有战略眼光,既要立足当前,又要面向未来,注意瞻前顾后。只有把视野放得更宽一些,眼光看得更远一些,既能预见潮流所在和大势所趋,又能看到苗头性倾向性问题,才能提出有真知灼见的对策建议。

五是操作性。政府研究部门提出的对策建议,必须做到思路清晰、观点正确、措施具体，千万不能笼统含糊、空发议论。我们的调查研究必须脚踏实地，提出的对策措施必须切实可行，尤其应充分考虑需要和可能。有些对策建议，看似很正确，却是"空中楼阁"，"中看不中用"，因无实际操作可能，只能成为书柜之物。

六是时效性。我们对领导同志关注的重要问题和紧迫问题，必须快速反应，集中力量，及时调研，尽快提供情况和建议。"文当其时，一字千金。"倘若时过境迁，工作重心转移，才慢腾腾拿出调研成果，即使写得全面、正确、深刻，也为时已晚，难有大用。事实上，对多数调研成果而言，时机因素至为重要，"生逢其时"才能"谋当其用"。

深刻认识和正确把握政府研究部门调查研究工作的特点，从中总结出一些带有规律性的东西，对于我们提高调研工作质量是非常重要的。

（三）搞好调研工作要增强各方面的能力

如何进一步搞好调查研究，不断提高我室的调研水平，涉及诸多因素，需要多方面努力。概括而言，要按照上述指导思想和原则、特点的要求，认真把握好以下六个方面，并增强相关能力。

1. 树立大局意识，增强把握全局的能力。"不谋全局者，不足以谋一域。"作为国务院研究室的同志，要站得高、看得远、想得深；要有大局意识和全局观念，在把握大局前提下探讨各种问题；还要善于想大事，议大事，调查研究大事。调研题目的选择极其重要，决定着调查研究总的方向和水平，关乎调研工作成败。根据我室的工作特点和职能要求，我们的调查研究必须紧紧围绕党和国家的工作大局、围绕国务院的中心任务来开展。具体地说，要抓住改革开放和经济社会发展中的重大问题，突出前瞻性、全局性和战略性。要从纷繁杂乱的问题中，提炼出有意义的选题，把研究力量放在重大问题的研究上。要突出重点，首先是党中央、国务院交办的任务，其次是研究室确定的重点研究课题。我们的调研工作只有适应国务院中心工作需要和领导决策需求，才能有的放矢、富有成效，才算尽其本职、务其正业。具体选题可以根据实际情况，或"大题大作"，或"大题小作"，或"小题大作"。

2. 坚持解放思想，增强开拓创新的能力。调查研究贵在创新。国务院领导同志经常讲，希望起草的文稿和调研成果中有新思想、新材料、新见解。要达到这样的要求，最根本的是要坚持解放思想，以宽广的视野观察世界，正确把握时代特征和国内外政治经济形势的变化，真正做到与时俱进。目前，我们一些调查研究成果质量不高，既有调查研究深度不够的问题，更有着眼创新不够的问题。由于没有多少新东西，让人看起来兴趣不浓，看了后收获不大。为了适应国内外情况快速发展变化的要求，必须不断创新观念和思维方式，不断改进调研工作的方式、方法和手段；同时，还要敢于想别人之未想，善于谋别人之未谋，勇于提出新的见解和观点。

3.跟踪形势发展，增强洞察问题的能力。我们能否履行好自己的职责、搞好调查研究工作，在很大程度上取决于对经济社会发展变化情况的把握程度。为此，必须敏于观察，勤于思考，增强敏锐性和鉴别力，努力做到不断跟踪形势，透彻分析形势，明确鉴别是非，能够举一反三。在调查研究中要增强预见性，特别是对那些一叶昭秋、似小实大、微而见重的倾向性因素和代表性事物，不仅不能视而不见，而且要给予高度关注，善于见微知著，能及时发现苗头性问题，并提出具有前瞻性的对策建议。例如，2004年初，针对固定资产投资增长过猛的势头，宏观司的同志及时发现问题，撰写了《加大宏观调控力度，尽快遏制投资过快增长》的调研报告；2005年6月初，针对部分地区粮价出现下跌的新情况，农村司的同志敏锐地发现了问题，并在很短时间内拿出了《关于稳定当前粮食市场价格的建议》的调研报告。这样的例子还有很多，就不一一列举了。总之，要密切关注和及时跟踪经济社会形势的发展变化，善于发现新问题、新情况，努力提高调研工作质量。

4.做到求真务实，增强深入实际调研的能力。求实是调查研究的灵魂。要捕捉领导难以听到、不易看到和意想不到的新情况、新苗头，要找出解决问题的新视角、新思路和新对策，要拿出情况真实、分析深刻、见解独到的高质量调研成果，就必须弘扬求真务实的精神，必须走出去、沉下去、钻进去，必须深入实际、深入基层、深入群众。在调查中，要本着求深、求细、求准的原则，"一竿子插到底"，深入到问题的所在地和矛盾的症结处，溯本求源，真正掌握第一手材料，深刻了解事物本来面目。要全面了解客观情况，善于听取各种意见，不能预设框框，先入为主；不能只看好的，不看差的；不能只报喜，不报忧；不能只总结经验，不反映教训；不能只调查干部，不调查群众。搞好调查研究，还要具有追求真理的勇气和无私无畏的精神。唯科学是从，唯国运顿首。这是我们应备的基本品质和崇高境界。对了解到的真实情况和各种问题，要敢于"较真"和"碰硬"，做到查实情、说实话、办实事、献实策、出实招。不回避矛盾，不说违心话。

5. 学会科学思维，增强分析问题的能力。调查研究工作是一项植根于实践基础上的创造性思维活动。既要"调查"，又要"研究"。深入调查以及对所得材料进行分析、研究和概括的过程，就是从感性认识上升到理性认识，并逐步揭示事物本质的过程。因此，必须学会科学思维，尤其要善于用辩证法分析研究问题。例如，要掌握共性与个性原理的使用方法。毛泽东同志在对农村问题进行调研时，通常采取典型调查的做法，然后再由典型推及一般。他形象地把这种调研比喻为"解剖麻雀"。再比如，要学会抓主要矛盾的方法。搞调查研究，材料搜集和情况掌握当然是越多越好，但如果抓不住主要矛盾或矛盾的主要方面，即使再费力也无法达到认识客观事物本质的目的。毛泽东同志曾说过，十样事物，调查了九样，只有一样没有调查，"如果你调查的九样都是一些次要的东西，把主要的东西都丢掉了，那末，仍旧是没有发言权"。此外，在调查研究中还应注意各种方法的有机配合，要把开调查会等传统方式与统计调查等现代方式、定性分析与定量分析、"走马观花"与"下马看花"等方法结合起来使用。只有这样，才能使调研工作更具科学性，最终拿出高质量的成果来。

6. 努力改进文风，增强文字表达能力。精心写好调研报告是提高调研成果质量的重要环节。我们的调研成果，首先是给领导同志看的，只有吸引领导，打动领导，才能更好地被采纳，发挥应有的作用。因此，每一篇调研报告都要冥思苦想，精心写作。具体地说，需要注意几个方面：一是把握主题，突出主线，抓住重点，善于画龙点睛，给人以启迪。二是文字表达要准确、鲜明、生动。写调研文章不应过多雕饰、过于华丽，不要用词生僻、苦涩难懂，也不要过于平淡或官话套话连篇。即使讲道理也要寓理于事实之中，不能搞纯粹的理论推理。要让人看得懂，愿意看，引人入胜，看了以后还津津乐道、回味无穷。总之，要做到观点表达鲜明而不失之偏颇，周到全面而不冗杂累赘，活泼新颖而不花哨飘浮，逻辑严谨而不是党八股。三是表现形式要多样化。写文章也要从实际出发，讲究多样性，切忌公式化，不能千人一面。有些文章，形式死板，毫无个性，给人以似曾相识之感，领导见了烦，读者见了厌。四是从内容上讲，言之要有物，资料要翔实，论证要有力。毛泽东同志在《反对党八股》的著名报告中，曾号召全党干部要像列宁同志那样写文章，"不是空话连篇，言之无物；不是无的放矢，不看对象；也不是自以为是，夸夸其谈"。从形式上讲，结构要严谨，条理要分明，布局要合理。五是要深入浅出。写文章有四种境界：深入浅出，深入深出，浅入浅出，浅入深出。深入浅出是最高境界。毛泽东同志是深入浅出写文章的大师。郭沫若同志曾说，听了毛主席讲话，好像热天吃了冰激凌，又好像疲倦后喝了一杯热茶。四种境界中唯有浅入深出是做文章之大忌，它必然"以其昏昏，使人昭昭"，效果自然不好。六是要提倡写短文章。领导同志和决策机关日理万机，很难有时间读长篇大作。调研报告要力求短小精悍、言简意赅，应意到言到、意尽言止，切忌冗长乏味，动辄洋洋万言，让人到沙堆中淘宝。《庄子》有句名言，"凫胫虽短，续之则悲"。这同样适用于写文章。就今天的文风来说，把水鸭子（凫）的脚加长的文章太多了。郭沫若同志曾说过，如果内容没有分量，尽管写得像万里长城那样长，还是没有分量。胡乔木同志曾在《解放日报》上以《短些，再短些》为标题，撰文呼吁大家写短文章。

此外，还要注意调研报告的反复修改和加强文字校对工作。好文章大多是改出来的，必须千锤百炼。毛泽东同志说："重要的文章不妨看它十多遍，认真地加以删改，然后发表。"鲁迅先生十分重视文章的推敲和加工，他说："写完后至少看两遍。"清代书画家郑板桥曾有"删繁就简三秋树，领异标新二月花"的著名诗句。据说，俄国大文学家托尔斯泰在写长篇巨著《战争与和平》时就改过7遍。我们不少同志都有切身体会，重要的调研报告都是反复修改出来的，有的是几次甚至十几次地修改。其实，反复修改的过程，也是对所调研问题认识不断深入、思想不断升华、文字不断完善的过程。同时，对调研报告的文字校对工作也不能放松，特别是用语准确、事实准确、数据准确，绝不能有误。在国务院研究室里做文字工作，一个最起码的要求是不能出现"硬伤"，包括不能有错别字、数据失实。毛泽东同志形象地说："从前人称'校对'为'校仇'，校对确实很难，非以仇人对之是不胜所为的。"他老人家就曾亲自为1949年4月25日《北平解放报》上登载的《"五四"运动》一文进行过校对，并发现了5处错误。鲁迅也曾为不少青年作家校正过文稿和出版物。总之，必须认真对待校对工作，不能有丝毫轻视。

四、搞好调研工作必须全面提高自身素质

调查研究是运用科学的理论去探索未知，认识事物发展，寻求解决问题方法的一种复杂的脑力劳动，是一项高度依赖调研人员素质的工作。提高调研工作水平必须提高调研人员的思想、业务和写作素质。

一要勤奋学习，提高政治思想和理论政策水平。搞好我室的调研工作，必须讲学习、讲政治、讲纪律。我在不同场合反复讲过，我们研究室的全体工作人员要把理论学习作为一种政治责任、一种精神追求和思想境界。只有大家的政治觉悟和理论水平提高了，才能更好地领会和把握党的路线、方针、政策，提高从政治上、全局上观察问题、分析问题和解决问题的能力。从我们一些同志撰写的调研报告可以看出，对马克思主义基本理论和党的重要文件的内容还不够熟悉，理论水平与工作要求尚有很大差距。必须强调，国务院研究室工作的特殊性要求我们，无论工作多忙，也要挤出时间学习基本理论，刻苦学习基本理论。要认真学习马克思主义经典作家的著作，认真学习邓小平理论和"三个代表"重要思想，用科学发展观武装头脑，真正使我们的政治理论水平不断得到提高。同时，还要认真学习和全面领会党的基本路线、基本纲领、基本经验，学习党中央、国务院文件和中央领导同志讲话精神，熟悉党中央、国务院的各项方针政策和国家的法律法规，提高思想

水平和政策水平，丰富法律法规知识。国研室的人员无论做什么事情，都要把握政治方向，严守政治纪律。要始终不渝地在政治上、思想上、行动上与党中央保持高度一致，牢固树立为党中央、国务院决策服务的观念，站在国家和人民大众的立场上出主意、想办法、提建议。要注重原则性、政策性和纪律性。

二要有高尚思想境界，增强事业心和责任感。从事决策咨询和政策研究是一项艰苦的工作，大家经常加班加点，付出很大，收入不高。搞好我们的工作，必须自觉培养忠于职守、爱岗敬业的精神，必须要有高度的责任感和强烈的事业心，必须树立正确的人生观和价值观。只有这样，才能热爱这项工作，不辞辛劳，甘于奉献，淡泊名利，守得住清贫，耐得住寂寞，沉下心来扎扎实实地把工作做好，为党的事业奉献自己的心血和才智。

三要拓宽知识面，在"博"和"精"上下功夫。要刻苦学习与本职工作相关的业务知识，不断提高业务能力和工作水平。要加强对现代市场经济、现代政府管理、世界经济、财税、金融、农业、工业、贸易、科教和各项社会事业等方面知识的学习，努力成为某个领域的专家。社会经济现象都不是孤立存在的，任何一种问题的出现都有复杂而深刻的社会经济原因。要准确把握事物的本质，要求我们有广博的知识，善于从不同的角度观察、分析问题。因此，除了学习专业知识，我们还要注意学习哲学、历史、文学等知识。不仅要懂得发展的知识，还要掌握改革开放的知识，不断完善知识结构，重视知识更新。只有这样，才能增强发现问题、揭示矛盾的能力，增强战略思维、科学分析的能力，既成为精通业务知识的专家，又要成为"万金油式"的通才。

四要善于博采众长，增强综合分析研究问题的素质。我们的调查研究工作，必须要认真听取各方面的意见，充分利用社会智力资源，吸取优秀研究成果。只有集思广益、善于综合、长于提炼，才能全面把握问题的实质，才能提出新的观点和建议，才能快速拿出高质量的调研成果。马克思主义经典作家们之所以在理论上有宏大建树，重要原因之一就在于他们能兼收并蓄、海纳百川，最终集世界优秀文明之大成。

总结经验　找出差距　努力提高调查研究工作水平

五要多写勤练，打好辞章和文字功底。调研报告是调查研究工作的最后成果。虽然说"水无定势，文无定法"，但调研报告要写得好，除了思想理论正确、立场观点鲜明，还要掌握一些写作技巧，懂一点逻辑、文法和修辞。古人说："言而无文，行之不远。"这就要求我们多读一点文学作品，尤其是多看一些中外名篇，以丰富我们的语言词汇，避免行文枯燥刻板，味同嚼蜡，使人不能卒读。同时，要多写多练，从写作实践中摸索写作的规律、叙述的方法，使我们写出的调研报告逻辑严谨、叙述清楚、说理透彻、语言简练、文采斐然。

此外，为了提高调研工作质量，多出成果、多出精品、多出人才，还要努力创新调研工作机制，积极采取有效的保障措施，进一步营造有利于搞好调查研究、多出优秀调研成果的环境。

【背景与效果】

调查研究是国务院研究室的重要职责之一。为提高全室工作人员调查研究的工作能力和水平，更好地履行国务院研究室的职责，2005年7月23日至24日，国务院研究室举办了"提高调研工作质量培训班"，采取个人总结调查研究实践体会、大家相互学习交流的方式，围绕提高调查研究工作质量，肯定成绩，交流经验，找出差距，明确要求，自我教育，共同提高。本文是作者在此次培训班开始时的讲话。此次培训班收到良好效果，普遍反映收获很大。2005年10月，中国言实出版社出版魏礼群主编的《政策研究与决策咨询——国务院研究室调研成果选（2005）》一书，此文作为该书的序言公开发表。

着力提高文稿起草质量

（2002年3月28日）

这几天，我们国务院研究室举办了"提高文稿起草质量"学习班，目的在于强化基本功，提高文稿起草质量和水平。

这次学习班的做法是，认真学习有关文献，总结自己实践经验，相互交流，集思广益，取长补短。每个单位、每个同志都非常重视这次学习。大家按照室党组提出的参阅书目和有关材料进行了自学。在各单位学习总结的基础上，用三个半天召开全室人员大会集中学习、交流，九位同志结合本司和自己的工作，作了发言。室领导尹成杰、李德水同志和林兆木同志，也交流了自己的体会和经验。每个同志都讲得很好，对我们大家、对我自己都有很大启发。有些同志说，我们长期做文字工作，有的是多年从事文稿起草，包括参加党中央、国务院重要文件和领导同志报告、讲话起草，但像这样集中时间，专门进行学习、总结、交流的机会不多。大家认为，这是研究室一次重要的基本功建设。这样做，把我们在过去参加文稿起草中肤浅的、零散的、感性的认识，上升到深入的、系统的、理性的认识，思想认识和写作技能都得到了提高。通过这次学习班，必将对我们研究室提高文稿起草水平起到积极的作用。

一、为什么要在提高文稿起草质量上下大功夫

文稿起草属于作文章的范畴。对于作文章，历来被人们所看重。在中

国传统文化中，就有所谓"三不朽"之说，"立言"便居其中。三国时曹丕说过："盖文章，经国之大业，不朽之盛事。"唐朝杜甫也说过："文章千古事。"可见，作好文章何等重要！古往今来，文章大家们孜孜求索为文之法，留下了大量经典之作，也总结出许多可资借鉴的宝贵经验，但不论是谁，要把文章作好仍然是件困难的事情。当然，难亦有道，无巧而已；文无定法，却有成规。关键是要下功夫，多学、多看、多思、多写。一言以蔽之：苦事苦做，功到自成。在这个过程中，认真研究古今文章典范的写法，学习、借鉴他人的成功经验，是提高作文章水平的重要途径。

文章有不同的类别、文体。我们研究室工作中通常讲的文稿，不是指自己的著作、调研材料和在报刊上发表的文章，而是专指为党中央、国务院起草的各类文件和领导同志的报告、讲话等。这是一项非常重要的工作，任务艰巨，要求严格，责任重大。党中央、国务院对这类文稿的起草工作十分重视，也有许多明确的指示、要求。我们举办这期提高文稿起草质量学习班，主要基于以下三点考虑：

首先，从国务院研究室的职能和岗位职责看。中央批准的"三定"方案明确规定：国务院研究室是承担综合性政策研究和决策咨询任务、为国务院主要领导同志服务的办事机构，主要职能是：负责起草《政府工作报告》；根据国务院领导同志指示，单独或组织、协同有关方面起草、修改国务院有关重要文件；起草国务院领导同志部分重要讲话；参与党中央、国务院大型会议的文件起草；调查研究和进行经济形势分析；承办国务院交办的其他事项。从研究室的职能可以看出，起草和修改各类文稿是我们为国务院工作服务、为国务院领导同志服务的基本形式和主要载体，是我室最重要的任务。据统计，仅2001年，我室负责起草或参与起草的党中央、国务院重要文件，以及国务院领导同志讲话和其他文稿达180多件，参与修改全国人大、国务院及有关部门起草的法律法规（草案）70多件。此外，还撰写了大量调研报告。这些也说明，起草文稿是国务院研究室的基本职能。

起草文稿是一项政治性很强的任务。这是因为，我们负责或参与起草的文稿，往往都是党中央、国务院作出的工作部署，关系着党的路线和方针政策的贯彻执行，关系着国家经济社会发展任务和人民群众切身利益的实现。因此，必须十分认真地把文稿写好。朱镕基同志在2000年2月13日莅临我室看望大家时，语重心长地说：我希望研究室的同志加强学习，更好地改进自己的工作，提高自己的工作效率和水平。研究室的工作提高一步，反映到我们的工作上就提高一步，反映到国务院的工作上就提高一步。这说明，我们所从事的工作，同国务院的工作紧密相关，同国家的大局紧密相关，同改革开放和现代化建设紧密相关，国务院领导同志对我们寄予厚望。所以，我们肩负重任，提高文稿起草质量，是履行好我们研究室职能的要求。

其次，从我们面临的形势和任务看。进入新世纪，我国改革开放和现代化建设进入新的发展阶段，新情况、新事物层出不穷，同时也面临着不少新困难、新挑战。我们党和国家要开创新局面，需要各个方面进行坚忍不拔的开拓性工作。这种新形势、新任务，对我们研究室的工作提出了新的更高的要求。只有在提高文稿起草质量上下大功夫，才能更好地为国务院和国务院领导同志服务，更好地适应党和人民的需要。

第三，从我们研究室的现状看。这几年，我们研究室的同志勤勉敬业，任劳任怨，为起草党中央、国务院各类文稿付出了辛劳，也不断取得新的进步。我们的工作受到国务院领导同志的肯定。今年春节前夕，朱镕基总理和国务委员兼国务院秘书长王忠禹同志在我室2001年工作总结上作出的重要批示，就是对全室同志工作的充分肯定和鼓励。朱镕基总理在2002年元月26日作出批示：国务院研究室主要为国务院领导同志服务，任务繁重，工作辛苦，全体同志任劳任怨，夜以继日，一年工作成绩，国务院领导同志自有公允评价。国务院其他领导同志也予以高度评价，认为研究室做了大量工作，起草的文稿让人放心，能够从整体上把握，全面吃透情况，政策讲得明白。这些说明，我们起草的文稿质量是不断提高的。

同时，也要清醒地看到，我们的工作同研究室肩负的职责、重任和面临的形势，以及国务院领导同志的要求相比，还有许多不足，有些方面差距还较大。有的同志写自己的文章包括写调查研究报告确实有较高水平，出了不少颇有社会影响的成果，但对起草文件和领导同志讲话等文稿，还缺乏必要的基本功，无论是思想理论、业务知识水平还是写作技能都有待提高。

研究室工作怎样才能上水平？根本的问题是进一步提高起草文稿的质量。研究室的工作质量，干部的政治水平、业务素质、写作能力，在相当程度上体现在起草文稿的质量上。因此，必须以抓文稿质量为突破口，促进我们工作上新的台阶，促进干部素质有新的提高。对于研究室，善于起草文稿应该成为每个干部必备的基本功。具备良好的文稿起草本领，不仅对改进我们的工作有直接的重要作用，也有利于每位同志的成长和进步。具备较高的文字表达能力，将使同志们终生受益。大家到国务院研究室工作的时间有长有短，但如果经过一段时间的工作，能够在起草文稿方面有所进步，思考问题和文字表达能力有比较大的提高，以后到任何地方、部门工作都会得心应手。所以，每个同志都应该自觉地在提高文稿起草质量方面下大功夫。

二、一篇好的文稿应具备的基本要求

评价文稿质量的高低，没有统一的、具体的标准，可以从多个角度来衡量。一般来说，一篇好的文稿应具备以下几点：

一要全面贯彻党的理论、路线、方针、政策和国家法律法规，指导思想正确。这是头等重要的，也是根本性的。必须着眼全局，全面地、准确地把握中央的有关方针政策和国家的法律法规，以及党中央、国务院有关指示精神。这就要求，起草文件、报告、讲话等，首先要基本立场、观点、方法正确；同时，必须切实熟悉、深刻领会并正确反映党和国家的有关方针政策和法律法规。如果起草的文稿与中央的方针政策、国家的法律法规以及有关指示精神不相符或者相违背，那就不但达不到应有的目的，反而会造成干扰和破坏。

二要充分反映时代潮流和世界发展趋势。朱镕基总理在看望我们研究室全体人员时说：我总是在想，作为国务院总理，讲出来的东西要符合时代进步潮流，顺应世界发展变化，不仅要把它提高到理论的高度，而且又要非常有文采。他还强调，"我最希望的是文稿中有新思想、新见解、新材料。""希望你们帮助我收集各方面的信息，用新的思想、新的观点来研究新的问题和新的情况。"要达到这样的要求，最根本的是要坚持解放思想、实事求是的思想路线，以宽广的视野观察世界，正确把握时代特征和国际政治经济形势，开拓思路，深刻了解国内形势的新变化，坚持与时俱进。为此，必须拓宽信息渠道，敏于观察，勤于思考。文稿起草不能相摹而作，而要有创新。虽然可以在研究别的文稿、材料的基础上，获得启发、借鉴，但必须同新形势、新情况、新任务密切联系起来，作出新阐述，提出新要求，解决新问题。

三要务必符合经济和社会发展实际。文稿必须有现实针对性，对实践有指导意义。毛泽东同志说过："一篇文章或一篇演说，如果是重要的带指导性质的，总得要提出一个什么问题，接着加以分析，然后综合起来，指明问题的性质，给以解决的办法，就不是形式主义的方法所能济事。"我们起草的文稿，目的都是要推动工作，解决实际问题。这就要求，一定要从全局的角度对问题进行深入调查研究，全面掌握情况，认真加以分析，提出可行的政策、措施，使文稿以解决实际问题为出发点，以推动工作和提高工作质量为根本，这样才能体现实用性、实效性、指导性的有机结合。

四要力求经得起实践检验和历史检验。我们起草或参与起草重要文件、报告或讲话稿，必须对国家负责，对人民负责，对历史负责。很多重要文件、讲话，关系国家的全局和长远发展，有些将载入史册，后世可查。这就要求在起草文稿中，对所阐述的观点，提出的任务、政策、措施等，既能很好地指导当前工作，解决现实的问题，又要有科学理论依据，符合客观规律；既能经得起实践的检验，又能经受住历史的检验。不单是起草重要文稿如此，我们写自己的文章也应该努力做到这样。

五要达到"三性"的要求，即准确性、鲜明性、生动性。毛泽东同志在《工作方法六十条》中说："文章和文件都应当具有这样三种性质：准确性、鲜明性、生动性。"什么是"准确性、鲜明性、生动性"？准确性属于概念、判断和推理问题，这些都是逻辑问题。鲜明性和生动性，除了逻辑问题外，还有词章问题，修辞要讲究，语言要生动，引人入胜。一篇好的文稿起码要做到概念准确,判断恰当,使用概念、判断进行推理的时候符合逻辑。做到内容充实、观点鲜明、论证有力。无论是经济工作方面还是其他方面,一篇高质量的文稿,都应是思想理论性、政策指导性以及文章生动性这"三性"的统一。

三、起草文稿必须把握的主要环节

这方面只讲工作中的一些体会。

(一)区分性质,体裁得当

就是要区别文稿的性质,把握文稿体裁的要求,明确文稿要起到的作用。不同性质的文稿,面对不同对象,表达形式不一样,内容重点和行文用语也不一样。我们研究室承担的文稿起草任务主要有:国务院总理所作的《政府工作报告》,国务院文件;领导同志在工作会议上的讲话,在国际会议上和出国访问的讲话、致辞、讲演,在考察工作时的新闻稿,以及其他文稿等。每类文稿都有特定的体裁、内容、结构和语言表达方式要求,写作方法、技巧不尽一样。比如:

文件类。党中央、国务院的文件,都是用以指导和推动全国工作的,对文稿起草的要求高。特别是属于综合性的重要文件,必须突出政治思想性、原则指导性,主题鲜明,主线清晰,概括力强,用语准确规范,并做到简洁、明快、质朴,自然通畅。尽量用大众化语言,不用生僻字。有些文件是公开的,有些是内部的,需要注意内外有别。

政府工作报告。政府工作报告是国务院总理向全国人民代表大会报告政府工作。一般说来,这样的报告在体例、结构、用语方面比较规范。但不同年份,内容、重点不同,结构也有不同。比如,有的是主要讲当年工作;有的是主要就国民经济和社会发展中长期规划报告工作;政府换届时,是报告本届政府五年工作和以后五年或当年政府工作建议。这是历史上形成的写法。当然,每年政府工作报告的写法也可以创新,要深刻领会中央当时工作部署的特点,突出新形势、新任务的要求,突出人民群众最关心的问题。例如，朱镕基总理在 2002 年 3 月 5 日九届全国人大五次会议上所作的《政府工作报告》，在结构布局方面就有创新。整个《报告》没设二级标题，首先用一定篇幅报告去年工作，然后主要讲 2002 年的八大任务。《报告》根据中央关于今年工作的重点，把"扩大和培育内需，促进经济较快增长"放在第一位，把"继续大力整顿和规范市场经济秩序"，以及"适应加入世贸组织新形势，全面提高对外开放水平"分别作为重点任务单独写。这样写，大家感到别开生面，形式新颖，重点突出，与会代表和媒体的反应都是好的。

领导讲话。为领导同志起草讲话稿，是我们研究室经常性的任务。每篇讲话稿的内容、结构、文字长短要根据不同情况而定。一般说来，领导机关开一次会议都要集中部署一个方面、一段时间的工作任务，或者研究解决一二个突出问题。领导同志都会希望就某一个方面工作或几个问题讲深、讲透，每篇讲话要有一个主题、一条主线，各个部分有自己的支线，而且要有现实针对性、指导性。讲话稿所用语言一般要求简练、平实、规范，力求准确，避免产生歧义。注重从实际出发，坚持用事实说话，不要过多雕饰。通常应注意以下几点：一是思路清晰，条理分明，把握好讲话内容的逻辑关系。文稿中部分与部分、段与段、层与层之间起承转合，环环相扣。为此，需要培养自己的综合概括能力和理性思维能力，精心对材料或词语进行梳理。二是适应形势变化，吸收新鲜用语，善于使用符合时效的语言。一篇领导同志的讲话一般都与当时的形势和任务紧密相连，而各个时期的形势特点不同，对某一方面工作任务的提法、侧重点、政策、措施和要求也有所不同。我们起草文稿必须注意学习和运用符合新形势、新情况的语言表达形式，不能总是使用老话。所以，平时必须善于学习和了解新东西，经常看书、看报，学习各方面文件，注意研究新情况，加以新提炼、新概括、新创造。要善于使用新词语，特别是运用党中央、国务院文件中的新鲜语言，以及新的政策性用语。当然，绝不能生造一些连自己也不甚了了的"新话"。三是夹叙夹议，既摆事实又讲道理，增强讲话的吸引力。要注意尽量把稿子写得有血有肉，不仅要观点正确、事实确凿，而且要体现某位领导同志自己的见解和表达风格，做到情理交融，避免通篇都是大道理、句句都是判断语。讲话稿里用政治家语言是对的，但既要把该说的话讲到位，又要让人愿意听，使讲话起到应有的作用。这就需要有厚实的文字功底和丰富的社会经验。我们应该朝这个方向努力。

起草领导同志的讲话稿，同起草其他文稿一样，一定要把大标题和小标题选好。俗话说，"文章要好，标题要巧"，"看人先看眼，看文先看题"。对于文章来说，标题犹如"文眼"，至关重要。标题好，如同画龙点睛。一般说来，好的标题，要贴切、醒目、生动、简洁，要有特征，切忌似曾相识。既要想好文章的大标题，也要想好小标题。文稿的开头很重要，要开门见山，点明主题，引人入胜。结尾同样也很重要，一定要用心琢磨，不可草率从事。所谓"凤头"、"豹尾"，说的就是这个意思。

新闻稿。新闻稿一定要"新"。从这几年的实践看，领导同志考察工作时的新闻稿，一定要充分考虑当时社会经济发展的背景，考虑当时党中央、国务院重要决策的要求。领导同志出去考察的任务不一样，要吃透领导同志考察工作所要达到的目的。一般说来，新闻稿首先是要把导语写好，导语是文眼、是灵魂，要精心提炼、高度概括。接着，交代背景、考察过程等，然后是领导同志讲话的要点。特别要注意，一定要根据领导同志当时考察和讲话的内容来写，这就要求跟随领导同志考察的人员必须时时处处倾听领导同志讲话、指示，并仔细考虑运用恰当的方式表达出来。国务院领导同志在国内考察工作，往往都会有新闻记者跟随，要注意充分发挥记者的作用，尊重他们的劳动，相互学习和取长补短。

这里需要着重讲一下，仅就起草文稿而言，我们研究室的同志需要具备两套写作本领。一套是会写多种文稿的本领，包括起草各类文件和领导同志报告、讲话、致辞等。还要有一套，就是要有为多位领导同志服务的本领。每位领导同志的个人特点、风格和语言表达习惯不一样，起草有关领导同志讲话稿时，一定要了解服务对象的语言表达习惯和个人风格，必须符合不同领导同志的要求。从这几年的情况看，有的领导同志对起草讲话稿的要求，一是"新"，要有新观点、新材料、新内容、新语言，给人以新意和启发。二是"实"，注重实事求是，讲实在的问题，解决实际问题，讲话有针对性，不讲空话、套话。三是"短",简洁明快,突出重点,不长篇议论。有的时候讲话内容很丰富,但发表时要求简短。有的领导同志喜欢讲话开门见山、直抒胸臆,语言简练、干脆、掷地有声,多用朗朗上口的语言,或适当引用古今中外的名人名句、典故,使语言富于美感。有的领导同志喜欢平实、质朴,注重讲道理,有时要求引用经典文献或党和国家主要领导人的话,从如何领会和贯彻来作为行文的思路。有的领导同志喜欢讲有个人风格的话,或要求多用事例讲话,即使是经典文献中的思想、观点,也是喜欢运用自己的语言表达出来,如此等等。这些都要求,我们平时应当多留心观察、多琢磨领会,与有关领导同志保持"神通",积极改进行文方式和表达形式,努力适应不同领导同志的需要。

(二)明确目的,领会意图

在接到一篇文稿起草任务后,首先应考虑为什么要起草这个文稿,务必正确领会领导同志的意图和要求。明确目的、意图,才能确定好主题、主线。选择好主题、主线,才好深入构思,收集材料。主要论点是文章的基调,一定要准确把握。通常有两种情况:一种情况是,领导同志对一篇文稿起草有明确、具体的指示、要求,这就必须认真按照领导同志的指示、要求起草。另一种情况是,领导没有作出明确指示、要求,要我们先起草稿子。前一种情况比较好办,后一种情况就需要我们用心体会,务必把文稿的目的、意图考虑清楚,否则就会走弯路。不论起草什么文稿,必须正确立论,全面贯彻中央的决策和部署,提高文稿的思想理论和政策水平。

(三)整体把握,谋篇布局

在明确意图和主题的基础上,要做到科学思维,整体把握,系统思考,兼收并蓄,综合概括。要谋好通篇布局、结构。在思考问题时,要增强悟性,举一反三,触类旁通,善于联想。就起草一篇文稿而言,应当知晓当时社会上对某一问题的各种观点,精通有关业务。没有整体意识、全局观点,不熟悉有关业务、知识,就写不出好文稿。要注意把相关的情况弄清楚,全面把握有关事物、工作任务的内涵、外延和有关方针、政策,以及实际工作中存在的问题,提出有力的对策,并加以深入论述。

（四）站高想深，精心写作

要站在全局和领导者的角度考虑问题，选择材料，使用语言，想领导者之所想，写领导者之所讲。首先要有高度。一篇重要的文稿必须有理论的高度、全局的高度。我们为国务院领导同志起草文稿，要充分反映领导同志的政治眼光、思想境界、政策水平、学识才干。同时要想得深，突出思想性，提出问题要抓住重点和本质，分析问题要鞭辟入里、入木三分，解决问题的政策、措施要切实可行。既考虑需要，又考虑可能。要全面思考，避免主观性、片面性，不能以偏概全，也不可报喜不报忧。要遵循叙事、说明和结论的科学逻辑，做到材料和观点相统一、共性与个性相统一、理论与实际相统一。善于运用写作的各种手法、技巧，正确体现中央的精神和领导同志的意图。要深入浅出地叙事明理，传情达意，恰当选词，严密造句，力求把文稿写得准确、鲜明、生动。语言简洁、精炼，要言不繁，不能拖泥带水。

（五）深究细研，反复修改

初稿写好后，要翻来覆去地推敲、修改。这是重要的环节。所谓千锤百炼，不一定要"锤"千次、"炼"百次，但像鲁迅说的"写完后至少看两遍"，是起码的。毛泽东同志说过："我看重要的文章不妨看它十多遍，认真地加以删改，然后发表。文章是客观事物的反映，而事物是曲折复杂的，必须反复研究，才能反映恰当；在这里粗心大意，就是不懂得做文章的起码知识。"我们有些同志写完一稿，甚至不从头到尾看一遍就报送，这就是不懂得做文章的起码知识。文不厌改，重要的文稿都是反复修改出来的，几次、十几次甚至几十次地修改。我们不少同志都有切身体会。每年的《政府工作报告》，说是十易其稿，这十次是指经党中央、国务院领导同志过目、讨论和人大会议审议的，在起草小组里改了更多遍。反复修改的过程，是对问题的认识不断深入、思想不断升华、文字不断完善的过程。古人就有"改章难于造篇，易字艰于代句"的说法，这是经验之谈。修改文稿是一件困难的事，也是精雕细刻的过程。特别需要注意以下几点：

一是通篇把握，追求完美。推敲和修改是再提高的过程。要把党中央、国务院有关文件精神，部门提供的素材、初稿，有关调研成果，收集到的各种材料等，尽可能地再学习、再消化、再吸收，尽量调动和运用各方面材料充实、修改文稿。对能说明问题、阐述观点的材料，要加以充分利用，特别要注意吸收新材料、新见解。要注意用词准确、精当。今年的《政府工作报告》最后一道修改，经过人大会议讨论修改16处，其中有的涉及重要提法。例如，原稿中写了一句"我们支持海内外华侨华人反对台独的爱国行动"。在大会审议时，有的代表提出意见，指出这里用"爱国行动"不妥当，后来将"爱国行动"改为"正义行动"。这样修改就准确了。

二是反复琢磨，敢于取舍。要紧紧围绕文稿的主题，仔细推敲，恰当取舍。唐朝文学大师韩愈说过："丰而不余一言，约而不失一辞。"务必将可有可无的字、句、段落删去，毫不可惜；该加上的内容、词、字，一定要加进去。清朝郑板桥说："删繁就简三秋树，领异标新二月花。"意思是说，删繁就简像深秋的树那样将黄叶枯枝尽行去掉，而标新立异却要像二月里的鲜花那样艳丽。也正如韩愈所说，"唯陈言之务去"。要竭力将一些老话、套话删掉，尽可能有新意、新话，给人启迪，催人奋进。

三是认真核校，一丝不苟。核校是文稿报送领导同志之前一个重要的环节，基本任务就是发现、辨别和处理文稿中的"硬伤"和"软伤"，即不易看出、须经仔细辨析才能发现的问题，避免出现"小儿科"、"低水平"的错误。要对文法、句法、用词反复推敲，认真核校。对文稿中的数字、计量单位、时间、人名、地名、引文等，务必认真核校。另外，还要特别注意对容易用错、用混字词的检查。比如，再接再厉的"厉"、奋发图强的"奋"、熟视无睹的"熟"，容易写成"励"、"愤"、"孰"；"反映"和"反应"、"权利"和"权力"等词，容易混用。要识别和纠正这类错误，首先要熟悉字义和词义，其次是加强校对审核。对一些"软伤"的辨认和处理也要高度注意，包括对工作成绩评价过满或过低，对结论判断失误，以及缺少限定词、牵扯无关情况、逻辑不周、过于具体、陈述不当、言不达意、角度错位等。近几年，我们报出的文稿，"硬伤"、"软伤"不少，今后务必注意。毛泽东同志曾经说过，"从前人称'校对'为'校仇'，校对确实很难，非以仇人对之是不胜所为的"。

起草文稿与写其他文章一样，要做到深究细研，精益求精，追求完美，关键是必须有极其认真、高度负责的态度，丝毫马虎不得。对一些字、词是否准确，要多加推敲，要有"吟安一个字，捻断数茎须"、"为求一字稳，耐得半宵寒"的精神。这样，自然就会避免一些"硬伤"、"软伤"，文稿质量也就会得到提高。

四、需要注意解决好的几个问题

（一）善于领会和贯彻领导意图

起草文稿时，必须准确领会和体现领导同志的指示精神。这里包括接受起草任务时，某位领导同志对起草工作作出的具体指示、要求，也包括使用某位领导同志过去、近期就同一问题所作的论述、观点。要本着对事业负责、对人民负责，也对领导同志负责的精神，从各个方面认真地加以学习和领会。在领导同志讲话时没有稿子而需要整理成文稿时，一般说来，需注意把握以下几点：（1）领导同志讲得准确的内容、观点、数据、材料，要全面地整理出来，除了不宜扩大范围的外，原则上做到有言必录。（2）领导同志讲的具体问题不够准确，包括一些引文、提法、事实、数据等，应帮助校正过来。（3）领导同志对某个重要观点一时讲得不够完善、不够充分的，可以按领导同志的意图适当加以补充，将这位领导同志以前讲过的同一观点、相关内容、整理到文稿中来。为此，需要系统地了解和把握领导同志的活动、思想、观点和语言风格。

（二）善于集体创作，合作共事，集思广益

党中央、国务院重要文件和领导同志重要讲话的起草，都不是一个人所为，而是集体智慧的结晶。每篇重要文稿，都是由主持者、参与者组成。要处理好主持者与参与者之间的关系，每位同志都应该全身心地投入。作为主持者，要十分注意充分发挥每个同志的作用，认真听取大家的意见；同时，自己还要先学一步、先考虑一步。每个参与者也应如此。有的同志只关心自己的那一部分，这是不对的，因为你这部分是整个文稿的有机组成部分。在

起草文稿中，要发扬团队精神，善于合作共事，不能有个人的私心杂念。在一个写作班子中，每个同志都要尽心尽力，团结和谐，商量研究，切磋琢磨。这样，才能顺利完成共同的任务。

在起草班子中，能否精诚合作，反映着主持者的政治思想、组织协调和业务知识水平，也反映所有成员的思想素质、品格境界、合作精神、默契意识。如果有的同志认为自己不是负责人员，不是某部分的起草者，就漠不关心，或关心不够，这是不应该的。必须十分明白，每个部分都是整篇文章的有机部分，都需要从整体看局部，再从局部看整体。因此，对文稿的各个部分，每个人都应该充分发表意见，认真对待。

（三）善于利用调研成果和各方面材料

高质量文稿的形成，是"吃透两头"的结果。一个是上头，即中央的精神、领导同志的指示；一个是下头，即现实情况。关于贯彻中央、领导同志指示精神，前面已讲过。至于要吃透下头，必须加强调查研究。一方面，深入基层，深入群众，深入实际，掌握真实情况；另一方面，收集听取社会各方面（包括学者、专家、实际工作部门）意见，特别要关注和分析不同的意见。调查研究是文稿起草前一项至关重要的准备工作。调查研究要注意把握三点：（1）尽可能收集详实的参阅资料，大量占有信息。（2）全面了解事物的真实情况。要在掌握第一手资料的基础上，认真筛选，去粗取精，去伪存真。（3）对调研材料进行严谨、细致的综合分析。在综合分析中，要有理论依据，有深入思考，注重集中民智，集思广益，做到科学论证，把正确的思路和观点写入文稿。这几年我们有些同志在起草文稿中，不大善于利用自己的调研成果，今后应注意改进。

（四）善于借用外力，充分吸收素材或草稿内容

国务院文件和领导同志重要讲话的起草，有的是由有关方面提供素材或起草初稿。我们应该认真研究、充分运用这些材料，在此基础上修改、提高，这是一条很重要的经验。我们有些同志往往不认真研究、运用这些现成的东西，喜欢另起炉灶，完全推倒重来，以致走弯路，是不可取的。这是因为：（1）有关部门提供的素材或草稿中的内容，是有关部门的意见，应该充分加以考虑。（2）有关部门熟悉本部门业务和具体政策，比我们更了解情况、问题和需要采取的措施。（3）有关部门送来的素材和草稿，一般都是经过部门负责人审定过的，从尊重他们意见的角度，也要加以重视。

重视运用有关部门提供的素材和草稿，不等于不要加以修改，而是作为基础，从中获得思想启迪，发现问题。基础较好的，可以在素材或草稿基础上加以修改、完善；差距太大的，应找有关部门来座谈，提出意见请他们再修改。我们研究室的主要任务在于：（1）站在国务院和有关领导同志的角度，去审视和把握文稿主题、结构、内容。（2）正确处理全局与局部的关系，以及整体工作与部门工作的关系、部门与部门之间的关系。既要充分考虑部门的意见，又要避免单纯部门观点。有些部门起草的文稿，单纯强调部门利益，与全局利益相矛盾，这就需要加以修改。（3）运用我们写文稿的经验和文字功底，讲究文体、词章，把草稿改写好。总之，我们要从思想、构架、内容、词章等方面再修改、再提高，形成达到领导同志要求的文稿。

（五）善于从自己的实践中学习和提高

读书是学习，实践也是学习。"吃一堑，长一智。"这些都说明实践的重要性。从自己亲身的体验中总结、反思、吸取经验教训，是一种很好的学习。本届政府以来，我们研究室领导同志为了使大家在实践中不断学习和提高，十分注意为更多的人员提供机会参与文稿起草工作。参与每一篇文稿起草的过程，都是一个学习的过程，要善于抓住和充分利用实践的机会。每篇文稿从任务提出，到形成送审稿直到定稿，要经过多道环节，多遍修改，经过各级领导同志之手。改一遍就有一遍提高。每道环节、每遍修改、每级领导同志的修改意见，自己都应加以对照、思考。对改动之处，要认真地想一想，包括为什么改动，改动后有什么好处，自己应当吸取什么教训，特别要注意研究国务院领导同志的修改之处。一个人能看到差距，就会不断提高。近几年来，有些同志进步得比较快，也是从多次参加文稿起草中认真总结经验的结果。

这里，有一个如何看待自己参与起草的文稿被采用与否的问题。有明确起草任务的文稿，只要符合要求，总是会被使用的（特殊情况可能有例外）。

如果与领导同志的要求差距太大，就不会被采用，或者少采用。有少数情况，领导同志事先没有明确讲什么，稿子准备好后，领导同志又有了自己的思路，没有完全按稿子讲，或者你参加准备的一段没有讲。这种情况下，自己的劳动也没有白费。一是经过自己学习、积累材料，增长的知识可以长期受用。二是领导同志已知道你写的内容，对他起到了筛选、参考作用。三是自己可以总结经验，反思一下自己写的为什么没有被领导同志采用，这也有助于提高自己的水平。认识问题往往有个反复的过程。因此，我们要保持健康、平和的心态，要承认自己的局限性和不足，不要埋怨，不要气馁，每个同志都要养成不怕被别人否定和敢于自我否定的良好心态，这样才能不断进步。

五、关键在于练好基本功，全面提高自身素质

我们研究室是国务院的办事机构，参与文稿特别是重要文稿的起草，实际是起着国务院领导同志的参谋、助手作用。要当好参谋、助手，就必须先提高自己的思想和工作水平。否则，就难以适应我们工作岗位和职能的要求。所以，我们要在全面提高自身素质上下一番大功夫、真功夫、苦功夫。特别是要努力打好以下"五个根底"。

（一）打好基本理论和政治方向的根底

要坚持刻苦学习马克思列宁主义、毛泽东思想和邓小平理论，努力实践江泽民同志"三个代表"的要求。善于运用马克思主义的立场、观点、方法观察、处理问题。始终坚持正确的政治方向，全面贯彻党的基本路线。这是最重要的、管一切的。不论什么样的重要文稿，都必须以党的理论、路线、方针为指导。我们有些同志在这方面存在明显的弱点，有时写出的稿子连基本的理论和方针都搞错了。这说明基本理论功底不牢，政治理论水平不高，应该加紧学习和提高。

（二）打好国家法律法规和政策的根底

每篇重要文稿都与国家某些法律法规和政策规定相联系。不熟悉这些方

面,就很难起草、修改文稿。现在,有的部门一些材料中的某些提法不符合国家的有关法律法规和政策,如果不熟悉法律、法规和政策,就很难看出问题来。我们不仅要熟悉一些基本法律、重要法规和方针政策,还要熟悉专业部门的规定、政策等。否则,就会出现法制性、政策性偏差。这是绝对要避免的。

(三)打好基本知识和业务的根底

要努力掌握与自己负责的领域和业务工作直接相关的知识。例如,宏观研究司同志要全面熟悉宏观经济理论知识和业务;农村研究司同志要全面熟悉"三农"知识和业务;工交贸易研究司同志要全面熟悉工业交通和内外贸易方面的知识和业务;社会发展研究司同志要全面熟悉科技、教育、文化和其他社会事业方面知识和业务;综合研究司同志应该业务知识面更宽一些,综合分析和概括能力更强一些。我们不仅要掌握有关基本业务知识和以前的情况,还要及时跟踪和掌握新的变化情况。每个同志都要有自己的重点领域和专业范围,精通自己所负责方面的基本理论、基本知识、基本政策。每个同志都应当成为一个或几个领域的专家、权威。绝不能满足于若明若暗、似懂非懂。"以其昏昏,使人昭昭",是不行的。

同时,要博览群书。"厚积而薄发",用起来就会得心应手。古人云:"劳于读书,逸于作文。"意思是说勤奋读书,作文方能轻松自如。杜甫的"读书破万卷,下笔如有神",苏轼的"读书万卷始通神",都是讲的这个道理。每个同志都要注意拓宽知识面,不仅要懂经济,还要学习哲学、政治、历史、法律、文学等方面的知识;不仅要熟悉社会科学知识,还要学习自然科学知识;不仅知道中国的有关知识,还要了解国外的有关知识。

(四)打好辞章和文字的根底

要不断提高文字表达能力。写文稿与写其他文章一样,本身有个技能问题。文稿要写得好,除了思想正确、态度鲜明、作风正派之外,还要掌握一些写作技巧,懂一点逻辑、文法和修辞。有些同志写的稿子中逻辑混乱、文理不通的现象时有发生,也有的乱造概念,用词离奇,令人难懂。因此,要加强辞章修养,改进文风。还要谙熟一些成语、古语、典故、名人名言,以用到恰当之处，增添文采。

（五）打好思想素质和品格的根底

根本的是要有忠诚党的事业的高度责任心。要无私奉献，勤勉敬业，恪尽职守。对待每一项任务、每一篇文稿都要全身心投入，写出自己的最好水平。对每个人而言，研究室的工作岗位是短暂的，但事业是永久的，大家要非常珍惜自己的岗位和给自己锻炼的机会，充分发挥聪明才智和潜力。应该做到"不用扬鞭自奋蹄"，加快成长和进步。马克思说过："《资本论》是一部经过千辛万苦写成的著作，可能从来没有一部这种性质的著作是在比这更艰苦的条件下写成的。为了它，我已经牺牲了我的健康、幸福和家庭。"由此可见，不付出巨大的辛劳，是写不好文章的，也不会做好文稿起草工作。我们必须全神贯注地投入，殚精竭虑地工作。

六、建立健全文稿起草工作责任制

既要通过学习提高研究室干部队伍素质，又要切实加强有关工作制度建设。制度建设是根本性的。提高文稿起草质量是一项系统性的工作。从目前来看，健全和落实责任制，是我室提高文稿起草质量的重要环节。

文稿起草是一个集体创作的过程。一篇文稿要经过材料收集、讨论酝酿、动笔起草、反复修改、印刷等多个环节。任何环节出了问题，都会直接或间接地影响文稿的质量。要尽快把责任落实到每个环节，落实到每个人。这样，才能在文稿起草的各个环节把好关，少出纰漏，保证质量。

健全责任制，严格考核。要根据我们研究室工作的特点，抓紧制定切实可行的办法，把工作质量纳入干部考核内容，把文稿起草质量与干部选拔任用更好地联系起来。每个同志都要敢于负责，勇挑重担。实践证明，加担子、加压力，有利于干部的进步。推诿责任，文过饰非，对干部成长有百害而无一利。特别要健全司长责任制，或主持人负责制。出了问题，要追究责任；写出好文稿的，要加以表扬和鼓励。

有的同志说，建立文稿起草责任制后，谁承担任务多，谁就可能受到的追究多，不承担任务的人反而无责任了。我认为不能这么看问题。只要是责任心尽到了，你就起码不会出明显的"硬伤"、"软伤"。同时，领导同志会用全面的、发展的眼光看问题，承担任务多说明贡献大，多一次任务就多一次锻炼、成长的机会。当然，如何处理好这个问题，还需要进一步研究。

积极为写好文稿创造条件。包括及时传达党中央、国务院会议精神、指示，充分运用现代信息手段改进工作。这样，有利于及时掌握党中央、国务院的最新精神，有利于及时查找材料、论据，收集新情况、新信息。要加强全室的信息网络建设，运用现代技术手段，这方面已采取了一些措施，还要进一步加强。

这次提高文稿起草质量学习班就要结束了。许多同志对本次活动给予了较高评价，觉得获益匪浅。由于时间较短，此次活动开展得还不够深入，许多问题有待继续探讨。公文文稿起草是一项十分重要的、实践性很强的工作，提高起草质量是一个长期的任务。我们决定把大家在大会上的发言和这次学习班之后撰写的心得体会，一并编辑成册，供内部交流，以相互启发、借鉴，共同探求文稿起草的特点和规律。我们相信，只要坚持高标准、严要求，刻苦学习，反复实践，不懈追求高质量，我们的文稿起草水平一定会不断得到提高，我们也一定会更好地履行研究室职能，更好地为国务院领导同志服务，更好地为党中央、国务院工作服务，为我国改革开放和社会主义现代化建设作出应有的贡献。

【背景与效果】

起草各类文稿是国务院研究室工作的重中之重，调研报告是调研成果的最终载体，是提高调研质量的关键环节。为提高全室工作人员起草文稿的能力和水平，更好履行国务院研究室职责，2002年3月下旬，国务院研究室举办了"提高文稿起草质量学习班"，目的在于强化文稿形成基础，包括善于利用调查研究成果，以提高文稿起草质量，更好为党中央、国务院领导服务。本文是作者在此次学习班上的讲话。国务院研究室将此篇讲话和学习班上大家的发言汇编成册，广受欢迎，国务院办公厅曾印发给全体工作人员供学习参考。本文被收入中国公文写作研究会精品公文图书系列《名家谈怎样写文章》一书，由中国言实出版社2009年6月出版。

提高调查研究水平　做好决策咨询工作

（2004年9月）

2003年是我国发展进程中非同寻常的一年。面对复杂多变的国际形势、突如其来的非典疫情和频繁发生的自然灾害，在以胡锦涛同志为总书记的党中央领导下，全国人民同心协力，顽强拼搏，取得了举世瞩目的重大成就。各级政府研究部门作为承担综合性政策研究和决策咨询服务的办事机构，无疑是这一非凡历程的重要参与者并作出了积极贡献。

调查研究是政府研究部门的基本职责。2003年，各级政府研究部门紧紧围绕全国工作大局和本级政府的中心任务，针对经济社会生活中存在的重要问题和突出矛盾，深入调查研究，取得了丰硕成果。许多调研成果不仅质量上乘，而且有很强的使用价值，不少成果受到各级领导重视并在决策中起到重要参考作用；有些直接应用于起草领导讲话及其他文稿，从而对指导和推动工作产生了重要影响。为使这些调研成果能够发挥更广泛的作用，现在从国务院研究室和各省、自治区、直辖市以及计划单列市政府研究部门的内部调研报告中选出一部分，汇编成册，公开出版。我相信，广大读者从中肯定会有所裨益，既可以更深刻地认识我们面临的诸多复杂问题和现实矛盾，也可以理解到各级政府作出有关决策的许多背景情况和慎重抉择过程。

这里，我就进一步做好政府研究部门的调查研究工作谈一些看法。

一、充分认识调查研究工作的重要性

重视调查研究，是辩证唯物主义和历史唯物主义认识论的根本所在，是贯彻党的解放思想、实事求是思想路线和从群众中来、到群众中去群众路线的必然要求，也是保证科学决策与实现正确领导的基本前提。我们党历来十分重视调查研究工作。毛泽东同志提出了"没有调查就没有发言权"的著名论断。他说："我的经验历来如此，凡是忧愁没有办法的时候，就去调查研究，一经调查研究，办法就出来了，问题就解决了。"他形象地说："调查就像'十月怀胎'，解决问题就像'一朝分娩'。调查就是解决问题。"邓小平同志指出，离开了调查研究，任何天才的领导者也不可能进行正确领导。江泽民同志强调，"坚持做好调查研究这篇文章，是我们的谋事之基，成事之道。"陈云同志也曾指出："领导机关制定政策，要用百分之九十以上的时间作调查研究工作，最后讨论作决定用不到百分之十的时间就够了。"回顾我们党80多年的历史，什么时候重视调查研究，坚持理论和实际的统一，党的事业就会顺利发展；什么时候忽视调查研究，就会导致主观和客观相脱离，造成工作失误，给党的事业带来损失。

在全面建设小康社会的新的历史时期，调查研究工作更加重要。当前，国际形势错综复杂，经济全球化深入发展，科学技术日新月异，综合国力竞争日趋激烈。从国内看，经济市场化程度不断提高，对外经济联系不断扩大，社会经济结构发生着广泛而深刻的变化。经济成分、组织形式、就业方式、利益关系和分配形式等日益多样化、复杂化，改革开放和现代化建设中的各种矛盾相互交织，国内外各种思想文化相互激荡，新事物、新情况层出不穷。我们既面临着加快发展现代化进程的历史机遇，也面临着一系列前所未有的难题和挑战。与过去相比，影响决策的因素增多了，决策的时效性增强了，决策的风险性增大了，决策所需的信息量也增加了。这些无疑对调查研究工作提出了更高要求，同时也赋予了政策研究和咨询机构更为重要的使命。

政府研究部门是直接为领导机关决策服务的机构，岗位重要，责任重大。我们工作的两个主要方面，一是起草领导讲话及其他重要文稿，二是为领导决策提供情况和建议，而这些都必须建立在大量调查研究基础之上。只有认真调查研究，才能全面深刻地认识客观存在的实际情况，真正把握事物的本质和发展规律；才能对千头万绪的现实生活作出科学分析，对纷繁复杂的社会经济发展形势作出准确判断；才能及时发现问题，掌握新的苗头和动向，抓住关键矛盾；才能充分体察社情，真实了解民意，广泛集中民智；才能发现好的典型，总结好的经验，理出好的思路，想出好的办法。唯有如此，以丰富的调研成果为基础，政府研究部门才能提出观点正确、分析深刻和切实可行的咨询建议；才会起草出符合客观实际、反映时代脉搏和群众愿望的各种文稿；才能真正成为各级政府的眼睛、耳朵和外脑，发挥好参谋助手作用。如果不了解实际情况，不懂得社情民意，无论起草文稿还是其他工作，都难以提高水平。完全可以说，调查研究是政府研究部门的基本功和生命线；它与我们的工作须臾不可分离。离开了调查研究这个关键和基础环节，政府研究部门的工作就会成为无源之水、无本之木。要提高我们的综合性政策研究和决策咨询服务水平，就必须加强和改进调查研究工作。

二、政府研究部门调查研究工作的主要特点

各行各业都需要调查研究，但具体情况却各不相同。基于工作性质和基本职能的内在要求，政府研究部门的调查研究工作有以下一些重要特点。

（一）政策性

政策和策略是党的生命。作为政府的政策研究和决策咨询部门，我们开展调查研究，根本目的就是要为领导作出正确的决策提供服务。与此相联系，衡量政府研究部门调查研究工作质量的高低，关键要看有多少调研成果进入了决策，变成了具体政策，以及这些决策和政策在实际工作中发挥了什么样的作用。可以说，政策性是政府研究部门调研工作的最基本特征。

(二）针对性

各级政府的工作千头万绪，有数不尽的问题需要研究探讨，政府研究部门的调查研究要围绕中心工作，考虑决策需要，关注重点热点问题，做到有的放矢。实践表明，政府研究部门的调查研究工作，只有忙在点子上，谋在关键处，才能富有成效，事半功倍。如果脱离中心工作，远离决策需要，其调研效果必然会大打折扣。

（三）应用性

政府研究部门的调研工作，既不是纯粹的理论研究，也有别于具体的工作部署，而多是一种理论与实践相结合的对策性应用研究。它离不开正确的理论指导和深刻的理论思维，具有更强烈的实践性特征，尤其强调"研以致用"。具体说，调研选题必须紧扣现实工作需要，出发点是为政府工作提供急需有效的对策建议；调研成果必须有使用价值，落脚点是解决经济社会生活中的具体问题。古人云："文可载道，以用为贵。"调研成果只有被领导者作决策所采纳，直接或间接用于改革开放和现代化建设的实践，才能真正称为上乘之作。

（四）超前性

政府的许多决策与未来发展趋势密切相关，特别是一些重大决策更是如此，作出这样的决策首先要预知未来。为此，调查研究必须有战略眼光，既要立足当前，又要面向未来，注意瞻前顾后。这是为决策服务的一个重要方面。只有把视野放得更宽一些，眼光看得更远一些，既能预见潮流所在和大势所趋，又能看到苗头性倾向性问题，才能提出真知灼见。

（五）操作性

政府研究部门提出的对策建议不能笼统含糊和空发议论，务必做到符合实际，思路正确，措施具体。社会经济生活极其复杂，有些对策建议，看似很正确，却因无实际操作办法，只能成为书柜之物。一项好的建议，必须兼顾需要和可能，应有切实可行的具体措施。

（六）时效性

对急迫问题以及领导机关关注的重要问题，必须集中力量，及时调查，快速反应，适时提供情况和建议，才能适应和满足决策者的需要。"文当其时，一字千金。"倘若时过境迁，工作重心转移，才慢腾腾拿出调研成果，即使写得全面、正确、深刻，也为时已晚，难有大用。事实上，对多数调研成果而言，时机因素至为重要，"生逢其时"才能"谋当其用"。

毫无疑问，深刻认识和正确把握政府研究部门调查研究工作的特点，从中总结出一些带有规律性的东西，对于提高调研成果质量是非常重要的。

三、着力提高调查研究工作的水平

提高政府研究部门的调研工作水平，涉及诸多因素，需要多方面努力，特别要做到以下几点。

（一）努力提高政治理论和政策水平

这是提高调研工作水平的根本前提。政府研究部门的调查研究，一般都与制定和实施政策措施相关。必须坚持以马克思列宁主义、毛泽东思想、邓小平理论和"三个代表"重要思想为指导，认真贯彻党的路线方针政策。这就需要刻苦学习理论，熟悉党的方针政策和国家法律法规，从而提高认识和鉴别事物的能力。这样，也才能提高调研成果的政策水平。创新是社会进步的不竭源泉，也是调查研究工作者的可贵品质和必须遵循的重要准则。缺乏起码的理论功底，不知晓党的路线方针政策，没有创新思维能力，就难以搞好调查研究，也难以提供有分量、有重要价值的调研成果。

（二）紧紧围绕工作大局和中心任务

政府研究部门的调研工作是直接为领导机关决策服务的。如同企业生存必须适合市场需求一样，我们的调研工作也必须适应政府中心工作需要和领导决策需求，做到急政府之所急、想政府之所想、求政府之所求。为此，一定要把握全国的中心任务，了解政府的工作部署，掌握领导同志的工作意图；同时，还要敏于观察形势，勤于思考问题，善于见微知著。只有这样，才能使调查研究同决策需要紧密联系起来；才能把握好调研工作的重点，为决策多出主意、出好主意。总的来说，政府研究部门的调查研究，要想大事、议大事，着重研究解决事关改革、发展、稳定大局的突出问题，着重研究解决全局性、战略性的重大问题，着重研究解决人民群众关心的热点、难点和重点问题。对有关问题要尽量提供决策前、决策中和决策后的全方位咨询服务。对于那些一叶昭秋、似小实大、微而见重的倾向性问题和代表性事物，要敏锐观察，抓住不放。在调查研究工作中，既要领会领导者意图，千方百计为领导机关和领导同志服好务，也要坚决防止不顾客观实际和科学规律而一味迎合、投领导者所好的庸俗行为和错误做法。

（三）务必在全面、深入、求实上下功夫

要捕捉领导机关难以听到、不易看到和意想不到的新情况，要找出解决问题的新视角、新思路和新对策，就必须深入地开展调查研究。调查研究必须走出去，沉下去，钻进去；必须深入实际，深入基层，深入群众；必须认真思考，深刻分析，精心研究。具体来说，搞好调查研究，一要全面把握。努力做到脚勤、眼勤、口勤、脑勤、手勤，多层次、多方位、多渠道地了解情况。既要调查机关，又要调查基层；既要调查干部，又要调查群众；既要看到事物的正面，又要看到事物的反面；既要解剖典型，又要了解全局；既要到工作局面好和先进的地方去总结经验，更要到困难较多、情况复杂、矛盾尖锐的地方去研究问题。同时，还要搜集和阅读大量的相关材料。二要深入研究。无论是深入调查，还是潜心研究，一定要有不获实情不收兵、不得真理不甘心的毅力和追求。在调查中，应本着求深、求细、求准的原则，"一竿子插到底"，深入到问题的所在地和矛盾的症结处，溯本求源，真正掌握第一手材料，深刻了解事物本来面目。要综合运用归纳与演绎、分析与综合、具体与抽象以及比较、分类、统计、想象等手段，对调查中掌握的材料进行一番去粗取精、去伪存真、由此及彼、由表及里的深入思考和研究，透过现象把握本质，找出规律性和普遍性的东西，找到解决问题的有效办法。三要注重求实。搞好调查研究，必须坚持实事求是的原则，树立求真务实的作风，具有追求真理的勇气和无私无畏的精神。要全面了解客观情况，善于听取各种意见，勇于反映真实情况。搞调查研究，不能预设框框，先入为主；不能只看好的，不看差的；不能只报喜，不报忧；不能只总结经验，不

反映教训。对调查了解到的真实情况和各种问题,要敢于"较真"和"碰硬",不粉饰太平、不掩盖矛盾、不怕得罪人,有一说一,有二说二,"不唯书、不唯上,只唯实",做到说老实话、办老实事、当老实人。唯科学是从,唯国运顿首。敢不敢把自己通过深入调研得到的、而与领导者意见不一致甚至相反的观点,秉笔直书,不仅是个水平与胆略的问题,而且是个品德与党性的问题。实质上,只有客观反映情况,尤其是将那些具有倾向性的问题和矛盾,以及民间疾苦、群众意见如实反映到领导机关,才有助于作出正确的决策、制定出有效的政策,使有关问题得到及时解决。如果一味想迎合领导者意见,回避矛盾,隐瞒问题,夸喜遮忧,则必然会误导判断,引致决策失误,给国家和人民造成损失。这是需要极力加以避免的。

(四)广泛听取群众意见

"群众是真正的英雄。"人民群众的社会实践,是我们获得正确认识的不竭源泉,也是检验和深化认识的根本所在。调查研究成果的质量如何,形成的意见正确与否,最终都要由人民群众的实践来检验。因此,搞好调查研究工作,必须放下架子,扑下身子,深入田间地头和厂矿车间,拜群众为师,和群众交友,"问问家长里短事,听听鸡毛蒜皮言",同群众一起讨论大家关心的问题,倾听他们的呼声,体察他们的情绪,感受他们的疾苦,总结他们的经验,集中他们的智慧。既要了解群众盼什么,也要了解群众怨什么;既要听群众的顺耳话,也要听群众的逆耳言;既要让群众反映情况,也要请群众提出意见。尤其对群众最盼、最急、最忧、最怨的热点、难点和重点问题,更要主动调研,抓住不放。只有这样的调查研究,才能够真正听到实话、察到实情、获得真知、收到实效。

(五)创新调研工作方法

以往的调研实践,积累了许多行之有效的调研方法,如召开调查会、研讨会、走访调查、蹲点调查、典型调查、实地考察等。这些方法具有感受直接、体验深刻、互动性强、人情味浓等优点,应继续坚持。但必须在此基础上,适应经济社会发展变化的新情况,拓展调研渠道,创新调研方式。要积极使用统计调查、问卷调查、抽样调查、网络调查等现代方法,提高调查的效率和质量。要充分利用现代信息技术手段进行资料的收集、整理和加工，为调研乃至决策提供快捷、全面、翔实的信息资料。要综合运用经济学、社会学、信息论、系统论、控制论，以及规划与优选、预测与评价、计算机仿真等方法，对已掌握的调查材料进行多层面、多角度的系统研究。只有把传统调研方法和现代调研手段结合起来，才能增强调查研究的科学性和时效性，提高调研工作效率和调研成果质量。此外，调查研究既是科学，更是艺术。搞好调研工作，必须在实践中做有心人，不断积累经验、丰富技巧、提高能力。比如，调查的提问方式就有多种，或开门见山，直来直去；或投石问路，先做试探；或竹笋剥皮，层层深入；或枯井打水，一竿到底；或耐心开导，循循善诱；或旁敲侧击，弦外听音。究竟采用何种方式，必须因情而定，随机应变。

（六）精心写好调研报告

撰写报告是调查研究的重要环节，调查再全面，研究再深刻，文章写不好仍达不到预期目的，甚至会前功尽弃。写文章是一门很大的学问，涉及的因素很多，一般说来，需要注意几个方面。一是把握主题，突出主线，抓住重点，善于画龙点睛，给人以启迪。二是文字表达要准确、鲜明、生动。写调研文章不应过多雕饰、过于华丽，不要用词生僻、晦涩难懂，也不要过于平淡或官话套话连篇，而要准确、鲜明、生动、朴实。即使讲道理也要寓理于事实之中，不能搞纯粹的理论推理。要让人看得懂，愿意看，引人入胜，看了以后还津津乐道、回味无穷。三是表现形式要多样化。写文章也要从实际出发，讲究多样性，切忌公式化，不能千人一面。有些文章，形式死板，毫无个性，如同"八股"，给人以似曾相识之感，领导见了烦，读者见了厌。四是从内容上讲，言之要有物，资料要翔实，论证要有力；从形式上讲，结构要严谨，条理要分明，布局要合理。五是要提倡写短文章。领导同志和决策机关日理万机，很难有时间读长篇大作。调研报告要力求短小精悍、言简意赅，应意到言止，千万不要冗长乏味，动辄洋洋万言，让人到沙堆中淘金捡宝。

（七）全面提高自身素质，练好基本功

调查研究是运用科学的理论去探索未知，认识事物发展，寻求解决问题方法的一种复杂的脑力劳动，是一项高度依赖调研人员素质的工作。提高调研工作水平必须提高调研人员的思想、业务和写作素质。政府研究部门调研工作的重要性对人员素质提出了极高的要求。概括起来说，要有较高的马克思主义理论水平和全面准确把握党的路线方针政策的本领，要有较高的政治洞察能力和鉴别能力，要有解放思想和敢于创新的意识，要有实事求是的精神和严格的科学态度，要有较强的分析研究和文字表达功底，要有比较广博的政治、经济、法律、历史和科技等各种知识，要有较好的电脑、网络等现代化办公技能。调查研究工作者一定要博学厚积，自强不息，秉要执本，常勤精进，做到站得高、看得远、想得深、写得好，努力使自己成为政治合格、业务精良、作风过硬、善打硬仗的高素质全面发展人才，不断提高调查研究工作水平，以更好地适应党和国家事业发展的需要。

【背景与效果】

从 2003 年起，国务院研究室每年精选本室部分调研成果公开出版，供各级政府研究部门及其他从事政策研究和决策咨询工作的人员参考。本文系作者为《政策研究与决策咨询——国务院研究室调研成果选（2004）》写的序言，该书由中国言实出版社 2004 年 9 月出版；《人民日报》于 2004 年 12 月 2 日刊载本文的大部分内容。

练好调查研究基本功

（2005年12月7日）

　　调查研究是认识世界和改造世界的重要途径和手段，是发现问题、认识问题和解决问题的基本工作方法；同时，调查研究也是极为丰富的专门学问。对于我们广大党员和干部来说，调查研究更是联系群众、了解群众、团结群众、依靠群众的一门必修课，是谋事之基、成事之道。

　　重视调查研究，是我们党长期保持并不断发扬光大的优良传统和作风，是共产党人在工作方法和工作作风上的独特优点，也是共产党员先进性的重要体现。这是由中国共产党的性质所决定的。党的十六大通过的部分修改后的《中国共产党章程》开宗明义指出："中国共产党是中国工人阶级的先锋队，同时是中国人民和中华民族的先锋队，是中国特色社会主义事业的领导核心，代表中国先进生产力的发展要求，代表中国先进文化的前进方向，代表中国最广大人民的根本利益。"这一性质决定了中国共产党是一个植根于广大人民群众的政党，是一个站在时代前列、致力于推进社会实践和社会发展的政党，因而也必然是一个以调查研究为基本工作方法和重要手段的政党。

　　重视调查研究，也是我们党的理论基础和指导思想所决定的。"中国共产党以马克思列宁主义、毛泽东思想、邓小平理论和'三个代表'重要思想作为自己的行动指南。"辩证唯物主义和历史唯物主义是共产党人的科学世界观、方法论。坚持解放思想、实事求是的思想路线，弘扬与时俱进的精神，也要求以搞好调查研究为基础，一切从实际出发。

练好调查研究基本功

党中央领导历来身体力行，在调查研究的理论和实践方面，为全党树立了光辉的典范。在新民主主义革命时期，毛泽东同志曾进行过大量的实地调查，写出了影响深远的《中国社会各阶级的分析》《湖南农民运动考察报告》，以及《寻乌调查》《兴国调查》等一系列重要调查报告。新中国成立后，毛泽东同志仍经常亲自进行调查研究。《论十大关系》这篇光辉著作就是在充分调查研究的基础上发表的。具有重要指导意义的农业六十条、工业七十条和其他一些重要条例，也都是在充分调查研究的基础上制定的。邓小平、江泽民等同志也都十分重视调查研究工作。邓小平同志指出，离开了调查研究，任何天才的领导者也不可能进行正确领导。江泽民同志强调："坚持做好调查研究这篇文章，是我们的谋事之基、成事之道。"陈云同志曾指出："难在弄清情况，不在决定政策。"胡锦涛同志也高度重视调查研究工作，强调加强调查研究，着力提高工作本领和水平。党中央、国务院领导同志每年都抽出大量时间深入基层和群众，召开各种各样的座谈会，亲自组织对一些重大问题的调查研究。我们党以调查研究活动为基础作出的重大决策，对我国的革命、建设、改革事业产生了重大的推动作用。

调查研究的理论和实践都十分丰富，它既是基本的工作方法和手段，更是一门科学性和实践性都很强的学科体系，是我们以马克思主义的理论和方法为指导去发现问题、认识问题、分析问题和解决问题的专门学问。调查研究就其内容和方法来看，涉及的学科领域十分广泛，包括哲学、政治学、经济学、社会学、统计学、数学、计算机科学、心理学等。因此，从某种意义上来说，调查研究是一门极为丰富的交叉性学科。我们不能仅仅满足于对调查研究重要性和一般方法的基本了解，而应当把调查研究当成一门必修课和一项基本功。大体说来，练好调查研究基本功，必须把握以下几点：

一是坚持以正确的思想理论作指导。源于实践是马克思主义理论的重要特征之一，而调查研究又是社会实践的重要方法和手段。因此，要练好调查研究基本功，首先必须熟悉马克思主义基本理论。要系统地学习和掌握马克思主义基本理论，善于运用马克思主义的立场、观点、方法去发现问题、认识问题、分析问题和解决问题。任何机关作决定、发指示，都要靠真理，要靠有用。而做到这一点，从根本上说，必须以正确的思想理论为指导搞好调查研究工作。

二是坚持实事求是的科学精神。调查研究的根本目的是为了认识和解决问题，也就是为了使我们的主观认识符合客观世界。因此，我们做调查研究，就一定要坚持尊重客观存在的事实，用心去探求事物的特征、本质和规律，坚持实践是检验真理的唯一标准，坚持"不唯上，不唯书，只唯实"。只有这样，得出的结论和解决问题的办法，才能与客观事物和事物发展规律相吻合。

三是坚持切实走群众路线。这是做好调查研究工作的根本要求。人民群众是创造历史的真正英雄，人民群众既是我们调查研究工作的对象，更是我们调查研究服务的主体，我们的一切调查研究工作，都是围绕着人民群众的切身利益来展开的，离开了人民群众，任何调查研究都会成为无源之水、无本之木。

四是坚持做系统和深入的调查研究。任何事物都不是孤立静止的，而是相互联系的，有些问题往往涉及经济社会生活的方方面面。粗略的调查研究可能发现问题，但是难以真正解决问题。要解决问题，需要做系统的周密的调查工作和深入的研究工作。因此，做好调查研究工作，必须学会分析和综合，才能去粗取精、去伪存真、由此及彼、由表及里。

五是坚持与时俱进和运用先进手段。也就是与时代同行，真切把握客观事物发展变化，要用广阔的视野和发展的眼光认识事物变化。世界在不断发展，现代科技日新月异，我们既要发扬传统的调查研究方法的长处和优势，也要及时吸收先进的调研方法和手段，要把传统的调研方法、手段与现代先进的调研方法和手段结合起来，使之收到更好的调研效果。

当前，我国经济社会发展已站在新的历史起点上。面对全面建设小康社会和现代化建设的新形势新任务，调查研究工作更加重要。我国是在更加开放和更加复杂的国际环境中推进现代化建设的，可以利用的机遇在增加，制约我国发展的外部因素也在增多。从国内看，随着改革开放不断深入，经济市场化程度不断提高，社会经济结构发生着广泛而深刻的变化，经济成分、组织形式、就业途径、利益关系和分配方式等日益多样化、复杂化，经济社会发展的各种矛盾相互交织，各种思想文化相互激荡，新事物、新情况层出不穷。与过去相比，目前影响决策的因素增多了，决策的时效性增强了，决策的风险性增大了，决策所需的信息量也增加了。这些都对调查研究工作提出了新的更高的要求；同时，也赋予了政策研究和咨询机构更为重要的使命。

由中国政策科学研究会组织有关专家和学者共同编写的这本《新时期调查研究工作全书》，内容丰富，脉络清晰，条理清楚，系统性强，既有理论，又很务实，还收集了一些典型范例，具有一定的参考价值，是一部不可多得的调查研究工具书。相信这本书的出版，对于我国广大干部和研究人员做好调查研究工作，写好调查研究报告，一定会有所帮助和裨益。

祝愿广大干部和科研工作者重视练好调查研究这门基本功，在调查研究工作中取得更大的实效和成绩。

【背景与效果】

本文系作者为人民出版社2006年1月出版的由魏礼群、郑新立为主编的《新时期调查研究工作全书》所作的序言，本次收入有删节。这部《全书》全面、系统地梳理和阐述了新时期调查研究的领域、内容、方法、手段，既有理论概括，又有典型案例，是一本不可多得的调查研究工具书。本文作者在序言中强调："调查研究的理论和实践都很丰富，它既是基本的工作方法和手段，更是一门科学性和实践性都很强的学科体系"，"调查研究是一门极为丰富的交叉性学科"，"应当把调查研究当成一门必修课和一项基本功"。提出广大干部和科研工作者要重视练好调查研究这门基本功。

搞好调查研究贵在深入

（2007年9月）

调查研究是发现和解决问题的有效方法，是制定和执行政策的重要基础，也是进行政策研究和决策咨询服务的主要手段。因此，提高调查研究工作质量和水平，有着重要的意义。而要搞好调查研究，贵在深入。

调查研究是一个求实、求是、求解的过程，是一项严谨、缜密、科学的活动。世界是复杂的，各种事物和矛盾错综交织；世界也是变动的，大千世界万物相互联系又互相转化。认识世界，不是一件容易的事情。"千淘万漉虽辛苦，吹尽狂沙始见金。"要从纷繁复杂而又千变万化的事物中透过现象认清本质，发现客观规律，并科学地说明和解决问题，必须做深入的调查、研究和谋划。

一是深入调查。这是由调查研究的客观性原则决定的。客观性原则是任何调查研究活动都必须遵循的。它的基本要求，就是做到全面、真实、准确地认识客观事物和社会现象，不能主观、片面、肤浅地认识客观事物和社会现象。调查是研究的基础，是发现问题、解决问题的首要环节。毛泽东同志说过："没有调查，就没有发言权。"他还说过："不做正确的调查同样没有发言权。"正确的调查，最根本的在于求实、求真，了解真实情况。这就必须"沉下去"，深入基层、深入实际、深入群众，正所谓"不入虎穴，焉得虎子"。调查工作贵在深入、翔实和缜密；只有从现状表面入手，深入进去弄清真实情况，才能找到正确解决问题的办法；要以大量的事实为基础，形成对情况的整体把握；要把情况摸准，从无数细节中发现问题，用心寻找解决问题的办法。为此，要深入到社会基层、到人们实践活动中去进行调查研究。各种材料和数据的获得，不能只通过下级的汇报，而应是通过深入基层、了解实际情况得到。要深入到工厂、矿山、农村、学校、医院、社区去进行调查，只有真正走到基层单位进行调查，才是真正意义上的调查研究。这样，才能掌握第一手材料，了解真实情况。

应当说，在某种情况下，了解情况难，了解真实情况更难。只有深入基层，才能了解鲜活真实的情况。调查，就是观察事物，了解情况，不仅要搞清事物的现状，还要了解事物的过去，要掌握事物发展的轨迹和演变过程，搞清楚来龙去脉。调查工作应力避蜻蜓点水、浮光掠影的做法，也要力戒道听途说就信以为真。人民群众是真正的英雄，是智慧的源泉。搞好调查就必须深入群众，虚心向群众学习，倾听群众的呼声，反映群众的意愿，集中群众的智慧。毛泽东同志说过，调查研究"没有满腔的热忱，没有眼睛向下的决心，没有求知的渴望，没有放下臭架子、甘当小学生的精神，是一定不能做，也一定做不好的"。甘当小学生，"主要的一是要和群众做朋友，而不是去做侦探，使人家讨厌。群众不讲真话，是因为他们不知道你的来意究竟是否于他们有利。要在谈话过程中和做朋友的过程中，给他们一些时间摸索你的心，逐渐地让他们能够理解你的真意，把你当做好朋友看，然后才能调查出真情况来"。我们要把人民群众的利益作为一切工作的出发点和归宿，不仅应虚心而且应善于向人民群众学习和请教。

二是深入研究。调查的目的，是要从客观存在的实际事物出发，从中引出规律，作为行动的指南和制定政策的依据。因此，就要对调查的材料加以科学的分析和综合的研究。观察、分析与综合，是认识客观事物的一般过程和步骤。观察是调查的第一步，这是感性认识阶段，必须对掌握的材料进行加工，才能上升到理性认识；分析是进行加工的重要一步，就是把复杂的事物分解为几个组成部分，然后分别加以研究。研究是调查的升华，是由感性认识上升为理性认识的过程。不调查而研究，是无米之炊；只调查不研究，则是食而不化。调查以"求实"，研究以"求是"，只有把调查与研究、"求实"与"求是"有机结合，在"求实"的基础上"求是"，在"求是"的思维中"求实",才能正确认识事物的本质和规律性,把握事物的发展趋势。调查要"沉下去",研究要"浮上来"。具体而言,在调查环节要深入,要掌握丰富、真实的材料;在研究阶段要吃透材料又不拘泥于材料,要尊重实践又不囿于实践,真正做到源于生活而高于生活。感觉材料固然是客观外界某些真实性的反映,但它们又是片面的和表面的东西。要完全地反映整个事物,反映内部的规律性,就必须深入思考。要综合运用分析与综合、归纳与演绎、具体与抽象的办法,以及比较、分类、统计、想象等手段,对调查中掌握的丰富材料加以科学分析,去粗取精、去伪存真、由此及彼、由表及里地思考,把握事物的本质,找出规律性和普遍性的东西。

深入研究,还要注意对事物质和量的分析。任何事物的质都表现为相应的量的规定性。要坚持质和量相结合,要先对调查研究对象进行量的分析,再进行质的分析。只有具体了解事物的量,特别是规定着物质的数量界限,才能更深刻地把握事物的质,也才能对调查对象作出科学和正确的认识。

深入研究,不仅要注意对社会现象和客观事物的历史和现状的研究,还要把握事物发展中的未来因素,善于发现新事物、新因素,高度重视新事物、新因素的发展趋势,支持新事物、新因素的发展。

三是深入谋划。谋划,就是寻求解决问题的对策和方法。从事政策研究和决策咨询的调查研究,是应用性研究,目的是要解决经济社会发展中的问题,调查研究的成果是为领导机关作出工作部署和制定政策服务的。因此,在调查研究的基础上,提出正确、可行的政策建议,显得尤为重要。这就要求做到,必须熟悉党的路线方针政策,深刻认识客观问题的实质和趋势,准确领会决策的需要,善于从指导实际工作的角度,从全局和战略的高度加以思考。要多谋良策,出好主意,对症下药,注重实用,具有可操作性,千万不能笼统含糊、空发议论。否则,就会使研究成果成为"空中楼阁",中看不中用。深入谋划,提出指导工作的政策主张和建议,最重要的是坚持实事求是。这就要求在调查研究中反对各种各样的主观主义,真正做到不唯上,不唯书,只唯实,依据客观实际情况和客观规律提出正确的政策、措施或工作方案,供领导决策参考。

调查、研究和谋划是相互联系的统一过程。在这个过程中，每个阶段各有侧重，不可分割。作为政策研究和决策咨询机构工作者，只有深入调查，深入研究，深入谋划，才能拿出高质量、高水平的调研成果，真正当好领导者的参谋和助手。

【背景与效果】

本文系作者为中国言实出版社2007年9月出版的《政策研究与决策咨询——国务院研究室调研成果选（2007）》一书所作的序言。该文提出："调查研究是一个求实、求是、求解的过程，是一项严肃、缜密、科学的活动"，搞好调查研究贵在深入。应"深入调查"、"深入研究"、"深入谋划"，这样才能拿出高质量、高水平的调研成果，真正当好领导者的参谋助手。

调查研究要多出精品力作

（2006年7月28日）

重视和坚持调查研究，是辩证唯物主义和历史唯物主义世界观、方法论的必然要求，是我们党的一项基本工作方法和领导制度，也是我们政府研究部门全面履行职责的基本功和生命线。做好调查研究工作，不仅要多出成果，更要努力提高调研质量，多出优秀成果、多出一流成果。政府研究部门的调研工作是直接为政府领导决策和起草重要文稿服务的。调研成果质量高低，直接关系党的路线方针政策的贯彻执行，关系经济社会发展任务和人民群众切身利益的实现，关系政府的工作大局，可谓责任重大、使命光荣。这就要求我们必须具有高度的责任感，无论对什么问题进行研究，特别是一些重大调研课题，都要坚持高标准、高质量、高要求，深入调查，精心研究，努力创造精品力作。

一般来说，一篇调研文章只要做到观点鲜明、思路清晰，内容翔实、重点突出，论证有力、分析透彻，见解新颖、思想深刻，文字准确、语言流畅等，就应属于上乘之作。但从政府研究部门的调研特点来看，仅此是不够的，还必须满足政策性、针对性、应用性和操作性等方面要求。古人云："文可载道，以用为贵。"衡量政府研究部门调研成果质量的高低，归根结底是要看这些成果有无使用价值，能否进入决策、变成政策，以及在实际工作中发挥多大作用、解决多少问题。一项调研，无论功夫下得多深、文章写得多好，做不到"语当其时，策当其用"，无助于领导决策和实际工作，就很难称之为精品力作。当然，也确有一些调研建议，因种种原因没能引起重视、付诸应用,但以后的实践证明是正确的甚至很有见地,这样的文章往往富有先见之明,自然仍为优秀成果。其实,调研精品并无明确而统一的判定标准,表现形式也多种多样。有的妙在选题,有的贵在见解;有的小题大作而分析深透,有的大题小作却要害清晰;有的注重直接调研、深入实际,情况真实可靠,有的借重间接调研、浏览广泛,资料全面系统;有的洋洋万言、体大思精、茹古涵今,堪称集大成之作;有的短小精悍、言简意赅、对症下药,却为实用之良方;凡此不一而足。

如果一定要寻求调研精品的共同特征,最根本的就是要有所发现、有所创新,能提供别人想知而未知,甚至出人意料的新问题、新情况、新观点和新对策,从而给人以深刻启迪和重要参考。有人说过,在通往真理的大道上,每向前迈进一步的价值,比在前人已开辟道路上重复千百步的价值还要高出千百倍。这一说法不无道理,也同样适用于调研工作。此外,调研精品还必须经得起实践检验和历史考验,既要适合应用,又能开花结果;不仅有较高的即时实践价值,从未来看也要站得住、立得稳、走得远。

观念先于行,万事端于思。如同搞好企业生产经营必须树立质量意识、品牌意识一样,做好调查研究,多出精品力作,首先要树立强烈的精品意识。或者说,要追求精品、打造精品,必先崇尚精品。事实上,同为一篇文章或研究成果,良莠殊异,价值悬殊,或有霄壤之别。比如,马克思、恩格斯的《共产党宣言》,虽篇幅仅为2万余字,却揭示了人类社会发展的客观规律,为全世界无产者指明了前进方向;爱因斯坦提出的相对论,也不过是由几篇论文组成,却奠定了现代物理学的重要基础,开辟出人类社会物质文明的崭新时代。这样的振聋发聩之作,无疑具有造福人类、推动历史的巨大力量。与此相反,无论古今中外总有一些粗制滥造的文章或所谓研究成果,不仅了无新意、几无价值,甚至还会混淆社会视听,造成信息混乱和判断困难。伟大的精品可以功在当代、利在千秋,而许多劣作庸文不仅有害无益,还会浪费纸张、污染耳目!

追求精品既是一种意识,更是一种责任。我国明清之际的杰出思想家、史学家顾炎武,为完成《日知录》这部传世精品,以"经世致用、资政育人"为追求目标,四十年如一日,埋头于汗牛充栋的史料之中披沙拣金、孜孜钻研,在完稿之后还"存之箧中",不肯轻易示人,"以待后之君子斟酌去取"。这种对待著述精益求精、慎之又慎和高度负责的治学态度,是何等可贵!我们的调研工作,虽然不能与经典作家、科学巨匠们相提并论,但却不能不向他们追求完美、打造杰作的严谨态度和精品意识看齐。在我们的调查研究中,只有强化责任意识、精品意识,树立"为天地立心、为国家立策、为民众立言"的崇高追求,努力做到"调查不深不言停、研究不透不收兵、文章不精不放行",才能打造出无愧于时代的精品力作。

精品是艰苦劳动的结果,靠汗水浇灌,由心血凝成。马克思写作《资本论》这部鸿篇巨制,在长达25年的时间里,几乎每天都到大英博物馆废寝忘食地查阅资料,阅读的各种书籍和文献1500多种。"十年磨一剑"是我国古人打造精品的形象写照。他们为了创造传世佳作,往往呕心沥血、默默钻研,不惜历经千辛万苦,甚至穷其毕生精力。王充《论衡》用时31年,许慎《说文解字》用时21年,陈寿《三国志》用时23年,李时珍《本草纲目》用时30年,司马迁终其一生写《史记》。而宋代的郑樵为了完成名著《通志》,竟然谢绝人事、隐居山林,结茅苦读30年。这样的事例还可以举出很多。基于工作性质和基本职能的要求,政府研究部门的调查研究没有必要,也不可能做到"十年磨一剑",但这种追求真理的态度、吃苦耐劳的精神和坚忍不拔的毅力于我们的工作却是断不可少的。提高调研质量、打造调研精品,无疑需要作出方方面面的努力,既要提高综合素质,也要增强调研能力,但归根结底要靠勤奋工作、埋头苦干。一言以蔽之,精品佳作是精心调研的产物。这里,我想就调查研究工作怎样才能出精品力作,谈几点看法。

——精心选题。"好题一半成。"选好题目是打造精品的首要环节。如同企业生产必须符合市场需求一样,政府研究部门的调研选题也必须贴近中心任务、围绕决策需要。我们的调研只有忙在点子上、谋在关键处,才能富有成效。如果选题脱离中心任务,远离决策需要,其调研质量必然大打折扣。总的来说,政府研究部门的调查研究,要围绕中心工作,服务领导决策,紧紧抓住当务之急、当务之重,着重研究解决改革、发展、稳定中的突出问题，事关经济社会发展全局性、战略性的重大问题，以及人民群众关心的热点、难点和重点问题。

——精心调查。深入调查是发现问题和解决问题的重要途径。要拿出情况真实、见解独到的调研精品，就必须深入实际，精心调查。一要全面系统。做到脚勤、眼勤、口勤、手勤、脑勤，多层次、多方位、多渠道地了解情况。二要深刻准确。应本着求深、求细、求准的原则，深入到问题的所在地和矛盾的症结处，努力溯本求源，真正掌握第一手材料，深入了解现实生活的本来面目。三要密切联系群众。应深入了解群众的意见，倾听群众的呼声，感受群众的疾苦，总结群众的经验，集中群众的智慧。只有这样的调查，才能听到实话、察到实情、获得真知、收到实效，为多出精品打下基础。

——精心研究。调查研究工作是一项根植于实践基础上的创造性思维活动。要打造精品，就必须在深入调查的基础上，认真思考，精心研究。具体地说，就是要综合运用归纳与演绎、分析与综合、具体与抽象，以及比较、分类、统计、想象等手段，对调查中掌握的材料进行去粗取精、去伪存真，由此及彼、由表及里的深入思考和推理，透过现象把握本质，找出规律性和普遍性东西，找到解决问题的有效办法。精心研究，重在深刻，贵在创新。古今中外，大凡精品之作，必为创新之作。因此，要敢于想别人之未想，善于谋别人之未谋，大胆提出新观点、新思路。

——精心撰写。调研报告是调研成果的最终载体，撰写好调研报告是提高调研质量的关键环节。调查再深入，研究再精心，如果调研报告写得不好，仍然达不到预期目的，拿不出精品成果。这里，应注意以下几点：一是做好内容和形式的总体把握。从内容上讲，观点要鲜明，重点要突出，事实要准确，论证要有力；从形式上讲，结构要严谨，条理要分明，布局要合理，要善于画龙点睛。二是表现形式要多样化。调研报告的表现形式应由内容决定，并随着内容的不同而变化，切忌公式化和千人一面，要不拘一格、丰富多彩。三是文字表达要准确生动。写调研文章既不应过多雕饰，更不应追求深奥，当然也不能过于平淡或官话套话连篇，而要准确、鲜明、生动、朴实。

——精心修改。文不厌改。反复修改的过程实质上就是思路不断清晰、分析不断深入、认识不断升华和对策不断完善的过程，也是文字精雕细刻而臻于完美的过程。要想打造精品，千万不要急于出手，而要不厌其烦地加以修改。观点应仔细推敲，条理应认真梳理，文字应恰当取舍。"删繁就简三秋树，领异标新二月花。"要竭力将一些赘言套话删掉，努力做到"丰而不余一言，约而不失一辞"，使文章主题和新观点、新思想更加突出、更加吸引人。

时势造英雄，沃土结硕果。我们正处在一个伟大的时代，波澜壮阔的改革开放大潮，飞快发展的现代化建设大业，为调查研究工作提供了极好的舞台和机遇。只要我们勇于创新，精心调研，就一定能打造出更多的精品力作。

这里展现在读者面前的《国务院研究室优秀研究成果选》一书，汇辑了国务院研究室三年来（2003—2005年）的获奖调研成果。这些年，国务院研究室紧紧围绕党中央、国务院的工作大局和中心任务，针对经济社会生活中的重要问题和突出矛盾，积极开展调查研究，成果不断增多，质量稳步提高。为鼓励调查研究多出精品力作，我们每年都要进行优秀研究成果评选活动，分别评出一、二、三等奖各若干篇。这些优秀成果的共同特点是，对我国经济社会生活中的某一重要问题作出较深入分析并提出对策建议，大都受到国务院领导同志不同程度的重视，在决策中起到重要参考作用，对指导和推动实际工作产生了积极影响。现在将之结集成册，公开出版，相信对许多读者会有所裨益。

【背景与效果】

作者在主持国务院研究室工作期间，从2002年起，连续多年开展优秀调研成果评选活动。2006年9月，中国言实出版社将多年的优秀调研成果结集，出版了《国务院研究室优秀研究成果选》一书，本文系作者为该书所写的序言，本次收入有删节。本文集中论述了调查研究要多出精品力作，多出优秀成果，指出"追求精品既是一种意识，更是一种责任"；"精品是艰苦劳动的结果"，是精心调查研究的产物；特别强调"精心选题"、"精心调查"、"精心研究"、"精心撰写"、"精心修改"；必须努力做到"调查不深不言停，研究不透不收兵，文章不精不放行"。该文问世后,受到党中央领导同志的重视和好评,中央有关部门翻印此文作为机关全体干部学习参考材料。一些书刊多次转发。最近,网络媒体广为推介流传。

认真做好政策研究工作　努力提高决策咨询水平

（2009年7月6日）

这期厅局级领导干部公共政策专题研讨班，今天开班了。举办高层次的全国性公共政策专题研讨班，是国家行政学院建院以来的第一次。本次研讨班有多方面的意义：首先，这是全面履行国家行政学院职能的重要体现。国务院文件明确规定：国家行政学院"是培训高、中级国家公务员的新型学府和培养高层次行政管理及政策研究人才的重要基地"，把高层次政策研究人才的培养作为国家行政学院的一项重要职能。但由于种种原因，我院还没有举办过政策研究人员的专题培训班。举办本期专题研讨班，就是要全面履行国务院赋予学院的职能。其次，这是推进全国政策研究工作的重要举措。大家知道，政府系统的政策研究工作十分重要，它直接关系各级党委政府决策水平和治国理政能力的提高，关系党中央路线、方针和工作部署的贯彻落实，关系政府绩效的状况。第三，这是培训政策研究人才的重要步骤。当前，国内外形势急速变化，特别是应对国际金融危机，我国经济社会发展面临的新形势新任务，对各级政府决策提出了更高的要求，也对政策研究人员提出了新要求。新形势、新任务、新要求，迫切需要进一步提高政策研究人员的素质和能力。举办这期研讨班，组织政策研究机构的领导干部在一起学习、研讨，有助于大家开阔视野，启迪思路，丰富知识，交流经验，增强素质，提高能力。基于以上三个方面的考虑，我们把本期专题研讨班列入了学院今年的培训计划。

今天上午是本期研讨班的第一课。我准备讲三个问题，与大家一起交流和探讨。

一、充分认识做好政策研究工作的重要性

从历史上看,研究和制定政策,是随着国家和政府的出现而产生的。对于政策的含义,中外学者从不同角度作过多种界定。一般说来,政策是国家、政党为实现一定历史时期的路线和任务而规定的行动准则。政策的表现形式多种多样,从政党和政府制定的战略规划、颁布的政令条例、解决问题的举措,到领导人作出的指示、发出的号召,都可以纳入政策的范畴。如何理解政策的本质内涵呢?我认为,可以从以下三个方面来把握。

第一,政策是统治阶级意志和利益的体现。马克思主义告诉我们,政策作为上层建筑,与一定社会的经济基础相适应,反映着该社会占统治地位的生产关系。列宁曾经指出:"政策就是阶级之间的相互关系。"任何国家任何时期的政策,总要体现该国家一定时期政策制定主体的意志,反映特定社会中统治阶级的世界观、价值观、利益观,是为统治阶级的利益服务的。所以,政策往往具有政治性,是一种价值理性的产物。

第二,政策是政党和政府实现意图和任务的手段。任何一个政党和政府都会根据对特定时期内外部环境的认识,确定自己的行动方向、目标追求和路径选择。为此,一方面要通过相应的政策加以体现,另一方面要通过具体的政策措施加以落实。制定和实施政策是政党和政府履行公共管理职能的形式和途径。从这个角度来说,政策又是工具理性的产物。

第三,政策是指引和规范社会行为的准则。特定社会目标的实现有赖于政党和政府采取相应的行动。执政党和政府需要通过制定和实施政策来调控各类社会主体的行为,使之按照期望的方向、目标和通过一定的方式采取行动。这种调控可以采取两种方式:一种是引导,就是为社会各主体提供行动指南和动力,这种政策具有导向性、激励性;另一种是规范,就是要求社会各主体必须遵守一定的规则和标准,这种政策具有强制性、约束性。

政策研究,顾名思义,就是以制定政策为目的的一种研究活动。进一步

说，政策研究是综合运用多学科知识，为决策者搜集和提供所需信息、研究和提出解决有关问题的政策建议的活动过程。这个过程从现实的问题出发，通过深入地调查、分析和研究，向决策者提供解决问题的政策备选方案。政策研究与决策是一种"谋"与"断"的关系，其成果是提出供决策者参考、选择的政策建议。作为决策的一种辅助和支持活动，政策研究成果可能对最终决策和政策制定产生直接的重要影响。因此，做好政策研究工作至关重要。

（一）做好政策研究工作，是进行领导决策和政策制定的重要环节

政策研究是为决策服务的。政策研究工作的重要性，首先是由决策的重要性决定的。关于决策的重要性，中外许多著名的学者和政治领导人都有过论述。美国著名管理学家、现代决策理论的奠基人、诺贝尔经济学奖获得者赫伯特·西蒙提出了"管理就是决策"的著名论断，认为决策是一切管理实践的核心。古今中外无数事实证明，决策是事业成败的关键。北宋司马光呕心沥血19载写成的《资治通鉴》，记述了公元前403年至公元959年长达1362年的朝代更替、民族兴亡的史实，其中很多是关于决策的故事，供后世统治者或决策者借鉴。一部《三国演义》，给人们留下最深刻的印象不是武将角力、勇士争斗，而是文臣谋士之间计策的较量、谋略的争锋。我们党的几代领导人对决策的重要性都作出过精辟的论述。早在1948年3月，毛泽东同志在为中央起草的《关于情况的通报》中就指出："只有党的政策和策略全部走上正轨，中国革命才有胜利的可能。政策和策略是党的生命，各级领导同志务必充分注意，万万不可粗心大意。"邓小平同志在1986年9月《关于政治体制改革问题》的谈话中告诫我们："国家这么大，情况太复杂，改革不容易，因此决策一定要慎重"，强调了决策对于改革事业取得成功的重要性。江泽民同志在《没有调查就没有决策权》一文中明确指出："历史经验说明，各种问题的解决都取决于正确的决策。"中国共产党和党领导的军队之所以能从弱变强，用小米加步枪打败了用飞机、坦克武装起来的敌人，最终取得革命的胜利，关键是因为以毛泽东同志为主要代表的党中央制定了正确的路线方针政策。新中国成立和建设发展的历程，也从正反两方面验证了决策的极端重要性。20世纪50年代后期的"大跃进"等"左"倾政策、60年代中期发生的十年"文化大革命",这些重大的决策失误使我国经济社会发展遭受严重挫折。而1978年底党的十一届三中全会作出改革开放伟大决策以及之后制定的一系列正确的方针政策,则指导我国经济社会发展取得了举世公认的辉煌成就。

政策和决策对于事业发展的极端重要性,决定了做好政策研究工作的重要性,因为在一定意义上讲,政策研究的水平直接影响到决策的水平。2002年2月,时任国务院总理朱镕基同志在看望国务院研究室工作人员时说过:我希望研究室的同志加强学习,更好地改进自己的工作,提高自己的工作效率和水平。研究室的工作提高一步,反映到我们的工作上就提高一步,反映到国务院的工作上就提高一步。2003年,温家宝同志在国务院研究室工作总结上作出重要批示:国务院研究室为国务院决策和指导工作发挥了重要的参谋助手作用。可见,党和国家领导人高度重视政策研究工作,对政策研究机构和工作人员寄予厚望。

近几十年来,世界上许多国家出现了政策研究类的智库。智库,也称智囊机构、智囊团、思想库,是指由专家组成、多学科的、为决策者在处理社会、经济、科技、军事、外交等各方面问题出谋划策,提供最佳理论、策略、方法、思想等的研究机构。各类不同形式的智库为各国政界、商界提供了大量有价值的重要决策咨询服务,彰显了现代智库在决策和政策制定中的重要作用。

(二)做好政策研究工作,是推进决策科学化民主化的必然要求

我们党历来重视决策的科学化民主化。1962年,毛泽东同志指出:"在总路线指导之下,制定一整套的具体的方针、政策和办法,必须通过从群众中来的方法,通过作系统的周密的调查研究的方法,对工作中的成功经验和失败教训,作历史的考察,才能找出客观事物所固有的而不是人们主观臆造的规律,才能制定适合情况的各种条例。""没有民主,意见不是从群众中来,就不可能制定出好的路线、方针、政策和办法。"1978年,邓小平同志在全军政治工作会议上的讲话中指出:"按照实际情况决定工作方针,这是一切共产党员所必须牢牢记住的最基本的思想方法、工作方法。"江泽民同志在党的十六大报告中指出："正确决策是各项工作成功的重要前提。要完善深入了解民情、充分反映民意、广泛集中民智、切实珍惜民力的决策机制,推进决策科学化民主化。"胡锦涛同志在党的十七大报告中强调,要"推进决策科学化、民主化,完善决策信息和智力支持系统,增强决策透明度和公众参与度,制定与群众利益密切相关的法律法规和公共政策,原则上要公开听取意见"。现代政府决策是由诸多环节组成的过程。提高决策科学化民主化水平,要求我们必须做好政策研究工作。这是因为:第一,只有通过扎实深入的调查研究,才能及时获得关于国内外形势和环境条件的各种真实信息,从而为决策提供准确可信的依据,制定符合客观实际的政策。第二,只有通过细致科学的分析研究,才能提出切实可行、合理有效的政策建议,从而为决策者提供解决问题的多种思路和方案,有利于在比较选择的基础上优化决策。第三,只有通过广泛了解民意、汇聚众智,才能充分反映人民群众的心声,更好地汲取专家的智慧,制定符合人民群众愿望、符合事物发展规律的政策。第四,只有通过密切跟踪评估政策实施过程及其后果,才能及时纠正政策偏差,确保政策得到有效执行,避免不良政策后果。

(三)做好政策研究工作,是妥善应对复杂多变形势的迫切需要

我们党和政府决策面临的内外部环境越来越复杂。当今世界,正处在大发展、大变革、大调整时期。随着世界多极化、经济全球化的深入发展,国际力量对比出现新态势,全球思想文化交流、交融、交锋呈现新特点。随着改革开放不断深化,我国与世界的联系和互动空前紧密,国际政治格局、世界经济走势的变化必然对我国产生影响,同时我国发展形势和政策变化对世界也会产生影响。随着我国工业化、信息化、城市化、市场化快速发展,经济建设、政治建设、文化建设、社会建设以及生态文明建设全面推进。我国发展呈现一系列新情况、新问题。面对复杂多变和不确定性的因素,面对性质不同和领域不同的众多问题,任何一个领导机关或决策者仅仅凭借自己掌握的知识和积累的经验,难以制定有效的政策。这就需要加强政策研究工作,提高政策咨询水平,为党委和政府以及领导者的决策提供多方面的和有

力的智力支持。

去年下半年以来，发端于美国的国际金融危机不断蔓延和加深，我国经济增长速度减缓、就业压力加大、财政收入下降、公共开支需求增加、影响社会稳定的潜在因素增多。这是对决策能力最现实的新挑战，也是对我们政策研究工作和研究人员素质最现实的新考验。为有效应对国际金融危机的冲击，决策必须反应快捷、及时果断、准确有力，这就要求我们必须进一步提高政策研究咨询服务水平，为党和政府的决策及时提供有价值的和高质量的政策建议，同心协力，共克时艰。

总之，无论从政策研究对决策的影响作用和推进决策科学化、民主化，还是从当前国内外复杂多变的形势要求，都说明必须高度重视和用大气力做好政策研究工作。

二、全面把握政策研究工作基本要求努力提高决策咨询水平

（一）政策研究工作的主要特点

深刻认识政策研究工作的特点，努力把握其中带有规律性的东西，对于我们做好这项工作非常重要。大体说来，政策研究工作的特点，可以概括为"六性"：

一是政策性。政策性是政策研究工作的核心和灵魂，是这项工作的主旨和主线。我们搞政策研究的根本目的，就是要为党委政府制定政策提供参考依据。这方面工作质量高低关键要看有多少研究成果进入了决策程序，变成了实际政策，以及在实际工作中发挥了什么样的作用。可以说，体现政策性是政策研究部门工作的最重要特征。这就要求政策研究人员要有强烈的政策观点和政策意识。

二是针对性。政府工作千头万绪，政策研究必须围绕政府工作的中心和大局，考虑政府决策的需要，着力研究解决政府工作面临的重点难点热点问题，做到有的放矢。政策研究工作只有忙在点子上，谋在关键处，才能富有

成效，事半功倍。如果脱离政府中心工作，远离政府决策需要，研究工作的效果必然会大打折扣。

三是应用性。政府研究部门的研究工作，既不是纯粹的理论探讨，也有别于其他科研工作，而主要是一种应用性对策性研究，尤其强调"研以致用"、"以用为贵"。具体地说，研究选题的出发点是提供实际工作急需的对策建议，研究工作的落脚点是解决经济社会生活中的问题。只有这样的研究工作成果，才能对政府的决策有用。

四是前瞻性。政府的许多决策往往事关全局、影响深远，特别是一些重大决策更是如此。作出这样的决策首先要有预见性，符合事物发展的趋势。特别是对倾向性因素和典型性事物，要给予高度关注，善于见微知著，提出具有前瞻性的对策建议。要有深虑和远见，既要着眼解决当前突出问题，又要面向未来发展趋势，既要"顾后"，又要"瞻前"。只有这样，才能提出有真知灼见的对策建议。

五是操作性。政府研究部门提出的政策建议，不仅要做到思路清晰、观点正确，还必须切实可行，尤其应充分考虑可行性和可操作性。有些政策建议，看似很正确，但因无实际操作性，只能是"空中楼阁"、"中看不中用"。

六是时效性。政策研究工作成果能否发挥应有的作用，在很大程度上取决于对经济社会发展变化情况的反应速度。"文当其时，一字千金。"这就要求我们的政策研究必须快速反应，对领导同志关注的重要问题和紧迫问题，应立即组织力量，迅速开展研究，及时报出成果，这样才能恰逢其时、正值其用，产生良好效果。倘若时过境迁，工作重心已经转移，才慢腾腾地拿出调研成果，即使写得多么全面、正确、深刻，也为时已晚，只能做"事后诸葛亮"了。

（二）政策研究工作应遵循的基本原则

一般地说，政策研究工作必须注意把握好以下基本原则：

一要坚持客观性原则。列宁指出："事实是我们政策的基础。""马克思主义者只能以确切的、有凭有据的事实作为自己政策的前提。"搞政策研究，切忌主观臆断。要具有追求真理的勇气和无私无畏的精神，不"唯上"，不

"唯书"，只"唯实"，惟事实是从，惟国运顿首，这是政策研究人员的基本品质。对了解到的真实情况和各种问题，要敢于"较真"和"碰硬"，做到查实情、说实话、献实策、出实招。要深入群众，倾听群众真实的呼声，反映群众真实的疾苦。要客观、准确和真实地反映社会现象和客观事物，努力做到搞清真实情况，掌握准确数据，在深入分析基本情况和数据后，提出符合客观实际的对策建议。

二要坚持全面性原则。列宁说："如果从事实的全部总和、从事实的联系去掌握事实，那末，事实不仅是'胜于雄辩的东西'，而且是证据确凿的东西。如果不是从全部总和，不是从联系中去掌握事实，而是片断的和随便挑出来的，那末，事实只能是一种儿戏，或者甚至连儿戏也不如。"政策研究工作要充分反映社会现象和客观事物的方方面面，做到局部和整体相结合、现实和历史相结合、动态和静态相结合。要全面了解真实情况，善于听取各种意见，注意克服片面性，防止走极端。

三要坚持系统性原则。在政策研究中，必须用系统的观点看待和分析问题，要系统分析构成社会现象和客观事物的各个要素，深入研究它们之间的相互关系，既要"左顾"，又要"右盼"，搞清楚作为系统的社会现象和客观事物的整体功能，同时还要研究社会现象和客观事物所处的环境条件。要有大局意识和全局观念，在把握大局前提下探讨问题，不能孤立地、零散地看待问题，避免把视野局限在狭小范围之内。

四要坚持创新性原则。政策研究贵在创新。各级领导都希望政策研究部门提出的对策建议有新思想、新材料、新见解。要达到这样的要求，最根本的是要坚持解放思想，与时俱进。要及时掌握国内外快速发展变化的新情况，不断创新观念和思维方式，不断改进政策研究工作的方式、方法和手段。同时，要敢于想别人之未想，善于谋别人之未谋，勇于提出创新性的见解和建议。

五要坚持科学性原则。政策研究是一门严谨的科学，必须遵循科学规律，进行科学思维，使用科学方法，尤其要善于用辩证法分析研究问题。要掌握共性与个性原理的使用方法。毛泽东同志在对农村问题进行研究时，通常采取典型调查的做法，然后再由典型推及一般。他形象地把这种方法比喻为"解剖麻雀"。要学会抓主要矛盾或矛盾的主要方面，把握主题，突出主线，抓住重点，善于以"纲举"实现"目张"。只有这样，才能使政策研究工作具有科学性，拿出有价值、高质量的对策建议。

六要坚持理论联系实际原则。理论联系实际是认识客观规律、推动理论不断向前发展的必由之路。做好政策研究工作，一方面要以正确的理论为指导，深入实践，从实践中找出解决问题的办法；另一方面又要让这些办法重新回到实践中去接受检验。只有经过实践验证是正确的东西，才能用于进一步指导实践活动。

（三）做好政策研究工作需要把握的重要环节

1.认清形势，把握环境。形势是事物发展变化的状态及其趋势。正确认识和把握形势是政策研究的前提。考察古往今来，研究形势制定对策，已成为我国源远流长的治国传统和理政文化。《战国策》《过秦论》《隆中对》等关于分析形势提出良策的名篇不胜枚举。我们党领导革命、建设和改革的实践，也总是从形势出发，研究任务，制定政策。我们经常学习到以"形势和任务"、"形势和政策"做标题的重要文献和领导同志讲话。以色列著名学者叶海卡·德罗尔教授在其专著《逆境中的政策制定》中指出：中国拥有最悠久的治国传统，包括政策制定方面的思考和实践，相比于往往只注重特定问题而对周围环境不太注意的西方主要思维模式，中国的思维模式首先是广泛关注周围大环境背景，然后根据这种背景来分析考虑之中的具体问题。事实证明，能否看清形势，决定着能否制定正确的政策，决定着施政的效果。

如何才能科学研判形势，客观分析环境，提出正确的政策建议呢？一是要有整体把握。列宁曾说："要真正地认识事物，就必须把握住、研究清楚它的一切方面、一切联系和中介。"事物的性质特征是由系统整体的而不是由部分要素的性质特征决定的。这就要求我们在分析问题、研判形势、认识事物时，要全面地审视局部事物在全局中的位置，系统地分析各种事物之间的相互关系，从整体上把握事物的性质，防止一叶障目不见泰山，只见树木不见森林，孤立地看待问题。二是要有矛盾分析。社会现象纷繁复杂，我们要善于分析。包括分清哪些是互为因果，哪些是单向因果；哪些是一果多因，哪些是一因多果；什么是本质的、主流的，什么是非本质的、支流的。许多矛盾错综交织，要善于分清哪个是矛盾的主要方面、对形势变化起决定性作用，哪个是矛盾的次要方面、对形势变化有一定的作用。只有找出形势发展变化的原因，看清事物的本质，才能提出解决问题的正确对策。三是要有战略思维。就是要从全局、长远发展观察、思考问题。任何形势发展变化都有其自身的规律，作为政策研究工作者，要看局部、想全局，看当前、想长远，从事物的全局和未来角度认识事物发展变化的大趋势。分析判断当前的形势，要见微知著，善于抓住关乎全局和长远的苗头性、倾向性问题。四是要有世界眼光。我们是在开放的环境中推进现代化建设的，也是在信息时代推进现代化建设的，在网络铺天盖地的情势下，可以说"世界是平的"。因此，研究分析问题必须具有世界眼光，避免把眼光局限在狭小范围内。在研究问题时，要顺应世界潮流，把握时代脉搏。用心考察世界上有关国家的做法，善于学习借鉴国际有益的经验。五是要有过程思想。一切事物都随时间、地点、条件的转移而转移，形势在不断变化，思想认识也要不断随之变化。形势变化也就要求调整政策。我们要根据形势变化，把握政策的"机会窗口"。

2. 围绕中心，服务大局。做好各项工作都有一个围绕中心、服务大局的问题。我们从事政策研究工作尤其要确立这样的观念和定位。其一，这是我们工作的根本方向和要求。政策研究部门是直接为领导和领导机关服务的机构，必须紧紧围绕党和国家的中心任务、党委和政府的工作部署，把握领导同志的工作意图。否则，我们的工作就无的放矢。其二，这是由我们工作的性质和任务决定的。政策研究部门是直接为党委政府和领导同志服务，理应发挥参谋助手作用，主要任务是负责或参与起草、修改重要文稿，调查研究需要解决的重要问题，收集、整理和报送重要信息。这样的工作性质和工作任务，要求我们必须围绕中心，服务大局。其三，这是我们工作的岗位和作用决定的。研究部门的工作不是一般的文稿起草，更不是为了论证某些学术观点、写理论文章，而是直接为党委和政府决策服务，是领导同志的大脑延伸。我们的工作事关重大，因而必须心中装着大局、工作体现大局，在大局

怎样搞好调查研究——认知与实践

下行动。

在政策研究工作中,如何做到围绕中心、服务大局?我看,至少要把握好以下三点。一要选题紧扣工作任务。凡是受到领导重视并在推动工作中发挥重要作用的政策研究成果,都是紧扣中心任务、主动服务大局的。一方面,对政府工作面临的问题,特别是领导交办的重要任务,必须高度重视,快节奏、高效率地集中力量尽快提供情况和建议。另一方面,还要自觉想大事、议大事,对关系全局的战略性问题要主动进行超前、深入、系统的研究,做到预为之谋。二要高效服务领导决策需要。党委政府领导公务繁忙,往往在较短时间内作出决策。时间限制是政策研究工作的重要特点。在这种情况下,要高效服务领导的决策需要,就需要我们"身在兵位,胸为帅谋",善于从全局高度谋划思考问题,准确把握党和政府工作的基本方向,深刻领会党和政府作出的事关长远发展的重大决策、每一阶段的工作部署以及当前的重点工作。需要我们经常研判、跟踪经济社会发展情况,关注那些可能出现尤其是将要出现的关系全局的问题,提前加强研究,准备解决的预案和对策。三要提高研究成果转化率。研究成果推动工作的情况,是衡量围绕中心、服务大局成效的主要标志。因此,我们要采取多种方式反映、报送调研成果,积极主动地向领导汇报调研成果的价值所在;要丰富转化形式,既可以直接为领导决策提供依据,也可以吸纳在领导讲话、文件起草之中;最重要的是要建立支撑科学决策、民主决策的咨询机制,防止研究政策和实际决策两张皮。与此相联系,我们还要摆正位置,正确处理好政策研究工作和领导决策的关系。政策研究的主要使命是要在科学研究的基础上,为领导决策提供咨询服务,而是否制定政策、制定什么样的政策,则是领导的职责。由于政策制定的复杂性,领导所要考虑的许多因素是政策研究人员所难以完全了解的,因而,政策研究部门并不能代替政策制定者进行决策。在向领导提供政策建议时,政策研究人员不能也不应要求领导非接受不可,而只是供其决策参考,或通过揭示那些易于被忽视的因素、分析各种备选方案的利弊来帮助领导作出选择。我们决不能因为自己提出的建议没有被采纳就产生抱怨的情绪,更不能因此对自己的作用悲观失望。我们应当在围绕中心、服务大局中找准定位，自觉做到越位的要正位，缺位的要补位，错位的要归位。

3. 深入调查，科学研究。调查研究是一项根植于实践的创造性思维活动，包括"调查"和"研究"两个主要阶段。只有调查而无研究，或者只有研究没有调查，或者只有调研而无正确结论，都不能称之为真正的调查研究。政策研究人员开展调查研究的主要目的，是把感性认识理性化，把零散做法系统化，发现和剖析存在的问题，总结和提炼实践经验，形成适应新形势、解决新问题的科学思路和对策，为政府决策提供咨询服务。调查研究是做好政策研究工作的关键环节，是谋事之道，成事之基。毛泽东同志说过："没有调查，就没有发言权。""不做正确的调查研究，同样没有发言权。"这是至理名言。对于我们政策研究人员来说，不做调查研究或不会调查研究，就没有参谋权、建言权。

那么，如何搞好调查研究工作呢？我觉得，需要做好以下六个方面的工作。

一是下功夫掌握实情。陈云同志讲过："我们做工作，要用百分之九十以上的时间研究情况，用不到百分之十的时间决定政策。所有正确的政策，都是根据对实际情况的科学分析而来的。有的同志却反过来，天天忙于决定这个，决定那个，很少调查研究实际情况。这种工作方法必须改变。要看到，片面性总是来自忙于决定政策而不研究实际情况。"这说明了解真实情况、深入调查研究的重要性，说明弄清情况是制定政策最为基础的工作。只有情况明，才能决心大、方法对。因此，我们从事政策研究工作的人员，必须下真功夫、大功夫、苦功夫开展调查研究，摸清真实情况。要深入实际、深入基层、深入群众，深入到问题的所在地和矛盾的症结处，溯本求源，真正掌握第一手材料，深刻了解事物本来面目。我们要客观、公正、理性地听取各种意见。要带着问题摸情况，但不预设框框，先入为主；要把握主流声音，但不只听一种声音，忽视不同的意见；要搜集各种材料和意见，但不凭间接材料作出结论，也不凭不负责任的片面之词下论断。只有深入调查，善于调查，"入深水抓大鱼"，才能捕捉领导机关难以听到、不易看到和意想不到的真实情况，找出解决问题的对策。

二是潜心深入研究。摸清情况是为了研究问题，研究是调查的深入，深入必须心入。毛泽东同志当年在兴国作调查，耳边是炮声隆隆，但他却静下心来，一蹲就是一个多月，写下了指导革命胜利的不朽之作。我们要学习伟大领袖这种精神风范，静心定神搞调查研究，心浮气躁一定出不了好的调研成果。我们搞政策研究，首先要"吃透两头"。要吃透上情，把准方向，全面了解党的路线、方针、政策；要摸准下情，把握社情民意。只有把握住这两头，分析问题才有基本的依据。其次要消化材料。要对调查中了解到的感性的、零星的、无序的、不系统的情况，进行分类、归纳、提炼。收集消化材料当然是越多越好，但如果丢掉了关键材料和主要事实，也是无用和无效的。毛泽东同志曾说过：十样事物，调查了九样，只有一样没有调查，"如果你调查的九样都是一些次要的东西，把主要的东西都丢掉了，那末，仍旧是没有发言权"。他还指出，"要抓住主要矛盾，突出重点，'眉毛胡子一把抓'不仅耗费精力，而且往往不得要领，难以深入"。再次要科学分析。要综合运用归纳与演绎、分析与综合、具体与抽象、定性与定量等手段，对调查中掌握的材料进行一番去粗取精、去伪存真、由此及彼、由表及里的深入思考和研究，透过现象把握本质，分析原因，找出规律，提出解决问题的有效办法。

三是切实维护群众利益。人民群众是调查研究的对象，人民群众的社会实践，是我们调查研究的活水源头。调研成果的质量如何，提出的政策意见正确与否，最终都要由人民群众的实践来检验。因此，搞好调研工作，必须坚持以人为本，端正对待群众的态度。抱着满腔的热忱、眼睛向下的决心、求知的渴望、甘当小学生的精神、与群众作朋友的真诚，放下架子、扑下身子，"问问家长里短事，听听鸡毛蒜皮言"。必须倾听群众的呼声。既要了解群众盼什么，也要了解群众怨什么；既要听群众的顺耳话，也要听群众的逆耳言；既要让群众反映情况，也要请群众提出意见。总的来说，我们要广察民情，广集民智，广谋民利。只有这样的调查研究，才能真正察到实情、获得真知、收到实效。

四是充分发挥专家作用。现代管理的专业性、科技革命的全球性、世界形态的开放性、社会现象的复杂性，向我们提出了更高的要求。在当今时代，单凭个人的知识、经验和智慧，很难把握日新月异的发展形势。因此，做好调研工作，必须注重发挥专家作用。要坚持内外结合、专家和职能部门相结合。要发挥专家的专业素养优势，吸收最新的研究成果和最前沿的信息，拓展调查研究的深度和广度。特别是对一些重大问题，要善于借用外脑，依托专业知识支撑，全方位、宽领域、多层次地开展调研。要充分发挥专家的积极性，尊重专家的智力投入和智力成果。

五是综合运用各种调研方法。调研方法影响调研成果质量，决定调研工作水平。在实践中，我们通常采用召开调查会、研讨会、走访调查、蹲点调查、典型调查、实地考察、问卷调查等多种行之有效的调研方法，应继续坚持发扬。比如开调查会，是最简单易行又忠实可靠的方法。在调查中，口问手写，展开讨论，感受直接、体验深刻、互动性强，是其他现代调查技术所不可代替的。同时，还必须拓展调研渠道，创新调研方式。要积极使用统计调查、抽样调查、网络调查等现代方法，提高调查的效率和质量；充分利用现代信息技术和手段进行资料的收集、整理和加工，对已掌握的调查材料进行多层面、多角度的系统研究，对复杂的社会、经济系统进行定性和定量分析，提高调查研究的科学性和时效性。

六是注意广泛收集利用信息。只有广泛收集利用信息，才能当好领导的"千里眼、顺风耳"。在当今信息网络时代，社会信息传播方式和传播速度与过去相比已发生巨大变化，重视和加强这方面的工作都显得十分迫切。收集利用信息，重在发掘出信息的价值。正确的决策必须建立在准确可靠的信息基础上，否则就会使决策出现失误。

4.精心谋篇布局，写好调研报告。撰写调研报告的主要任务是，把调查研究所得用文字表达出来、写成报告，用以总结工作、分析问题、推广经验、吸取教训、提供决策依据。撰写报告是调查研究的重要环节，调研报告是政策研究成果的最终体现。调查很全面，研究也很深入，调研报告写不好仍达不到预期目的，甚至会前功尽弃。更重要的是，我们从事的不是一般的文字材料工作，也不是简单地反映情况，而是要通过调研报告为领导决策提供咨询。写好调研报告，要求严格、责任重大。

那么，怎样写好调研报告呢？我感到，需要做到以下七点。一是站位要高。能否站好位，对写好调研报告是很重要的问题，也决定着调研报告写作的成败。写调研报告一定要站在领导的位置，换位思考，也就是我们常说的思领导所思，想领导所想，急领导所急，与领导同频共振；一定要处理好"有我"和"无我"的关系，既用"有我"的强烈责任意识写报告，又不能站在自己的角度做文章；一定要善于从宏观着眼、把握大局。二是思想要深刻。"思想立身、文稿立言、品德立人。"对于我们从事政策研究工作的人来说，思想立意至关重要。一篇有分量、有价值的调研报告，一定要有新思想、新材料、新见解。要深思熟虑，整体把握，要想得深、谋得远，凝练主题，提炼思想，画龙点睛，给人启迪，提出问题要抓住重点和本质，分析问题要鞭辟入里、入木三分。三是观点要鲜明。撰写调研报告必须对调查的事物有鲜明的态度。要观点明确，是什么、不是什么要说清楚，提倡什么、反对什么，利弊分析要直指要害，对策建议要直截了当，不能观点模糊、语焉不详。要化繁为简，直奔主题，一针见血，不能内三层外三层，让人"雾里看花"。四是内容要充实。内容充实要体现在务实上。所阐述的观点、提出的政策措施建议，既要考虑需要，又要考虑可能，既要解决现实问题，又要符合发展趋势，要以解决实际问题为出发点，体现实用性、实效性、指导性的有机结合。内容充实也要体现在真实上。对调查了解到的真实情况和各种问题，要如实反映，防止功利思想，粉饰太平，掩盖矛盾，投机取巧做文章。内容充实还要体现在唯实上。要不唯书、不唯上，处理好对上负责和对下负责的关系，敢于把深入调研得到的但与领导意见不一致甚至相反的观点秉笔直书，为领导作出正确决策、制定有效政策提供帮助；防止一味迎合领导意见，回避问题，误导判断，导致决策失误。五是结构要严谨。文无定法，却有成规，调研报告的结构要符合内在的逻辑关系。要谋好通篇布局，对主题、立意、内容进行科学思维，系统思考，整体构思，形成框架结构，做到结构和内容的有机统一。要注重结构得当，切忌繁琐，不能层次过多、分叉过多。要提倡多样性，切忌公式化，不能形式死板，反对做"八股"文章。六是表达要准确。毛泽东同志在《工作方法六十条》中指出:"文章和文件都应具有这样三种性质:准确性、鲜明性、生动性。"这其中,准确性是第一位的,也是最基本的要求。我们无论是总结经验、分析问题,还是提出对策建议,要做到概念准确,判断恰当,使用概念、判断进行推理符合逻辑;不能言不达意,用词生僻,晦涩难懂,使人产生歧义。要做到表述恰如其分、中肯到位,不能无病呻吟。要做到恰当选词,严密造句。在此基础上,还要力求生动活泼,耐看耐读,引人入胜,回味无穷。七是文风要朴实。如果说,思想内容是调研报告的"精",结构表述是调研报告的"气",文风则是调研报告的"神"。我们要根据机关工作特点和调研报告的要求,体现朴实的文风。要平实,用事实说话,实实在在,切忌泛泛议论。要简洁,力求短小精悍、言简意赅,意到言到、意尽言止,要言不烦,不要拖泥带水、冗长乏味,动辄洋洋万言,让人到沙堆中淘金捡宝。要质朴,开门见山,把话说到位,既不要过多雕饰、过于华丽,也不要官话套话连篇。

我们前面从政策研究的特点、原则及主要环节等方面,阐述了如何做好政策研究工作问题。那么,衡量政策研究水平高低的标准是什么呢?我看,至少可以从政策研究成果的价值和应用价值两个方面进行考察。从政策研究成果的价值看,可概括为"三个符合、三个检验",即政策研究成果要符合经济社会发展实际,经得起实践检验;要符合客观规律,经得起历史检验;要符合民心民意,经得起人民群众检验。从政策研究成果的应用价值看,可概括为"发挥三个作用",即发挥参谋助手和智囊的作用;发挥服务科学决策的作用;发挥推动实际工作和社会进步的作用。我觉得,在"三个符合、三个检验、发挥三个作用"方面成效如何,就是衡量我们政策研究水平高低的重要标准。

三、努力提高政策研究人员的素质和能力

做好政策研究工作,至关重要的是不断提高政策研究人员的素质和能力。政策研究工作政治性强、涉及面广,对政策研究人员的素质和能力要求

非常高。概括起来说，就是要有较高的马克思主义理论水平和全面准确把握党的路线、方针、政策的本领，要有较高的政治洞察能力和鉴别能力，要有解放思想和敢于创新的意识，要有实事求是的精神和严谨的科学态度，要有较强的分析研究能力和文字表达功底，要有比较广博的政治、经济、法律、历史和科技等各种知识，还要有较好的电脑、网络等现代化办公技能。政策研究人员一定要博学厚积、秉要执本、常勤精进，做到站得高、看得远、想得深、写得好，努力使自己成为政治合格、业务精通、作风过硬、善打硬仗的高素质全面发展人才，以更好地适应党和国家事业发展的需要。

（一）不断提高政策研究人员的思想政治和政策理论水平

打好基本理论和政治方向的根底。政策研究人员要坚持刻苦学习马克思列宁主义、毛泽东思想、邓小平理论和"三个代表"重要思想，努力学习实践科学发展观。善于运用马克思主义的立场、观点和方法来观察、处理问题。始终坚定正确的政治方向。这是最重要的。任何一项政策研究工作，都必须以党的理论、路线、方针为指导。只有政治觉悟和思想理论水平提高了，才能更好地领会和把握党的路线、方针、政策，提高从政治上、全局上观察问题、分析问题和解决问题的能力。

打好国家法律法规和政策的根底。每一项政策研究工作都与国家某些法律法规和政策规定相联系。不熟悉这些方面，就很难做好政策研究工作，起草、修改政策研究文稿。一些部门、地方提供的材料中的有些提法不符合国家的有关法律法规和政策，如果不熟悉法律、法规和政策，就很难看出问题来。我们不仅要熟悉一些基本法律、重要法规和方针政策，还要熟悉专业部门的规定、政策等。

打好善于把握全局能力的根底。政策问题往往事关大局。作为从事政策研究工作的人员，要有大局意识和全局观念，在把握大局前提下探讨问题；要善于想大事、议大事。要善于抓住改革开放和经济社会发展中的重大问题作调查研究，突出前瞻性、全局性和战略性。要从纷繁复杂的问题中，提炼出有意义的选题，把研究力量放在重大问题的研究上。要突出重点，首先是党委、政府交办的任务，其次是政策研究部门确定的重点研究课题。政策研究部门工作只有适应政府工作需要和领导决策需求，才能有的放矢、富有成效，才能算尽其本职、务其正业。

（二）不断提高政策研究人员的业务能力

提高熟悉基本知识和业务的能力。首先，要丰富各方面知识，努力掌握与自己负责的领域和业务工作直接相关的知识，不断提高业务能力和工作水平。要努力加强对现代市场经济、现代行政管理、世界经济、财税、金融、农业、工业、贸易、科教和各项社会事业等方面知识的学习，努力成为某个领域的专家。不仅要掌握有关基本业务知识和以前的情况，还要及时跟踪和掌握新的变化情况。要注意拓宽知识面，不仅要懂专业知识，还要注意学习哲学、政治、历史、文学等方面的知识。不仅要熟悉社会科学知识，还要学习自然科学知识；不仅要知道中国的有关知识，还要知道国外的有关知识。每个研究人员都要有自己的重点领域和专业范围，精通与自己工作相关方面的基本理论、基本知识、基本政策。每位研究人员都应当成为一个或几个领域的专家、权威。决不能满足于若明若暗、似懂非懂。"以其昏昏，使人昭昭"，是不行的。要博览群书，"厚积而薄发"，用起来就会得心应手。古人云："劳于读书，逸于作文。"意思是说勤奋读书，作文方能轻松自如。杜甫的"读书破万卷，下笔如有神"，苏轼的"读书万卷始通神"，都是讲的这个道理。社会经济现象都不是孤立存在的，任何一种问题的出现都有复杂而深刻的社会经济原因。要准确把握事物的本质，要求有广博的知识，善于从不同的角度观察、分析问题。要不断完善知识结构，重视知识更新。只有这样，才能增强发现问题、揭示矛盾的能力；才能增强战略思维、科学分析的能力，成为既精通业务知识的专家，又具有广博知识的通才。

提高开拓创新的能力。政策研究是一项富于创新性的工作，要求政策研究人员具有较强的创新能力。特别是当今国内外经济社会形势瞬息万变，新问题、新挑战层出不穷，更要求我们政策研究人员必须及时掌握新情况，大胆创新，在思维方式、工作方式等方面努力创新，敢于提出具有创新性的政策思路和措施。目前，我们一些政策研究成果质量不高，既有调查研究深度不够的问题，更有创新不够的问题。为增强政策研究人员的开拓创新能力，一要坚持解放思想，与时俱进，在研究问题中不受条条框框束缚，敢于破除迷信；二要创新工作方式方法，通过方式方法的创新形成观点、思路和对策的创新；三要坚持深入群众，深入社会，善于汇聚人民群众的智慧和创造力。

提高审时度势、洞察问题的能力。我们能够履行好自己的职责，搞好政策研究工作，在很大程度上取决于对经济社会发展变化情况的把握。为此，要敏于观察，勤于思考，增强敏锐性和鉴别力，努力做到紧密跟踪形势，透彻分析形势，准确判断形势，及时提出对策建议。要善于发现新问题、新情况，特别是要能及早发现苗头性问题；要有一双慧眼，透过纷繁复杂的现象看到事物的本质、问题的根源。

提高善于博采众长和综合分析研究问题的能力。做好政策研究工作，必须认真听取各方面的意见，充分利用社会智力资源，吸取优秀研究成果。只有集思广益、善于综合、长于提炼，才能全面把握问题的实质，才能提出新的观点和建议，才能快速拿出高质量的政策研究成果。

提高辞章修养和文字表达的能力。要撰写好政策研究文稿，就需要不断提高政策研究人员的文字表达能力。撰写政策研究文稿与写其他文章一样，本身有个技能问题。文稿要写得好，除了思想正确、态度鲜明、作风正派之外，还要掌握一些写作技巧，懂一点逻辑、文法和修辞。古人说："言而无文，行之不远。"有些政策研究人员写的稿子逻辑混乱、文理不通的现象时有发生，也有的乱造概念，用词离奇，令人难懂。这就要求我们多读一点文学作品，尤其要多看一些中外名篇，谙熟一些成语、古语、典故、名人名言，以丰富语言词汇，增添文采，避免行文枯燥刻板，味同嚼蜡，使人不能卒读。因此，要注意加强辞章修养，改进文风。当前，社会各界对文风不正颇有怨言，应特别注意端正文风。

（三）不断发扬政策研究人员的优良作风

要发扬坚定理想信念、心系人民群众的作风。政策研究人员只有坚定理想信念，才能够敢于坚持真理，敢于坚持原则，敢于发表意见，敢于提出真知灼见。要确保在任何时候任何情况下，思想不滑坡，信念不动摇。做好政策研究工作，必须以最广大人民群众的根本利益为最高标准，始终坚持把人民利益放在第一位，切实做到深怀爱民之心、恪守为民之责、善谋富民之策、多办利民之事。始终把群众拥护不拥护、赞成不赞成、高兴不高兴、答应不答应作为政策研究的出发点和落脚点。要有强烈的责任感和使命感，做到心底无私、坦坦荡荡、一身正气，在政策研究工作中彰显自己高尚的思想境界和人生价值。

要发扬求真务实、理论联系实际的作风。求实是政策研究工作的灵魂。要拿出高质量的政策研究成果，首先必须有求真务实的精神，要本着求深、求细、求准的原则，"一竿子插到底"。搞好政策研究，还要具有追求真理的勇气和无私无畏的精神。要敢于讲真话，敢于报实情，不怕受冷遇，不怕受挫折。这是我们应具备的基本品质和崇高境界。政策研究人员必须发扬理论联系实际的作风，既要加强理论学习和研究，提高马克思主义理论素养，又要亲身深入实践，提高实践能力，总结实践经验，善于从实践中吸取营养，用于指导新的实践。

要发扬淡泊名利、甘于奉献的作风。政策研究工作是一项非常艰苦的劳动，政策研究部门是一个清苦的单位。必须增强责任感，严格要求，廉洁自律，做到勤勉敬业，恪尽职守，无私奉献，淡泊名利，甘于寂寞，甘当无名英雄。对待每一项研究任务、每一篇文稿起草都要全身心投入，写出最好水平。马克思说过："《资本论》是一部经过千辛万苦写成的著作，可能从来没有一部这种性质的著作是在比这更艰苦的条件下写成的。为了它，我已经牺牲了我的健康、幸福和家庭。"由此可见，不付出巨大的辛劳，是写不好文章的，也不会做好政策研究工作的。对每个从事政策研究的人员而言，政策研究的工作岗位是短暂的，但事业是永久的，大家要非常珍惜自己的岗位和给自己锻炼的机会，做到"不用扬鞭自奋蹄"，充分发挥自己的聪明才智和潜力，全力以赴地投入，一丝不苟、精益求精、极端负责、殚精竭虑地工作。当然，我们也希望大家要在努力工作的同时，保重身体，以良好的精神状态和健康的体魄完成好本职工作任务。

下面，我对大家参加本期专题研讨班提几点希望。一要刻苦钻研。这期研讨班时间不长，但内容丰富。既有政策研究的理论方法讲解，又有政策研究的实践经验交流，还有现实政策问题的讨论；既有国内政策研究工作探讨，又有国外政策研究工作情况介绍；既有如何进行调查研究的讲述，又有如何写好文章的授课。大家要珍惜宝贵的学习机会，集中精力，潜心钻研。二要学以致用。要发扬理论联系实际的学风，紧密联系政策研究工作的实际，紧密联系本地区、本部门的工作实际，联系个人工作和思想实际，善于运用所学理论知识，深入研究思考，把问题想得深一些、透一些、实一些，进一步明确工作思路和努力方向。三要深入研讨。课前要积极思考、认真准备，课堂讨论要畅所欲言、各抒己见，课后要相互切磋、相互交流，达到集思广益、共同提高的目的。要按照研讨班的统一安排，在深入思考和研讨的基础上，写好报告，提出有分量的意见和建议。四要严守纪律。在研讨班期间，要严格遵守各项纪律和规定，确保不出问题。学院各有关部门都要切实负起责任，加强配合，共同做好保障工作。

最后，预祝这次专题研讨班取得圆满成功。预祝同志们学有所得、研有所获，并在今后的政策研究工作中取得更大的成绩，为充分发挥决策咨询作用、提高政府科学决策水平作出更大的贡献，为推进中国特色社会主义事业、实现国家现代化和中华民族伟大复兴的目标不懈奋斗。

【背景与效果】

2009年7月，在全球应对国际金融危机的新形势下，对政府决策提出了更高要求，也对政策研究提出了新的要求。7月6日，国家行政学院首次举办全国厅局级领导干部公共政策专题研讨班，作者为本期研讨班讲授第一课，本文是作者的授课提纲。该文深入分析了做好政策研究工作的重要性；阐述了政策研究工作的特点，总结概括了政策研究工作应遵循的基本原则和做好政策研究工作需要把握的重要环节；特别是讲述了要围绕中心、服务大局，"深入调查、科学研究"、"潜心研究"、"精心谋篇布局，写好调研报告"，并讲述了"怎样写好调研报告"的七点体验；此文还论述了政策研究从业人员应具备的素质和能力，为政策研究人员指明了努力方向。这次授课颇受学员好评。

努力加强决策咨询服务工作

(2010年7月)

2008年下半年以来,人类社会经历了一场百年不遇的国际金融危机,我国经济受到严重冲击。面对错综复杂的国际国内形势,全国各族人民在党中央、国务院正确领导下,坚定信心,迎难而上,奋力拼搏,有力、有效地应对国际金融危机冲击,改革开放和现代化建设取得新的重大成就。在这一过程中,各类研究机构深入实际调查研究,积极提供决策咨询服务,为成功应对国际金融危机冲击作出了贡献。

国家行政学院是国务院直属单位,是培训高中级公务员、培养高层次管理人才和政策研究人才的重要机构,也是开展哲学社会科学研究和决策咨询的重要机构。一年多来,学院坚持围绕中心、服务大局的办院方向,认真履行教学培训、科学研究和决策咨询"三位一体"的职能和使命,在坚持做好教学培训和科学研究工作的同时,全面加强了决策咨询工作。我们把为党中央、国务院中心工作服务作为决策咨询工作的首要任务,引导、鼓励和支持院内外专家学者和广大学员发挥聪明才智,紧紧围绕经济社会发展中的战略性、全局性问题和热点、重点、难点问题,特别是应对国际金融危机、保持经济平稳较快发展,深化行政体制改革,推进政府管理创新,加强政府自身改革和建设,广泛开展调查研究,积极建言献策,取得了一批有分量、有价值的重要成果,不少成果得到了党中央、国务院领导的重视,为中央决策提供了重要参考,对推动实际工作发挥了积极作用。为了更好地发挥这些决策咨询成果的作用,现将国家行政学院一年多形成的部分决策咨询研究报告选辑成册，公开出版，以期与广大读者交流。

借此机会，我想就做好决策咨询工作谈一些看法。

一、充分认识做好决策咨询工作的重要性

（一）加强决策咨询工作，是顺应时代发展的需要

当今世界正处在大发展、大变革、大调整时期，世界多极化、经济全球化深入发展，科技革命和技术创新孕育着重大突破，国际经济竞争更趋激烈，对我国的影响日益加深。当代中国正发生广泛而深刻变革，改革发展正处在关键时期，中国特色社会主义事业蓬勃发展，新事物、新知识、新经验层出不穷，新情况、新矛盾、新问题不断出现。当前和今后一个时期，我国仍处于大有作为的重要战略机遇期，同时又面临不少风险和严峻挑战。形势和任务的变化，要求党和政府不断提高科学决策的能力和水平。加强决策咨询工作，提出有针对性、指导性、可操作性的对策建议，为领导决策服务，是决策咨询机构和科研人员义不容辞的责任。

（二）加强决策咨询工作，是保证实现正确领导的需要

决策正确与否，对于党和国家事业发展具有决定性作用。决策正确，我们的事业就能顺利发展；决策不正确或者失误，我们的事业就会遇到困难甚至发生严重挫折。当今社会，信息化、市场化、国际化不断发展，经济社会事物更加复杂化，利益关系日趋多元化，各种思想相互交织交融交锋，作出正确决策的难度加大。制定政策需要处理好的问题和信息、需要考虑好的方面和因素、需要把握好的时机和力度，这些比以往任何时候都更加重要。要保证决策的科学性和政策的正确性，必须科学地分析影响决策的诸多因素和条件，正确地判断决策和政策可能产生的效果和影响。这对领导决策，也对决策咨询工作提出了新的更高的要求。

（三）加强决策咨询工作，是实行科学决策、民主决策、依法决策的需要

要做到科学决策，就必须采取科学的态度，运用现代科学知识、方法和手段，对需要决策的问题作出符合实际和客观规律的正确判断，提出具有

科学理论基础和事实依据的决策。要做到民主决策，就必须充分听取各方面的意见，实事求是地分析各种不同观点和不同利益诉求，准确地反映民众意愿，集中民智，形成具有广泛群众基础的决策。要做到依法决策，就必须树立法制观念，严格执行法律程序和法律规定，使决策具有法律依据和法制保障。这些都需要加强决策咨询工作，加强对重大问题的前瞻性、战略性、对策性研究，广泛听取各方面的意见和建议，认真开展咨询论证。

党的十七届四中全会通过的《关于加强和改进新形势下党的建设若干重大问题的决定》中，把加强和改进决策工作、完善决策机制作为一项重要任务，强调指出："提高科学决策、民主决策、依法决策水平，加强党委决策咨询工作，做好重大问题前瞻性、对策性研究，广泛听取党员、群众、基层干部意见和建议，发挥咨询研究机构、专家学者、社会听证在决策过程中的作用。"这为我们加强和改进决策咨询服务工作进一步指明了方向，也提供了强大动力。

二、加强决策咨询工作是国家行政学院的重要使命

早在1996年国家行政学院成立之初，国务院就明文规定，国家行政学院履行教学培训、科学研究、决策咨询"三位一体"的职能，将决策咨询服务作为重要职责。2009年12月，国务院颁布的《行政学院工作条例》和《国务院关于加强和改进新形势下国家行政学院工作的若干意见》中，进一步强调了教学培训、科学研究、决策咨询"三位一体"的职能和办院特色，进一步规定了决策咨询工作在学院发展格局中的重要作用和地位。国家行政学院加强决策咨询工作意义重大。

一年多来，我们从组织上、制度上、运作方式上采取了一系列措施，开创了决策咨询工作的新局面。学院内建立有利于决策咨询工作的体制机制。经中央编委批准，专门成立了决策咨询部，充实和选调人员，建立工作制度。研究制定《关于加强决策咨询工作的意见》，建立联络员信息沟通机制和决策咨询选题研究会议制度，积极探索教学、科研、咨询一体化的有效

实现形式。我们创办《送阅件》，开通了学院向党中央、国务院建言献策的"直通车"。我们重视发挥教研人员和学员参与决策咨询服务工作两个方面的积极性。经常组织教研人员深入基层，深入实际，有针对性地开展调查研究。重视发挥学员的优势，鼓励学员参与决策咨询活动。结合教学培训活动多次召开座谈会，直接听取学员对经济社会热点、难点问题的意见和建议，形成了一些有价值的政策咨询研究成果。

一年多的实践，成效显著。总的来说，学院决策咨询工作在党和国家大局中发挥的作用和影响越来越大。回顾一年多走过的路，我们对决策咨询服务工作也有了更加深刻的体会。

第一，必须把加强决策咨询工作作为建设有特色高水平行政学院的重要支撑。教学培训、科学研究、决策咨询是学院发展的显著特点。这三个方面密切联系、相互促进。教学培训是中心任务，各项工作都要围绕这个中心。基于学院的特殊职能定位和特定的培养对象，国家行政学院的教学培训不是简单的你讲我听，你教我学，而是在教与学之间形成广泛和深入的交流、沟通和互动，具有更多的研究性和政策性。国家行政学院贴近政府，贴近实际，能够及时直接反映客观需求，搞好决策咨询工作，既是丰富教学内容、提高教学质量的重要环节，有利于教学培训和科学研究任务的完成，也是为党和政府进行科学决策、正确决策服务，发挥思想库作用的内在要求。要通过多种形式，让广大教研人员和学员积极参与决策咨询研究，促进优秀决策咨询研究成果转化为教学培训的内容，转化为服务政府决策的依据。这是行政学院区别于其他培训机构的重要标志。

第二，必须把加强决策咨询研究工作作为充分发挥学院优势的重要选择。国家行政学院除了有"三位一体"的职能特色之外，学科优势和特色也非常明显。国务院明确规定：行政学院"要紧紧围绕国家事业发展的需要，不断加强学科建设。要突出重点学科，强化优势学科，拓展相关学科，坚持以公共管理为重点，着重建设公共行政学、行政法学、政府经济学、政策学、领导科学、社会管理学、应用管理学等学科体系"。学院为开展多学科交叉研究和咨询服务提供了重要学科支撑和人才支撑。学院对上有为党中央、国务院提供决策咨询服务的正式渠道，对下有全国行政学院系统的正常联系网络，能够及时了解和掌握经济社会发展的相关信息，以及党和政府政策制定与实施情况，为学院开展决策咨询工作提供了信息搜集、调查研究和意见反映的重要条件。学院的学员资源更是开展决策咨询工作的宝库，他们来源广，层次高，有理论水平和实践经验，对于贯彻党的路线、方针和政策有感受，有体会，有认识，能够反映经济社会发展中的深层次问题和矛盾，这些对于开展决策咨询工作都是非常有利的条件。学院实行开门办学，与国际和国内教学研究机构都有广泛联系，形成了高层次的院外兼职教师队伍，建立了一批多种形式、贴近实际的教学科研基地。只要把学院的优势发挥出来，把特色彰显起来，就一定能够做好决策咨询工作，提升学院的综合实力和竞争力。

第三，必须把加强决策咨询研究工作作为创建国际一流行政学院的重要举措。坚持高标准、严要求，更加突出特色，创建国际一流行政学院，是国家行政学院的奋斗目标，是全面提升学院综合实力和办院水平的过程。创建国际一流行政学院，既要在教学培训和科学研究方面提高水平，也要创造大量有重要价值和影响力的决策咨询成果。当今世界高水平的各类教育培训机构，都把决策咨询作为自身发展的一项重要任务。要建设国际一流行政学院，必须不断加强决策咨询工作。这样，才能提高学院的发展水平和影响力。要着力建设有特色、高水平的决策咨询体系，力争使国家行政学院成为具有重大影响力的政府决策咨询机构，成为广纳善言、建言献策的重要平台，成为公共行政研究领域具有领先水平的咨询中心，切实发挥好思想库的作用。

三、提高决策咨询工作水平需要把握的重要方面

胡锦涛同志在党的十七大报告中强调，要"推进决策科学化、民主化，完善决策信息和智力支持系统"。这为我们更好地开展决策咨询工作指明了方向。"百尺竿头，更进一步。"当前，提高决策咨询工作水平需要把握好以

下几个重要方面。

（一）坚持服务大局

这是决策咨询工作必须坚持的正确方向。要紧紧围绕党和政府的中心任务，把握决策需要研究和解决的问题，及时了解党和政府的工作部署，跟踪和发现政策实施过程中出现的新情况、新问题，把咨询研究与决策需要更加紧密地结合起来。决策咨询工作必须突出重点，着重研究经济社会发展的全局性、战略性、前瞻性问题和人民群众关心的热点、难点、重点问题，为政府决策提供咨询服务。决策咨询工作还要注重突出自身特点，发挥优势。对国家行政学院来说，要着力开展行政体制改革和政府管理创新的决策咨询研究，推进政府自身改革和建设，提高政府行政能力、公信力和服务水平。

（二）准确把握选题

决策咨询是服务决策的活动，必须准确把握决策者的需要，选题是能否满足决策需要的关键环节。要在总体上把握好咨询服务方向的同时，还必须在选题的及时性、准确性上下功夫。选题不仅要吃透决策的需要，还必须吃透决策需要解决问题的关键所在，使所选的题目切中问题的实质和要害。通过准确选题，将决策的目的性和实际情况更好地结合起来。决策咨询选题与一般科研选题不同，决策咨询服务总是有时间规定的，决策必须把握时机，过早或过迟都可能影响决策的正确性和效果，决策咨询如果不能把握好时机，则提出的政策建议或者不能够引起决策者的重视，或者因为时过境迁而失去效果。决策咨询工作需要科学理论作支撑，但通常不是一般原理的阐述，而是运用理论提出解决问题的思路和办法。决策咨询的选题要注意解决问题和制定政策的针对性，这样提出的研究成果才能有效服务于决策。

（三）加强调查研究

调查研究是辩证唯物主义和历史唯物主义认识论的根本方法，也是做好决策咨询工作必须坚持的科学方法。没有调查研究，就没有发言权。做好决策咨询工作，必须积极开展深入的调查研究，掌握真实情况和第一手资料，对情况有全面、准确和深入把握，在科学分析的基础上形成决策建议。要充分发挥行政学院系统和教学科研基地的优势,加强与实际部门和地方的联系,拓宽调查研究的渠道,丰富调查研究的方式。

(四)树立良好文风

积极倡导、大力弘扬优良文风,是党的十七届四中全会提出的一项重要任务。改进文风,要反对"假、大、空",在三个方面下功夫、见成效。一要短。力求简短精练、直截了当,要言不烦,意尽言止,观点鲜明,重点突出。坚持内容决定形式,宜短则短,宜长则长。二要实。讲符合实际的话不讲脱离实际的话,讲管用的话不讲虚话,讲反映自己判断的话不讲照本宣科的话。三要新。在研究新情况、解决新问题上有新思路、新举措、新语言,力求思想深刻、富有新意。撰写好研究报告是做好决策咨询服务的重要环节,要把文风上"短、实、新"的要求具体落实到研究报告的撰写上来,努力使每一份报告做到主题鲜明,主线突出,结构合理。文字表达做到准确、鲜明、生动。决策咨询成果特别要注意用词规范、文风朴实、表达准确。

(五)创新工作机制

决策咨询工作是一种能够广泛调动和集中信息、智慧的活动。做好决策咨询工作要建立研究项目管理机制,实行项目负责人制和目标管理,以项目为纽带,优化资源配置。要健全决策咨询工作激励机制和约束机制,完善绩效考核办法,把开展决策咨询工作的成效作为业绩考核和职称评定、岗位竞聘的重要依据,对作出显著成绩的人员给予奖励,鼓励多出优秀成果。要推进决策咨询组织机制创新,积极培育团队精神,搭建决策咨询研究平台,开展多种形式的学术交流与合作,活跃研究氛围。要完善决策咨询成果的反映、推介机制和渠道,努力形成品牌,促进咨询成果应用。

【背景与效果】

国家行政学院是培训高中级公务员、培养高层次管理人才和政策研究人才的重要机构,也是开展哲学社会科学研究和决策咨询研究的重要机构,既要育才,又要献策。鉴于此职能定位和初心使命,以及长期从事为党中央、国务院提供决策咨询服务工作的经历,作者调入国家行政学院工作后,就高度重视决策咨询研究,并大力彰显决策咨询、教学培训、科学研究"三位一体"的国家行政学院的职能使命和办院特色。学院全面加强决策咨询服务工作,鼓励和支持教研人员和广大学员广泛开展调查研究,积极建言献策,很短时间内就取得了一批有分量、有价值的重要成果,不少成果得到党中央、国务院领导的重视,为中央决策提供了重要参考。为了更好地发挥这些决策咨询研究成果的作用,2010年7月,国家行政学院出版社出版了魏礼群主编的《国家行政学院决策咨询成果选》。本文系作者为该书所写的序言,侧重从决策咨询视角论及调查研究工作。

开展重大课题研究是国家高端智库的主要任务

（2014年11月24日）

我们今天在这里召开中国国际经济交流中心（下称国经中心）2014—2015年度基金课题启动会议，主要是部署落实2014—2015年度基金课题研究工作。

曾培炎理事长高度重视国经中心基金课题研究工作。为了做好2014—2015年度基金课题立项工作，我们进行了多次认真研究和征求意见。2014年7月初，我们研究制定了基金课题选题指南。7月上旬，我主持召开国经中心学术委员会全体会议，听取各位委员的意见，形成立项课题初步方案。8月、9月，培炎理事长两次主持中心党政联席会议，讨论课题选题征求意见稿。修改后，我们分别征求了中央政策研究室、中财办、国务院研究室和国家发改委的意见。汇总各方意见，报经培炎理事长审定，形成了31个重大立项选题。10月18日，在国经中心第二届董事会第一次会议上听取了董事的意见。在国经中心第二届理事会第一次会议上审议了立项方案。总的说，2014—2015年度立项的重大基金课题，充分体现国家大局导向、领导需求导向和热点问题导向。这些课题主要是根据党的十八大和十八届二中、三中、四中全会精神，充分考虑我国发展改革面临新形势、新任务提出来的，主要针对我国经济、政治、文化、社会、生态和外交等领域的重要问题。这里既有发展问题，又有改革问题；既有国内问题，又有国际问题；既有近期必须解决的问题，又有长远发展需要预为之谋的问题，并突出了全局性、战略性和前瞻性。会上印发了每项基金课题的实施方案，包括课题负责人、课题组长、研究重点、重要任务、成果要求、时限、经费等。同时，还发放了国经中心基金课题的合同文本，请各课题组在会议后签署。

下面，我就如何做好课题研究工作讲几点意见。

一、组织和开展重大课题研究是国经中心作为国家高端智库的主要任务

党中央、国务院高度重视智库建设。党的十八大提出："健全决策机制和程序，发挥思想库作用。"党的十八届三中全会进一步明确要求："加强中国特色新型智库建设，建立健全决策咨询制度。"两年来，习近平总书记多次对智库建设作出重要指示，指出"智库是国家软实力的重要组成部分"，要"建设高质量智库"。10月27日，中央全面深化改革领导小组第六次会议审议了《关于加强中国特色新型智库建设的意见》。在这次会议上，习近平总书记发表重要讲话指出："我们进行治国理政，必须善于集中各方面智慧、凝聚最广泛力量。"改革发展任务越是艰巨繁重，越需要强大的智力支持。近些年来，我国智库发展很快，在出思想、出成果、出人才方面取得了很大成绩，为推动改革开放和现代化建设作出了重要贡献。同时，随着形势发展，智库建设跟不上、不适应的问题也越来越突出，尤其是缺乏具有较大影响力和国际知名度的高质量智库。"要从推动科学决策、民主决策，推进国家治理体系和治理能力现代化，增强国家软实力的战略高度，把中国特色新型智库建设作为一项重大而紧迫的任务切实抓好。"同时强调，"重点建设一批具有较大影响和国际影响力的高端智库"。李克强同志在给国经中心第二次会员大会的致信中也指出，要"用创新型思维强化前瞻研究，提供更多有影响、有价值的思想产品、打造有中国特色、高水平新型智库和国际交流合作平台"。这些重要论述，既表明智库建设是推进国家治理体系和治理能力现代化的重要内容，又为建设中国特色新型智库指明了根本方向、提出了总体要求。

建设高水平高质量和具有国际影响力的高端智库，是中国国际经济交流

中心的奋斗目标。曾培炎理事长高度重视国经中心的智库建设，五年前在国经中心成立时就提出了"创新、求实、睿智、兼容"八字训言。前不久在国经中心换届后的第二次会员大会上，他专门作了题为《努力探索建设中国特色新型智库》的重要讲话，深刻阐述了中国特色新型智库的内涵，并明确提出把国经中心建设成为一流的具有重要国际影响力智库的五点要求：第一，牢牢把握为中央决策服务的战略定位；第二，始终把提高研究成果质量作为中心工作的生命线；第三，善于汇集发掘人力资源的智慧宝库；第四，按照智库的特点和规律构建运营机制；第五，把不断提升影响力作为中心建设的追求目标。这里，突出强调了抓好重大课题研究和提高研究质量，为国经中心持续健康发展进一步指明了方向和任务。

　　国经中心成立五年多来，坚持把战略性、全局性、前瞻性和长远性的重大问题研究作为主要任务，充分利用国经中心独特的研究资源和比较优势，不断发挥中心基金对重大课题研究的引领和支撑作用，为国家决策提供智力支持和服务。我们围绕国家重大战略和经济社会发展中的重点、难点和热点问题组织开展了125个重大基金研究课题，取得了丰硕的研究成果，许多优秀成果获得了国家领导人和有关部门、地方负责人的重要批示，或吸收在领导同志有关讲话和文件中，还有一批研究成果转化为国家重大战略、重大决策和重要政策，为党中央、国务院提供了较高质量的智力支持，推动了相关工作的开展，产生了较好的社会影响。五年来，党中央、国务院领导同志对中心的50多篇研究成果作出重要批示；中心先后有9项基金课题研究成果分别获得国家发改委优秀研究成果二、三等奖。这些课题很多是由国经中心顾问、理事长、副理事长、学术委员会负责人等老领导、老专家指导完成的，还有一些是向全社会进行招标，由中心以外的部门、单位和专家完成的。国经中心重大基金课题研究已成为积极为中央和部门、地方、企业服务的重要标志和重要渠道，也成为充分发挥国经中心独特优势的重要抓手和重要平台。

　　总之，加强国经中心基金重大课题研究，是由国经中心的性质、宗旨、战略定位和肩负的使命决定的，也是把国经中心建成世界一流、具有重要国际影响力的中国特色新型智库的必然要求和根本途径。

二、做好2014—2015年度基金课题研究工作需要把握好的几个问题

经过近些年的实践探索，我们不断积累了做好国经中心组织研究重大问题的经验和工作规范。按照中央领导关于加强智库建设的要求，总结国经中心成立以来的研究工作实践，我们在2014—2015年度基金课题研究方面强调"四个更加注重"。

（一）更加注重围绕课题的重点任务开展研究

这次确定每一个基金课题，我们都提出了研究的重点任务和要求，各课题组一定要围绕提出的重点任务和要求，抓住相关领域的重点问题开展研究。有的课题可以在我们提出的研究重点的基础上做适当调整、扩充，但总体上要符合立项目的、重点和要求。要充分体现党的十八大和十八大以来历届中央全会精神，坚持以决策需求和解决问题为导向，紧紧围绕中心，服务大局，深入研究有关方面的战略性、全局性、前瞻性的重大问题，着力研究当前面临的一些热点、重点、难点问题。要坚持理论联系实际，注重从实际出发，善于发现实践中出现的新情况新问题，并提出解决问题的可行思路和办法。要根据具体研究课题的重点任务和要求，形成课题团队的优势和特色，突出重点、有限目标，做到有所为、有所不为，切忌面面俱到，避免搞一般性研究论证。

（二）更加注重提高课题研究的质量

每个课题不仅要完成研究任务，更要在提高研究质量上下功夫。要树立质量第一的观念和精品至上的意识，每个课题都力求多提供有较高价值、有较高质量、有较大影响和能够转化为实践应用的研究成果。为此，要特别注意把握以下四点：

一是坚持以科学理论为指导，把课题研究做深、做到位。所有重大研究课题，都要自觉运用中国特色社会主义理论，着眼于发展中国特色社会主义

事业，服务于推进科学发展和深化改革开放。要准确把握研究对象的性质、特征、规律，深刻揭示事物发展的本质及相互关系，运用科学思维、战略思维、创新思维、辩证思维、底线思维，对相关问题进行全面、深入、正确的分析，缜密论证，提出明确的思路、办法、对策。

二是坚持解放思想，独立思考，开拓创新。解放思想、实事求是、与时俱进，是我们党的思想路线，也是面临新情况、解决新问题必须遵循的根本方针。要着力发现研究新问题。无论是为党中央、国务院决策提供服务，还是为地方政府、企业提供咨询，都是为了解决新问题，推动新发展。在研究工作中，要敏于发现实践中涌现的新事物、新经验和新矛盾、新问题，大胆提出独到的新思路、新观点、新举措，这样才能产生高质量、高水平的研究成果。当前，国外形势正发生广泛而深刻的变化，我国改革开放和现代化建设正处在攻坚的关键时期，党和政府都需要我们提出有针对性、可操作的政策建议。我们要以睿智的头脑、宽广的视野，在自主创新上下功夫，敢于提出别人没有发表过的观点和建议。在研究问题中，坚持百花齐放、百家争鸣的方针，善于学习借鉴吸收，博采众长，着力提高研究成果的创新性、创造性。

三是坚持求真务实，做深入调查研究。"没有调查就没有发言权。"这是至理名言。搞好调查研究，是研究问题的重要方法，也是提高研究成果质量的必由之路。要做对比性、实证性研究，但更要"接地气"，特别是深入研究广大群众普遍关心的问题：课题研究一定要深入实际、深入基层、深入群众，全面了解问题的现状、原因，倾听群众的呼声，掌握第一手材料。只有调查了解真实情况，在此基础上作出全面、客观、中肯的分析，才能提出有分量、有价值和创新性的研究成果。

四是坚持弘扬良好文风，精心撰写研究成果。课题研究成果的文字表达水平，反映着研究成果质量的高低。一个高质量、高水平的研究成果，必须有好的文风。每项课题成果都要努力做到言之成理，言之有物，内容充实，观点新颖，简明扼要，减少空话、套话、老话，更不能讲假话、错话。要突出研究成果的正确导向，提高应用性、创新性、可行性。研究报告一定要认真撰写，悉心提炼，精心取舍，力求多形成有情况、有内容、有分析、有建议的优秀成果，形成经得起实践检验和历史检验的重要成果。

通过这几年对基金课题的规范管理，国经中心的基金课题研究质量不断提高，多数研究成果是高质量的，但也有的课题研究不认真，敷衍了事。前些天，我们对去年和今年研究课题进行结题评审，对课题成果进行了严格把关，对质量不合格的，都不予结题。有的要求继续做深入研究，对未通过验收的项目，不予拨付剩余课题经费；无故不完成任务，甚至要追回已拨付的课题经费。

（三）更加注重课题研究成果的多样性

国经中心的基金课题研究主要是应用研究。研究成果更强调应用性、对策性和时效性。鉴于国经中心组织课题研究的特点，研究课题的成果不强求全面性、系统性，而是提倡多种形式的研究成果，突出提供服务决策咨询的成果，包括决策咨询建议、调研报告、专题研究材料，也包括学术论文、专著、文章等。课题成果的价值，不仅要体现在高水平的研究质量上，还要体现在研究成果的时效性上。一项有价值的研究成果，如果不能及时地为决策者提供参考，其价值作用就会大打折扣。因此，我们既要求提供课题研究的总成果，又要求及时提供阶段性研究成果。每个课题可以就研究领域的一些重点、热点和难点问题，分期分批、多种形式、及时地提交有关研究成果，原则上每个课题在研究过程中和完成研究任务后要报送几篇决策咨询研究报告。这些研究成果可以通过我们中心内部刊物《要情》直接向中央领导和有关部门报送，也可以在中心的《研究报告》《智库言论》等内部刊物印发，还可以在中心公开出版的《全球化》杂志刊登。当然，也可由各部门、各单位直接报送、印发。总之，课题成果不能只是束之高阁的厚本子，要有若干阶段性、时效性强的研究成果。

（四）更加注重课题研究成果的转化应用

遵照曾培炎理事长的指示，为了更好地发挥基金课题研究成果作用，2013年底，国经中心制定了《关于充分发挥基金课题研究成果作用的意见》，规定了中心基金课题成果使用的范围和表现形式，以及转化成果的要求。国经中心基金课题研究成果有的具有保密性,不能公开或暂时不能公开发表;有的成果无保密性,可以及时公开发表。我们要努力拓展中心基金课题研究成果转化应用的形式和途径:一是呈报党中央、国务院和报送部委办、地方党委政府,主要通过中心的内部刊物《要情》《研究报告》或其他部门和地方党政机关内部刊物上报;二是向国经中心会员单位等发送研究成果;三是与媒体合作设立专题栏目;四是纳入国经中心活动内容,包括在《经济每月谈》发布和用于各种交流活动;五是网上发布,充分发挥国经中心网站作用;六是与国内外有关智库机构建立成果交流机制。我们还制定了相应的保障措施,包括:一是建立了研究成果转化激励制度,课题研究成果获得国家领导人批示,或被中央、部门、地方决策采纳,或被权威媒体刊登,成为重要决策依据和产生重要社会影响的,有关课题可以直接结项,不再组织专家评审,并建立奖励制度;二是创办《基金课题成果选》,作为中心优秀成果出版系列印发;三是设立基金课题成果转化应用专项经费,鼓励优秀成果被采用和传播;四是加强研究成果转化队伍建设。

从近几年中心基金课题成果转化应用上看,无论是被应用数量还是应用效果都得到不断提升。同时,也发现一些问题,主要是:成果转化应用范围还较窄;有些成果应用效果缺乏跟踪;有些单位承担的课题成果在上报或发表时,没有署名中国国际经济交流中心基金资助,这就失去了国经中心对外招标和委托研究的实际意义。今后,在结题评审时,我们将署名国经中心成果的应用作为重要评审标准。希望大家予以注意和支持。

三、改进和健全课题责任制

国经中心基金课题研究工作的一个重要特点,是希望发挥有经验的老同志、老专家的作用。前几年,我们实行的是课题组长负责制,课题指导人只对课题进行指导。从实施的实践看存在一些问题,主要是没有把老同志、老领导、老专家的丰富经验和政策水平充分发挥出来,课题组长"问"一下,课题指导人就"顾"一下,还有的课题组长不向课题指导人报告研究工作和听取意见,使课题研究质量和成果应用都受到一定影响。最近,经国经中心理事长会议研究,为了提高国经中心基金课题的研究质量,充分发挥资深老同志、老专家的经验和积极性,培养青年学术带头人,切实做好基金课题的组织管理与实施,我们将中心上届采用的"课题指导人"制度改为"课题负责人"制度。"课题负责人"由理论和实践经验丰富、政策水平较高的同志担任,主要包括中心顾问、理事长、副理事长、特邀副理事长以及学术委员会、咨询委员会主任、副主任和执行局领导成员。课题负责人对课题负总责。主要职责是:①指导课题组长实施课题研究计划,包括审定课题工作方案、课题研究提纲、研究团队和课题经费分配方案。②保证课题质量,对课题的研究方向、重点内容和主要观点、重大建议等切实把好关。审定和签署课题组提交的开题报告、中期评审报告和结题报告。③指导和协调课题相关调研和研讨等工作。④以多种形式推动课题成果转化和应用。课题成果拟在中心内部刊物发表或以课题组名义公开发表的,应经课题负责人同意。

在课题负责人指导下,课题组长具体负责研究课题的组织实施。课题组长一般为国经中心相关部门的负责人或具有高级职称的研究人员,以及通过招标方式或委托外单位承担方式确定。课题组长主要职责是:①向课题负责人提交总体工作方案和研究提纲。②与课题负责人一起组织研究团队。③对课题定位、研究思路、研究方法、研究进度安排和经费使用等提出建议。得到课题负责人同意后组织实施。④代表课题组进行开题、中期检查和结题评审汇报。

希望课题负责人和课题组长要相互尊重、积极配合,课题负责人要积极热情指导课题组长开展各项研究工作,课题组长要积极主动向课题负责人汇报相关工作,齐心协力、发挥各自优势,共同高质量完成课题研究任务。

曾培炎理事长在 2012 年 11 月 5 日国经中心关于 2012—2013 年基金课题启动会议上讲话强调:要充分重视社会力量群策群力共同研究问题。他说:"国经中心开展重大课题研究,只靠中心自身力量毕竟有限,一部分基金课题需要通过社会招标或委托由大家承担,吸收社会上其他专家承担,把社会上一些智慧集中起来,集众家之长。"我们这次确定的基金课题组长和有关团队,就是落实曾培炎理事长的指示要求。希望国经中心之外的课题组长和专家都能尽力尽智尽责完成研究任务。

四、抓紧组织实施课题研究工作

在前阶段进行招投标和委托课题的过程中,各课题组都提供了申报材料。从材料看,多数课题团队下了很大功夫,做了很好的准备。我们已将每项课题研究的重点任务和要求发给了大家。一些课题组跨部门、跨地区、跨领域,时间紧、任务重,需要大家抓紧组织落实。有些课题任务具有紧迫的时间性,要提前交付成果。今天参加会议的课题组长或代表要抓紧向课题负责人汇报,按今天会议的要求去做。会后,各课题要进一步完善课题研究方案,抓好课题研究落实工作,包括每个重大课题的子课题、研究进度计划、课题组成员等。如果有的课题组增加组长或副组长,请课题负责人与组长研究提出,并经我们中心同意。各分课题组之间、各成员之间要加强合作交流,一些重要信息、研究资料和研究成果要及时交流,做到信息共享、成果共享,争取在较短的时间内拿出一批高质量的研究成果。

【背景与效果】

中国国际经济交流中心是国家高端智库。魏礼群在担任该中心常务副理事长、首席专家、学术委员会主任期间,负责研究制定和实施每年的基金课题研究立项方案和实施工作。本文系作者在2014年11月24日召开的中国国际经济交流中心2014—2015年度基金课题启动大会上的讲话。从这篇讲话中可以看出,中国国际经济交流中心十分重视重大课题研究,该中心基金课题立项方案经过多次会议反复讨论研究,"充分体现国家大局导向、领导需求导向和热点问题导向"。每年基金课题立项方案确定后,都召开课题组负责人参加的会议,讲清楚课题研究的目的意义、重点任务、成果形式和具体要求,特别要求"坚持求真务实,做深入调查研究",坚持弘扬良好文风,精心撰写研究成果,并注重研究成果的多样性及其转化应用。因此,中国国际经济交流中心每年都产生出一批有分量、有创新、有价值的研究成果。

大力开展社会调查　多出智库精品成果

（2015年12月20日）

我非常高兴参加今天晚上的会议。这是一次学术活动总结会，是一次优秀研究成果表彰会，也是一次社会调查再出发的动员会！

首先，我向中社院首届"学生学术季"活动获得丰硕成果表示衷心祝贺！向获得全国"挑战杯"特等奖的同学表示诚挚祝贺！向即将出发进行寒假回乡调研的同学、老师表示良好祝愿！

召开这次会议的目的有三个：第一，就是表示我们中国社会管理研究院/社会学院的领导对学术实践活动和社会实践活动，特别是社会调查，给予高度重视和积极支持；第二，我也想借此机会参与师生们的学术活动和社会调研活动，同大家作一些研讨交流；第三，进一步动员我们中国社会管理研究院/社会学院的全体师生为创办新型高端社会治理智库而拼搏奋斗。

刚才，听取了我们院首届"学生学术季"活动几位同学和老师的汇报，也目睹了即将出发进行社会调查的几位同学、老师所做的准备活动，感到非常振奋。我对我们中国社会管理研究院/社会学院师生的学术研究高水平和奋发向上的精神风貌，深为感动。大家讲得都很好，出乎我的意料。我50年前作为北京师范大学历史系学生的时候，从来没有参加过这样的学术活动和社会调查活动。这个活动开展得很有必要、很成功，充分体现了我院作为新型智库开展师生共建、培养高素质人才的重要意义，不仅有助于促进我院良好学风教风的养成，而且有助于增强全院师生的凝聚力、战斗力。

下面我围绕《大力开展社会调查　多出智库精品成果》这个题目，主要讲四个方面的问题：第一，为什么要开展社会调查，包括寒假期间的调查；第二，社会调查应突出调查哪些问题；第三，怎样搞好社会调查；第四，社会调查成果如何使用。我想，这几个问题是建设专业化高水平智库需要关注的，也是需要进一步弄清楚的。

一、为什么要开展社会调查

中国社会管理研究院／社会学院是积极响应国家建设世界一流大学和一流学科、打造新型高校智库的重大体制创新，实行"一个实体，两块牌子"，致力于建设成为"国家级高端社会治理智库"和"一流社会学学术重镇"。我们院的性质定位和职能使命，决定了大力开展社会调查具有多方面重要意义。

（一）这是深化教育改革培养全面发展人才的内在要求

党的十八大和十八届五中全会强调，要全面贯彻党的教育方针，坚持教育为社会主义现代化建设服务、为人民服务，把立德树人作为教育的根本任务；特别强调，全面实施素质教育，深化教育改革，着力提高教育质量，把增强学生社会责任感、创新精神、实践能力作为重点任务。这些论述和要求，大家都学习过了、知道了。应当看到，我们现在的本科教育，还是以学科为中心、教师为中心和课堂为中心，这种"三个中心"的教育模式，应当说对拓展学生知识是有积极作用的，但不利于提高学生综合素质、创新精神和实践能力。组织学生开展学术实践活动、开展社会调查，走向社会、走向基层、走向百姓，这是全面贯彻党的教育方针和提高学生综合素质的有效途径，有利于学生开阔视野、开动脑筋、开拓思路，有利于学生增长知识，增强社会责任感、创新精神和实践能力，从而有利于做到德智体美全面发展和生动活泼健康发展。这正是深化教育改革、提高教育质量的实际行动和迫切要求。

（二）这是建设国家高端社会治理智库的重要举措

随着党和国家对新型智库建设的高度重视，中国智库建设进入了一个新时代。特别是党的十八大以来，中央把智库建设摆在非常重要的战略位置，专门出台了《中共中央关于加强中国特色新型智库建设的意见》。最近，中央又发布了《国家高端智库建设试点工作方案》，确定了 25 个国家高端智库建设试点单位，涉及经济、政治、科技、法律等 20 多个重要领域。我院一直致力于建设成为高质量的专业化社会治理智库，对照中央提出的八个标准，可以说我们的大体框架基础构建起来了，主要应在"高端"上狠下功夫，应着力内外兼修、夯实基础、补齐短板、提升水平。这其中的一个重要举措和关键突破口，就是要在全院大兴调查研究之风，产出高质量研究成果。这是因为智库研究主要任务在于决策咨询，光靠坐在书斋、依靠文献、搞网上搜索是断然产不出高质量的成果的。必须树立国情意识和乡土情怀，积极关注民众诉求，从丰富鲜活的实践中寻找"研究感觉"，就经济和社会发展中的重大理论和现实问题深入实际，调查研究，出主意、出对策。以党的十八届五中全会提出的"落实精准扶贫"为例，如果没有对贫困对象、贫困地区进行脚踏实地的调查走访，没有对贫困根源、贫困类型等问题进行深入研判和科学分析，就不可能对这一问题有准确的认识，更不要说提出有价值的对策建议或方案设计。从这个意义上讲，我们组织开展此次回乡调查活动，正是为了从思想上、实践上更好夯实和提升新型智库建设的根底。

（三）这是推进一流社会学学科建设的必然选择

面向社会、面向基层、面向百姓，了解现实状况，深入调查研究，是社会科学创新发展的根本源泉，也越发成为现代社会科学研究的潮流和趋势。特别是社会学是一门以人类社会为研究对象的科学，一贯重视实证调查、倡导经世致用，并拥有悠久深厚的社会调查学术传统。1892 年，芝加哥大学建立世界上第一个社会学系。20 世纪初至 30 年代，以帕克为首的芝加哥大学社会学系师生针对新兴芝加哥城市的社会问题开展了一系列的实证调查，围绕人文区位、邻里关系、人口、种族、犯罪、贫民窟等问题的研究，成为都市社会学研究的范例，形成了享誉世界的"芝加哥社会学派"，也使得芝加哥至今仍是社会学家心中的圣地。这个学派总体上具有重视经验研究和以解决实际社会问题（特别是城市问题）为主的应用研究的特征。20 世纪二三十年代，以毛泽东同志为代表的中国共产党人，从社会革命的高度，开展了大量的社会调查，写出了影响深远的《中国社会各阶级的分析》《湖南农民运动考察报告》《寻乌调查》《兴国调查》等一系列调查报告，这些都成为社会学的经典作品。也就是那个时候，面对深重的民族危机，以李景汉、陶孟和、吴文藻等为代表的中国老一辈社会学者，大力开展社会调查活动，寻找拯救民族危机的解决方案，产出了一大批优秀的社会调查作品，从而也成就了那个辉煌的"社会学中国化"时代。面对当今中国社会结构的剧烈转型和深刻变迁，我们同样需要继承和发扬社会学先辈们的实证调查精神，做一个矢志深入社会的青年社会学者群体，从书斋走向田野，走进村庄、社区、工厂、学校，去关注社会、认识社会、了解社会，去感受和把握社会的脉搏和气息，知晓人间社会的冷暖，明辨社会的是非与正义。唯此，方能形成社会学独特的经验品格和厚重的实证之风。从这个意义来讲，建设一流社会学学术重镇，首先应从扎扎实实的社会调查做起，推进社会学、社会治理学、公共管理学等交叉学科创新建设，用丰富的社会调查和调研成果夯实社会学重镇之根基。不久前，中央颁发文件，要求创办世界一流大学和世界一流学科，北京师范大学党政领导对我们中社院建设高水平的、一流的社会学学科寄予厚望。我们要建设一流的社会学学科，根本的途径是要了解当今社会、熟悉当今社会，从伟大的社会实践和社会变革中深化认识，加以总结、概括、升华，这是社会学学科建设的特点和规律所决定的。这也是每一个中社院师生义不容辞的学术担当与责任所系。

总之，深入和广泛开展社会调查活动，对于全面履行中社院职能，实现教学育人、资政建言、科学研究、学科建设密切结合、良性发展，建设国家高端社会治理智库，具有十分重要的意义。我们院全体师生一定要高度重视，认真对待，躬身力行。

利用寒假做社会调查，有不少有利条件，不仅时间相对集中，而且能够了解真实情况。这里，我仅讲讲本人亲身经历过的在春节假期开展社会调查产生重大社会效果的三个事例，以进一步加深对这方面活动的认识。

第一个事例，2008年春节期间，中国人民大学5位在校硕士研究生，对

2007年国家扶持生猪养殖政策执行情况进行了调查。2008年4月，我当时担任国务院研究室主任，接到人大一名研究生写给我的信和一份调查报告。报告是通过对四川巴州、湖南沅江、江西宜丰等地方实地调查写成的，主要反映2007年国务院多次发布促进生猪生产发展稳定市场供应的方针政策执行情况和养殖户需求意见。我当时并不认识这位学生，但我看到这个调研报告后认为，此调研活动很有决策咨询意义，调研报告也写得很好，就立即转报当时的国务院总理温家宝，温家宝同志随即作出重要批示，要求吸收此调研报告建议制定一个国务院文件，进一步明确促进养猪的政策。这对解决当时猪肉价格上涨问题起到了重要推动作用。

第二个事例，是2002—2008年我任国务院研究室主任期间，提出并坚持做到，在每年春节放假期间，让回家乡过年的干部做个有心之人，注意搞点社会调查，走亲访友，都来个每事问，眼观六路，耳听八方，把看到的、听到的，都记下来，做点思考。特别是对中央的决策部署落实情况，对基层干部群众关心的问题，做点社会调研，这是"接地气"、了解实际的好机会，看到、听到的都是真实情况、第一手材料，把所见所闻所想所思的问题和建议写出来。每年春节假后上班第一天，我都主持会议进行座谈交流，及时汇总成调研报告，并报国务院领导。那时反映比较多的是基层干部作风问题，教育、卫生、社保问题，环境污染、房屋拆迁问题，等等。我们每次报送的调研报告都得到国务院多位领导批示，有的领导就自己分管的工作批示有关部门，从而有力地推进了工作。《紫光阁》杂志曾经专访过我，并以《中南海的"秀才"探亲"忙"》为题发表通讯文章加以推介。之后，国务院许多部门也都效仿，一些部门专门编发干部职工春节假期调研报告文集，并评选优秀作品加以表彰，也提升了部门的工作水平。

第三个事例，是我自己利用春节假期调研。我到国家行政学院工作以后，仍坚持在国务院研究室工作时的做法。2011年春节回故乡江苏睢宁县看望老人，在与当地干部接触中得知，睢宁县沙集镇几个年轻人带头办起农村网商，很受当地农民欢迎。我于大年初三去沙集镇调研，一些年轻人包括抱孩子的妇女都在家里用电脑作商品买卖，听到的说法是"买全国、卖全国"

（商品）。我肯定并鼓励他们的做法。2012年春节期间，也是大年初三，我又去这个沙集镇调研，一年之间网商购物快速发展起来，用当地网商的说法，变成了"买世界、卖世界"（商品）了。一个带头的年轻人让我给时任国务院总理温家宝同志带个汇报材料。我回到北京的第二天上午，就将材料当面呈送温家宝同志，并汇报了所见所闻所想，家宝同志随即批转商务部和江苏省委、省政府领导，指示要注意总结沙集经验，支持他们发展。在商务部、江苏省领导支持下，近几年这个地方网商飞快发展，销售收入由2012年的2亿元发展到2015年40多亿元，有力地带动了全地区农村经济发展和农民增收致富。

以上三个事例，都是在春节假期做的社会调查，虽然调查主体不同、调查对象也不同，但调查的社会效果之好都是一样的。这些说明，利用寒假做社会调查，很有好处，大有文章可做。

二、社会调查应突出调查哪些问题

我们中社院要办成专业化社会治理新型智库，开展社会调查应当是一个基本任务，也是每个师生的必修课。要从建设现代社会巨大工程、促进社会治理现代化的战略高度，通盘设计，制定规划，有计划、有目的地组织进行。近几年来，我们院瞄准国家重大战略需求，围绕社会治理创新与社会体制改革、社会治理法治化、城市社会治理、乡村社会治理、社会组织治理、社会风险治理、网络社会治理、国外社会治理等问题，开展资政科研活动，产生了一批有价值的优质研究成果。随着我国全面深化改革的不断推进，特别是在全面建成小康社会进入决胜的历史阶段，加强和创新社会治理变得越发重要，并成为党和国家治国理政的重要战略。下一步社会调查，要围绕"十三五"经济社会发展和改革开放中的热点、难点问题，包括社会建设和社会变迁，社会改革和社会治理中的新情况、新问题、新生事物。这次寒假回乡调查活动，主要是依托我们院三位老师分别主持的"中国乡村社会治理与家族文化现状调查"、"中国'成人礼'仪式的现状调查"、"中国食品安全风险意识的公众调查"课题项目来展开。每个课题项目都设置了相应的调查主题、内容、方法和要求,提供了相应的调查问卷和访谈提纲,要提前做好功课、认真准备。我认为,可以不限于这三个课题,大家在假期中所到之处都可以用心观察和发现需要做深入调研的问题。"问题是时代的声音",这里,围绕"问题意识",我想从总体上再强调四点。

(一)聚焦决策需求

智库研究的要义,就是服务党和政府的决策需求。社会学向来倡导宏观与微观的有机贯通。这就需要能够将这种理论视角自觉地运用到决策需求分析之中。具体而言,要学会从国家发展大局和战略高度、从服务党和政府中心任务,来选择和设计调研课题。同时,要着眼于当时经济社会发展的实际需要来挖掘和提炼问题。特别是要注意及时捕捉那些苗头性、倾向性、潜在性的问题,抓住那些制约经济社会发展的观念、体制、机制的问题。当然,一次调研不可能解决所有问题,关键是要把最需要研究解决的问题找出来,把"硬骨头"挑出来。

(二)聚焦人民关切

人民是社会的主人,是推动经济社会发展的根本力量,要坚持以人民为中心,了解人民群众的诉求,反映人民群众的呼声。人民群众所盼、所急、所忧、所想的问题有哪些?这是我们发现真实问题、探寻社会矛盾奥秘的关键切口。当前,我国经济社会正在发生广泛而深刻的变革,各领域各方面都出现了不少新情况、新问题。比如,健全民主法制,维护社会公平正义,食品安全、就业、教育、医疗卫生、住房、社会保障、扶贫脱贫、收入分配、征地拆迁、社会治安等,都是人民群众十分关切的现实问题,要注意全面了解,准确把握和研判人民群众的需求状况和时代声音。

(三)聚焦政策落地,实现决策需求与人民关切有效对接

党和政府为了推进改革发展,与时俱进地不断提出工作任务和政策举措,作出一系列决策部署。现在有一种说法,中央的很多政策是好的,但有些没有落地,或者没有完全落实。调查研究的一个重要任务,就是了解党和政府作出的决策部署,提出的任务和措施是否落实到位,社会和群众的反映

如何，见到哪些效果，还存在什么问题，在执行决策部署中又产生了什么新情况新问题，是否需要加以完善，以更好解决问题。

（四）聚焦学科建设

加强社会学学科建设，是我们中社院学科建设中的主要任务。我们组织社会调查，要把建设一流社会学学科作为重要课题，包括社会管理和社会政策、生态建设和环境社会学、人类学和民俗学、社会学和社会工作、网络社会学和社会风险治理等，要把咨政研究与学科建设很好地结合起来。

三、怎样搞好社会调查

一般说来，要搞好社会调查、产出高质量成果，必须掌握多方面的知识、能力、技巧。这里，主要强调把握四个重要环节。

（一）精心选题

这是搞好社会调查、产出高质量成果的首要环节。正如通常所说："选好题目等于成功一半"；"选择决定结果"。这都是说选好题目的重要性。既要选择好调查研究的主攻方向、重点领域、重要内容，还要选择好调查研究的具体任务、对象，包括选择题目、题材，明确目的、用途，力求主题新、题材新、视角新、内容新。有的是重大课题，需要分步调查、长期跟踪；有的以小见大、小题大做；有的短期调查可见结果。上面列举的在校学生寒假调查生猪政策执行情况，以及刚才表彰的全国"挑战杯"获奖同学的《乡村社会与市场经济的互嵌》社会调查报告，就源于主题新、题材新、视角新和短期调查即出的精品佳作。

（二）精心调查

深入调查是发现问题和解决问题的基本环节。搞好调查必须把握几个原则：一是客观性。就是客观、准确和真实地反映社会现象和社会事物，做到调查的情况是真实的，调查得到的数据是真实准确的，没有虚假，不掺水分。二是全面性。列宁说过："如果从事实的全部总和、从事实的联系去掌握事实，那么，事实不仅是'胜于雄辩的东西'，而且是证据确凿的东西。

如果不是从全部总和，不是从联系中去掌握事实，而是片断的和随便挑出来的，那么，事实只能是一种儿戏，或者甚至连儿戏也不如。"调查工作，要充分反映社会现象和事物的方方面面，做到局部和整体相结合、现实和历史相结合、动态和静态相结合、正面和反面相结合，注意防止片面性、随意性。三是系统性。在调查中，必须用辩证的、系统的观点看待和分析问题。要系统分析构成社会现象和客观事物的各个要素，弄清楚它们之间的相互关系，不能孤立地看现象和分析问题。四是科学性。要遵循科学的调查方法。在调查工作之前，做好相关材料、文献的阅读，备好有效的理论工具箱。在调查工作之中，采取多种形式和方法，包括召开调查会、走访调查、蹲点调查、典型调查、实地调查、问卷调查、抽样调查，尤其注意用互联网等信息化技术手段进行调查活动；同时，要对事实材料进行去粗取精、去伪存真、由此及彼、由表及里的筛选和加工处理，不能以偏概全。

（三）精心研究

坚持调查与研究相结合。不能简单地把调查活动单纯看作一个资料收集的过程。一般意义上的泛泛调查、浅尝辄止的调查，不能算真正意义上的调查。在调查的基础上，要进行深入研究。严格意义上的调查是带有研究意义、在一定目的指导下的调研，是在调研基础上带有一定目的性、导向性的升华、系统性研究。因此，社会调查是调查与研究二者的有机统一，既是调查者，更是研究者。要综合运用社会学、公共管理学、经济学、信息学、系统学等知识和手段，对已掌握的调查材料进行多层面、多角度的系统研究。基于这种认识，这次同学们在调研过程中，可以主要围绕既定的主题"乡村治理""家族文化""成人礼""食品安全"等问题，开展相关决策咨询研究和学术研究，进而形成多方面研究成果。同时，坚持学术与咨政相结合。如何正确处理学术研究和政策研究的关系在当前智库建设中越发成为一个焦点问题。两者之间形似"基础"与"应用"的关系，是一种既相互依赖，又能相得益彰的辩证统一关系。好的学术研究，能够为高质量的政策咨询提供坚实支撑；而好的政策咨询，则能够有效凝练和提升学术研究的问题意识和理论底蕴。当然，如若两者的关系处理不当，也会导致不良后果。在社会调查中,既要有学术的心性和定力,又要有咨政的意识和志向。要善于从深入系统的学术研究中提炼有效管用的对策建议。

(四)精心撰写

调研报告和论文是调查成果的重要载体。无论调查多么深入、研究多么深透,如果不好好撰写调研报告或论文,仍然达不到调查研究的目的。这里强调注意以下几点:一是注意文稿的总体把握。要紧扣主题主线、布局合理、重点突出、思路清晰、条理分明,善于画龙点睛。二是成果形式多样化。可以是调研报告、决策咨询报告,也可以是论文、专著,不拘一格。三是文字表达要符合文体,用语力求准确、简明、生动。四是认真修改、推敲。

四、社会调查成果如何使用

调研成果,既包括大量第一手的数据、资料,也包括在此基础上撰写的调研报告、学术论文等。这里需要强调的是,应注重调研成果的多样性和转化应用,让调研成果的作用充分发挥出来,价值充分体现出来,特别是要多出精品力作。我想,至少应注意以下四个方面:

(一)服务立项课题研究

高质量的科研成果,一般都需要有高质量的数据资料支撑。没有大量真实的数据资料,就不可能产出好的成果。这次寒假回乡调查所获得的大量数据资料,首先将直接服务于我们院三个课题项目的研究。这对于充实、丰富和提升课题研究的质量十分重要。我相信,通过这次活动的锻炼,同学们的调查研究能力也会得到提高。

(二)服务信息库建设

由我担任首席专家的国家社科基金特别委托重大项目"中国社会管理创新研究信息库建设",正在积聚力量加紧建设,并亟待补充大量动态、鲜活的第一手数据资料。此次社会调研获取的数据资料,通过科学处理、规范编码,可以直接进入信息库。这也是为我院信息库建设作出的重要贡献。

(三)服务决策咨询

党和政府越来越依靠事实来进行科学决策。社会调研所获得的第一手数据、资料,以及在此基础上撰写的调研报告,可以成为党和政府决策的重要参考。一些优秀的调研成果,既可以在我们院主办的《社会治理》杂志上发表,也可以选登在学院新创办的内部刊物《社会治理研究与建议》上,报送中央领导和有关部门,供相关领导参阅,也可以反馈给地方党委、政府,服务当地经济社会建设和发展。

(四)服务学位论文

通过回乡调查,撰写学位论文,在我国社会学界拥有良好的传统。著名社会学家费孝通先生富有家国情怀的博士论文《江村经济》,就是基于在家乡(江苏省吴江区开弦弓村)的实地调查而写成的经典名作。希望同学们以此次寒假回乡调查为契机,深入开展调查研究,积极寻找自己感兴趣的问题,为今后的毕业论文设计提供重要基础。

借此机会向大家通报一个决定,就是为了鼓励和支持社会调查和产出高质量调研成果,我们院建立后期资助和奖励制度,对创新性高质量研究成果给予奖励,凡在公开报刊和内部刊物发表的研究成果,特别是获奖的和受到省部级以上领导重视作出重要批示的,以及应用于实际工作的优秀成果,给予重奖。这项决定,从2015年开始实施。

最后,预祝我们中社院全体师生在建设新型高水平社会治理智库和建设一流社会学学术重镇过程中,充分发挥聪明才智,在社会调查中多出精品力作。预祝此次寒假回乡调查活动顺利开展,取得丰硕成果!

【背景与效果】

作者于2010年10月、2015年3月分别应聘担任北京师范大学中国社会管理研究院院长和社会学院院长。任职期间,十分重视提倡和支持教师及学生的学术活动和调查研究活动。本文系作者于2015年12月20日晚上在北京师范大学中国社会管理研究院/社会学院首届"学生学术季"活动总结表彰会议暨"回乡调查"启动仪式上的讲话。主要围绕为什么要开展社会调查、社会调查应突出调查哪些问题、如何搞好社会调查、社会调查成果如何使用等,这些调查研究的基本目的、基本方面、基本要求,以及调查成果的使用,作了深入浅出的讲述,特别是通过自身经历的几个典型案例,阐述了利用假期进行社会调查所产生的社会效果,深受师生欢迎。

办好中国政策专家库
充分发挥专家委员会的作用

（2017年3月14日）

经过近一年时间的酝酿筹备，中国政策专家库专家委员会今天正式成立了。

刚才，国务院研究室主任黄守宏同志在讲话中把建设中国政策专家库项目、成立专家委员会的意义，以及对我们专家委员会的要求，都讲得很清楚。看到国务院研究室事业兴旺、人才辈出，我作为曾长期在政策研究领域耕耘和在国务院研究室工作过十年多的一个老兵，能够有机会再为国务院研究室做点服务工作，特别是应邀担任中国政策专家库专家委员会主任，非常高兴。我也表个态，作为一个志愿者、一个义工，要本着一种奉献精神，履行好职责，与大家一道，为中国政策专家库项目建设发挥余热，尽绵薄之力。

中国政策专家库专家委员会组成人员是我们与国研室领导、中国政策专家库项目负责人充分酝酿，尊重各位专家的意见，最后形成的。邀请参加专家委员会的委员都是政策研究领域的老同事、老朋友，有的曾经是重要部门的领导，有的是某个领域有影响力的专家，有的是国务院研究室的同志或者曾在国研室工作过，有的是地方的同志，各方面的人员都有，都是在政策研究方面有过经历和有能力的同志，中国政策专家库就是需要请这样一些同志来，帮助实现项目建设目标。我与在座的一些同志曾经一起摸爬滚打过，有的是多年一起起草文件；有的是就一些课题合作研讨过；有的一起参加过政策研究或决策咨询方面的会议；也有的是根据政策专家库建设需要而邀请参加的同志。今天大家相聚在这里，合作推进国家立项的中国政策专家库的项目建设，相信会成为我们人生一段难忘的经历。

我感觉参与这个项目研究对于我们这些长期从事政策研究的人来说，是一件非常有意义的事情。承蒙国研室党组的信任，让我担任专家委员会主任，深表感谢！

早在 2014 年 8 月，国务院研究室党组就支持中国言实出版社向中央文资办申报了中国政策专家库建设项目。中国政策专家库项目一期建设完成并试运行后，他们研究提出成立"中国政策专家库专家委员会"，明确"专家委员会"是执行"中国政策专家库项目"的专业性政策研究智库，为公益性非企业、非社团组织，并邀我担任专家委员会主任。最初我想推辞，以为没那么多时间，怕做不好。大家都知道，我曾在国研室工作长达十多年时间，支持国研室乃至出版社的工作可以说是责无旁贷，考虑再三，最后还是应承了下来。之后，我们就中国政策专家库专家委员会的性质、定位、职责、任务，以及合规性、可行性、可持续性、经费收入支出管理、专家委员会名单及专家委员会运行等问题几经磋商，形成了目前专家委员会的阵容，以及今天交由大家讨论通过的《中国政策专家库专家委员会工作条例》《中国政策专家库管理办法》《中国政策专家库专家委员会经费管理办法》和《2017 年中国政策专家库专家委员会工作要点》等。我总是考虑，我们办什么事都要依法依规按原则去办，有章可循。定位定性不准确，无章可循，是无法开展工作的，或者开展起来了也会出现这样那样的问题。国研室党组很重视，专门在党组会上对《条例》和两个办法进行了讨论，并原则同意。

智库有多种多样，各行各业都有。从定位定性定功能定形式来看，中国政策专家库专家委员会是个松散型、网络型、项目型专家智库，是执行项目的团队，不是企业，也不是社团组织。这个定性也与国研室党组达成了一致。这么多的老领导和专家组织在一起，大家能够发挥自己的智慧和力量，对国务院研究室的工作也是一个支持。

为保证专家委员会工作正常运转，中国言实出版社成立了专家办公室，作为专家委员会的办事机构,主要为专家委员会提供相关服务,以及做好日常工作。

经过以上一系列准备工作,才有了我们今天的会议活动。我觉得这是一件好事,是一件很有意义的事情。

首先,生逢其时。这是顺应党中央加强中国特色新型智库建设的大背景产生的。党中央高度重视新型智库建设工作,认为中国特色新型智库是党和政府科学民主依法决策的重要支撑,是国家治理体系和治理能力现代化的重要内容,是国家软实力的重要组成部分。习近平总书记对建设新型智库、充分发挥各类智库作用作出一系列重要指示,这几年他几乎年年讲,一些重要会议都要讲发挥智库的作用,于今年5月举行的"一带一路"国际合作高峰论坛,习近平总书记也要求发挥智库作用。今年全国"两会"前,中央全面深化改革领导小组第三十二次会议审议通过的《关于社会智库健康发展的若干意见》,要求规范和引导社会智库健康发展。新型智库到底是什么,大家都在探索。中国政策专家库专家委员会定位为智库,突出政策研究,特色很鲜明,我感觉这个定位很好。智库由国务院研究室主管、中国言实出版社主办,遵循智库发展规律,发挥专家委员会的影响和带动作用,积极为建立"治理完善、充满活力、监管有力的智库管理体制和运行机制"进行探索,很有意义。相信通过大家的努力,必将为加强中国特色新型智库建设作出积极贡献。

其次,专家库的需求非常广泛。中国政策专家库是中国言实出版社数字出版规划整体战略中的一部分,其服务对象包括政府、企业和研究机构、社会大众,以及国际用户,同时还有中国政策研究网、中国政府出版品国际营销平台、E政通等配套项目相互支撑。目标是力求实现更好地为党和政府提供决策咨询服务,为国研室等各类政策研究机构提供优质高效信息服务,为关注国家政策的企业、社会组织、大众提供政策资讯和政策解读等服务,以及搭建起国内国际专家学者交流的平台。这符合党中央、国务院对国研室"加强与智库的沟通联系,高度重视、充分运用智库的研究成果"的要求。还可以实现一个功能,就是采集来自基层社会广大群众的诉求、建议,实现下情上达和博采众长。对于我们从事政策研究的同志来说不难理解，我们很需要有这样一个平台，为我们搜集相关的数据、观点、案例、国家出台的政策措施等提供方便，为我们研究成果输出、传播提供更便捷的通道。中国言实出版社捕捉到了这样的机会，并下力气打造这样的平台，正一步步向他们设定的目标迈进，这不仅对他们自身发展，对推动国家的改革开放和现代化建设都是十分有益的。

最后，专家库专家委员会的支撑平台是稳固的。平台设计内容来源广泛，涵盖国务院研究室、地方政府研究室，还有社科院、国家行政学院、教育学院、有关出版社，以及其他国内外研究机构、学者等的现有内容资源。下一步将采取定向征集、自主投送、创意众筹以及通过其他途径获得相关内容政策资源信息。通过内容汇聚平台的建设可实现适时政策类内容资源的汇聚。

我认为，成立中国政策专家库专家委员会就是搭建一个平台，发挥桥梁和纽带作用，有利于更好聚集各方面政策研究机构和专家的智慧与力量，有利于更好收集、汇聚各方面政策研究成果，有利于更好深入研究政策性问题，服务党和国家工作大局，从而更有效办好政策专家库，更好发挥政策专家库的积极作用。目前专家委员会由30人组成，以后还可以适当增加，大家可以推荐人选。但专家委员会不宜太庞大，它就是一个核心团队，以便有利于开展工作。很多人可以成为入库专家，但不一定都做专家委员会成员。

中国言实出版社采取边建设边工作的方式，项目一期建设完成上线运行以来，中国政策专家库网站每天发送政策信息，点击率不断上升；目前入库专家已达700多人，分别来自不同领域、不同行业、不同地区，但基本上是搞政策研究的，各位委员还可以把各行各业各个地方各个层次凡是有研究政策能力的人、有成果的人都推荐参加这个库，不断地扩大专家队伍；中国政策专家文库已出版图书十多种，去年还出版了《政府工作报告汇编》(各省区市政府工作报告)。

办好中国政策专家库和充分发挥专家委员会的作用，需要从以下三个方面共同努力。

第一，各位专家委员要积极参与中国政策专家库专家委员会的工作，发挥自己的优势、智慧、经验和才能，在不违反本职工作保密要求和职业道德的情况下，不断把自己最新的研究成果和过去的研究成果都展示出来，增加中国政策专家库独家、原创产品份额。这是《中国政策专家库专家委员会工作条例》明确规定了的职责。同时，我们要积极参与专家库的建设，充分利用专家库的平台开展各项活动，包括刚才讨论的今年的重点工作，研究重大问题、开展一系列活动等，积极为专家库的发展各展其长，各尽其能，建言献策。还要发挥示范带动作用，紧密团结本领域专家、学者与工作所及研究人员，利用专家库平台开展活动和发表研究成果；推荐各领域的优秀研究成果，丰富专家库内容，充分发挥专家委员会的作用。工作中，我们一定要在思想上政治上行动上与以习近平同志为核心的党中央保持高度一致，坚决维护党中央权威。

第二，中国言实出版社作为项目的承担单位，要组建强有力的核心团队，积极有效地开展工作，包括主动为政策研究专家委员提供联络和服务，努力为专家委员会的研究、会议等各项活动做好策划和组织协调工作；通过各种方式加强对中国政策专家库的宣传推广；充分发挥中国政策专家库、中国政策研究网的作用，推介和宣传研究成果。这也是我们专家委员会开展工作的重要抓手。

第三，国务院研究室领导要高度重视，支持和帮助专家库建设，包括加强指导、把关定向；也包括经常交任务、提要求，比如为起草好政府工作报告和中央经济工作会议文件收集意见、建议，中央领导同志关心、关注的重要课题，都可以听听相关方面专家委员的意见，或者交给他们做研究；还包括助推研究成果的报送和转化应用等。我相信，在国研室领导的大力支持下，在各位委员的积极参与下，在中国言实出版社打造的数字平台基础支撑及中国言实出版社职工齐心协力下，我们一定能够达到中国政策专家库项目建设的要求，为中国特色新型智库建设作出我们的贡献。

今年是中国政策专家库专家委员会工作运行的开局之年，今天的会议是第一次会议，为开好局、起好步，我对今年专家委员会的工作谈几点思路性的意见。

办好中国政策专家库　充分发挥专家委员会的作用

第一，围绕党中央、国务院中心任务，服务大局，开展相关政策研究工作。《中国政策专家库专家委员会工作条例》第十七条规定：定期组织政策研究专家开展前瞻性、针对性、储备性的政策研究，提出专业化、建设性、切实管用的政策建议。可见，这是专家委员会工作的重中之重。今天会议的名称叫中国政策专家库专家委员会成立暨"深入贯彻落实新发展理念"研讨会，前半程是专家委员会成立的内容，后半程则是专家委员会工作的内容，进行深入贯彻落实新发展理念的研讨。这是开局，希望拿出真知灼见。跟踪分析研究经济形势是国务院研究室"必修课"，每年每季度都要提供这方面的相关情况分析和政策建议，专家委员会也可以将之作为一项常规性任务，在半年、年终前，或者起草经济工作会议、政府工作报告的关键节点召开座谈会，进行研讨交流，形成有见地的报告向上报送，提供决策参考。今年还可以围绕迎接党的十九大召开专题座谈会，研究关系全局的相关重大问题，比如建设小康社会的短板问题、实现全面小康后发展方向、发展任务等，有很多问题都可以研究。深入贯彻落实新发展理念，中央领导非常关注，也是我们智库需要加强研究的，我们要围绕党中央、国务院战略决策需求召开不同类型的座谈会，开展相关课题研究，做好服务大局的决策咨询服务工作。

第二，发扬调查研究优良作风，深入实际开展调查研究，提供政策建议。这方面的内容也很多：一方面，可以围绕党中央、国务院中心工作，比如根据中央经济工作会议和正在召开的全国"两会"、政府工作报告中提出的一些热点难点问题，进行深入调研，了解真实情况，听取基层和群众的声音；另一方面，可以由各位委员结合自己的专长提出课题，专家委员会根据实际情况予以配合；再一方面，中国言实出版社在专家库建设过程中，根据工作需要陆续在一些地方建立了调研基地，可以把它作为窗口，从中发现问题进行调查，或者到这些基地调研，解剖麻雀；国务院研究室也可以提出调研专题，安排专家到一些地方进行调研；还有一些城市、企业主动找上门来要求帮助研究问题，比如"充分发挥高科技企业创新的潜力和优势研究""加快海绵城市建设研究"等，我们有这方面的人才，可以应承下来。

第三，充分发挥出版社的优势，编辑出版政策研究类图书。这方面内容还是很广泛的。比如，把大家所形成的研究成果结集成册，这是最符合中国言实出版社"主要出版党和国家重大方针政策研究成果及其辅导读物"这一出版定位的要求的，如果专家优秀成果经专家委员会评审通过还可翻译成外文向全球发行，扩大影响力。各位委员也可以向出版社推荐其他优秀研究成果出版。

此外，按照《中国政策专家库专家委员会工作条例》规定的专家委员会工作职责，开展政策研究类成果评选，如"中国政策研究网""中国政策专家库"优秀调研成果评选，"中国政府出版品国际营销平台"政府类图书评选，主要评选党政类图书，向国外宣传中国道路自信、理论自信、制度自信、文化自信，讲好中国故事，弘扬中国精神，传播中国声音；支持"政策大讲堂"活动，这是由中国政策研究网、中国政策专家库主办的专题讲座，根据内容需要有时会邀请到哪位委员，这也是专家委员义不容辞的责任，我们要积极支持。中国政策专家库还在建设中，各位委员发现政策研究方面的优秀人才要积极推荐，这里不仅要出成果，还要聚集人才、出人才。出成果、出人才，应是一个智库型机构两大业绩。

总之，我们需要做的事情很多，要做好计划，围绕主业，突出重点，彰显特色，有步骤地去做，高标准、高质量地实施好中国政策专家库项目，多提供有价值、有影响的优秀成果，为党和人民的事业作出应有贡献！

【背景与效果】

本文所称"专家委员会"，是执行"中国政策专家库项目"的专业性政策研究智库。该项目由中央文资办批准并资助、中国言实出版社承建。中国政策专家库专家委员会主任魏礼群，由国务院研究室党组聘任；陈锡文、尹成杰为副主任。2017年3月14日，召开中国政策专家库专家委员会成立暨深入贯彻落实新发展理念研讨会，国务院研究室党组书记、主任黄守宏为魏礼群颁发聘书；魏礼群为应聘的专家委员会副主任陈锡文、尹成杰和委员苏宁等颁发聘书。黄守宏和魏礼群分别讲话。本文是作者在这次会议上的讲话。中国政策专家库专家委员会是个松散型、网络型专家智库。成立后，坚持问题导向，每年抓取一两个经济社会发展中的热点难点问题召开专家座谈会,所形成的决策咨询建议多数受到国务院领导同志的重视作出批示,发挥了决策咨询服务的作用。

开展百村社会治理调查 助力乡村振兴战略

(2018年3月)

我们决定开展百村社会治理调查活动,并作为一个重大研究项目,目的在于深入、全面了解和研究当代中国乡村社会治理的现状、趋势,服务国家战略要求和学校的学科建设,促进社会治理智库建设与交叉学科创新建设密切结合,协同发展。党的十九大开启了新时代中国特色社会主义发展的新征程。习近平总书记在十九大报告中提出"实施乡村振兴战略",这是着眼于决胜全面建成小康社会、全面建设社会主义现代化国家的重大战略选择。实施好这一战略,必须按照"产业兴旺、生态宜居、乡风文明、治理有效、生活富裕"的总要求,统筹推进"五位一体"总体布局,加快农业农村现代化。其中,加强乡村社会建设和社会治理是一项重大而艰巨的任务,对于全面推进国家建设和治理的现代化至关重要。北京师范大学中国社会管理研究院/社会学院(以下简称"中社院")作为服务于国家战略要求的社会治理智库,应当义不容辞地担负起这个历史使命并有所作为。

在实施国家"十三五"规划开局的2016年,为了服务决胜全面建成小康社会和推进社会治理现代化的决策部署,我们中社院提出了深入研究乡村社会治理问题,并决定开展"百村社会治理调查"活动。在充分听取各方面意见与论证的基础上,2017年,"百村社会治理调查"项目正式启动。该项目作为北京师范大学培育国家高端智库的重要抓手,被列入学校交叉学科创新工程总任务之一,旨在作出有深厚度、有时代感、有应用性的科研成果,既服务于党和国家战略决策、推进乡村社会治理,又助力北京师范大学创办新兴学科,加强交叉学科平台建设。

开展百村社会治理调查　助力乡村振兴战略

现在看来，我们决定开展百村社会治理的调查活动，与党的十九大精神高度契合，是十分正确的。这个项目上接党中央的乡村振兴战略，下接农村基层社会治理的现实，实施一年多来，取得了初步成果，也发现了一些问题。我们要认真梳理与总结项目进展的情况，以利于下一步工作的推进。

一、开展"百村社会治理调查"的时代背景

马克思主义认为，城市与乡村发展差距拉大，是特定历史阶段的必然趋势，而生产力发展到一定程度后，推动城乡融合发展和一体化又是社会发展进步的内在要求，实现城乡共同繁荣发展是终极的目标。中国共产党秉持马克思主义基本立场，历来高度重视农业、农村、农民问题，将其置于革命、建设和改革的首要问题。特别是党的十八大以来，以习近平同志为核心的党中央将解决"三农"问题作为全部工作的重中之重，办了很多顺民意、惠民生的好事，解决了很多农民群众牵肠挂肚的难事，城乡发展一体化迈出新步伐，农村社会焕发新气象。党的十九大提出乡村振兴战略，回答了新时代乡村为什么要振兴、振兴什么、如何振兴、依靠谁振兴等一系列理论与实践问题，为新时代中国特色城乡融合发展和一体化发展指明了方向，是从根本上解决我国"三农"问题的新部署，是决胜全面建成小康社会进而全面建设社会主义现代化国家的新要求。

乡村振兴战略，是新时代解决"三农"问题的总抓手和行动纲领。乡村振兴的目标，是实现"产业兴旺、生态宜居、乡风文明、治理有效、生活富裕"。"产业兴旺"是首位，发展是第一要务，是乡村全面振兴的前提，要加快建立与完善现代化农业产业体系。"生态宜居"是核心，不仅要求环境美，更要求生态美与满足人民美好生活需要高度统一。"乡风文明"是境界，坚持物质文明与精神文明一起抓，这是乡村永续发展的支撑和智力支持。"治理有效"是关键，不仅要求加强和创新乡村社会治理方式，更要求治理效率的提升，要紧紧抓住乡村社会治理机制建设，把自治、法治、德治结合起来。"生活富裕"是根本，说到底，乡村振兴是为了让亿万农民生活得更美

好，使农民在共建共治共享发展中有更多获得感。由此，产业兴旺、生态宜居、乡风文明、治理有效、生活富裕共同构成了乡村振兴的丰富内涵，它是一个系统工程，需要整体推动，才能相互促进、相得益彰。

在过去一个时期，中国现代化进程中工业化大大快于城市化，在一些地区城市繁荣与乡村衰败并存，乡村发展滞后成为中国现代化建设的突出"短板"。中国现代化不能走一些国家曾经走过的以乡村衰落换取工业化城市化突飞猛进的道路，而要开创一条城乡融合发展、共生共荣、各美其美的新路。这是解决当代中国社会主要矛盾的关键，也是新时代社会主义现代化建设的根本要求。因此，习近平总书记反复强调，任何时候都不能忽视农业、不能忘记农民、不能淡漠农村；中国要强，农业必须强；中国要美，农村必须美；中国要富，农民必须富。

搞好"百村社会治理调查"，要全面认识乡村振兴战略的时代意义，并以此为遵循，认真总结我国改革开放40年正反两方面历史经验，深入研究在当代中国社会大变革中，各领域、各方面变革发展给乡村基层社会带来怎样广泛而深刻的影响，深入调查农村基层社会治理领域发生了哪些变化，农民的要求是什么，农村发展趋势又会怎样，如何正确引导乡村振兴，这些都需要深入调查研究并提出有效对策。

二、"百村社会治理调查"的主要任务和做法

随着改革开放和社会主义现代化建设的持续推进，当代中国乡村已经和正在发生历史性变化。村落的布局与环境、村落的形态与结构、村落的人口与教育、村落的组织与秩序、村落的文化活动与生活方式，都面临着新的挑战与抉择。本项目通过对一些乡村进行全面、系统、深入的调查，着重调研不同地区特定自然条件、生活环境、产业发展的乡村，调查历史传承发展与当代社会治理结合的情况，要全面掌握调查对象的历史变迁、改革开放以来的变化和现状、成绩与问题。总结新经验，发现新问题，探讨乡村推进社会治理现代化的路径，研究解决乡村社会治理问题的对策，着力研究基层现代

社会治理变革的特点和规律。总结中华优秀传统文化与现代乡村社会对接、融合的途径，探索民族文化在基层传承的有效方式，探索传统文化资源、传统社会治理对实现乡村振兴的实践意义，构建有利于现代乡村文明的治理模式。

经过一年多的工作，项目组探索了一套行之有效的工作思路，也积累了一些有益的工作经验。

（一）合理组建调查团队，充分发挥中青年作用

研究团队的组建是项目成功的重要保证。要优化调查力量，建立项目责任制。前阶段，一方面邀请了社会学、历史学、公共管理学、法学、经济学等不同学科具有深厚研究功底的专家学者参加项目组。另一方面，注重发挥中青年教学、研究人员的重要作用。在首批研究团队中，青年力量占70%以上，吸收了北京师范大学、中国社会科学院、中国人民大学等11所高校和科研单位的研究人员参加。具有一定研究能力的博士后、博士研究生等作为研究队伍的重要力量，通过参加项目工作，既丰富了对乡村变革发展实际情况的认识，又提高了进行具体调查研究的本领，增强了全面发展进步的素质与能力。

（二）精心选择调查地点，注重调研实际效果

项目调查工作本着积极进取、逐步推进的方针，2017年在全国选择了26个村落，涵盖北京、黑龙江、内蒙古、河北、山西、陕西、宁夏、湖北、四川、贵州、江西、浙江、广东13个省（自治区、直辖市），涉及非物质文化遗产传承与利用、优秀民俗传统与乡风文明建设、灾后重建、红色文化资源的挖掘和建设、生态环境保护与治理等多个有特色的村落。调研人员深入基层、深入群众，面对面了解实际情况，实地考察村落变化的面貌，倾听各方面人员的意见和诉求。一年多来，参与调研的校内外专家百余人，共进行田野调查50余次，形成一批重要成果，包括调查报告26份，发表研究论文17篇，还有20余篇调研成果有待印发。在一些特色乡村设立了"北京师范大学百村社会治理智库基地"，为深入、持续开展乡村治理调查建立了稳定的调研场所。

（三）重视数据收集管理，确保调查可持续性

当今社会变革广泛深刻，信息化发展日新月异，互联网、大数据普遍运用，全面、系统、即时掌握相关数据至关重要。中社院社会治理创新研究信息库建设，紧密配合，致力于打造原创的乡村大型统计数据库。项目组数据库开发团队将百村社会治理数据库规划为两个子系统，分别对项目产生的结构化数据（调查问卷数据）和非结构化数据（文档、图片、音视频）进行统一存储、管理和应用，既可满足本院本校的科学研究和教学使用，还可以服务社会各界特别是服务国家乡村治理的需求。所收集的数据将成为国家社科基金特别委托重大项目"中国社会管理创新研究信息库建设"的重要组成部分。

三、"百村社会治理调查"的预期目标和成果

开展百村社会治理调查的主要目的，是服务于党的乡村振兴战略落地，服务于农村基层社会治理与建设，服务于学校交叉学科的创建。改革开放以来，随着工业化、城镇化、市场化进程加快，中国农村成为现代化进程中问题最集中、最复杂的地域。基层社会发展过程中出现的问题只有通过深入调查才能真切认知。例如，如何从各地实际情况出发提升乡村治理水平，如何把社会建设与社会治理有机结合起来，"空心村"如何治理，资本进入村庄后如何治理，村庄合并后如何治理，有传统文化特色和优势的村落如何继承创新发展，党的组织如何做到全覆盖和有力发挥作用，如何才能使自治、法治、德治结合好，等等。这些问题已有不少地方进行了积极探索并取得了经验，新生事物大量涌现，但也有一些问题需要深入研究解决。

开展百村社会治理调查将产生以下重要成果。

（一）为党政决策提供咨询服务

要通过深入的社会调查，形成一批有价值、高质量的咨政建言成果，向党和政府提供决策咨询建议。我们中社院已经成为国家高端智库培育单位的重要组成部分，国家高端智库的核心要务就是为党和国家提供决策咨询

服务。

（二）推进理论创新和学术创新

推进社会治理的理论创新、学术创新，是建设高校智库的重要任务。社会治理既涉及社会学学科，又涉及公共管理学、民俗学、人类学、法学、历史学等多学科。运用多学科视角观察和研究问题，将会有效地推动社会治理理论创新和学术创新。

（三）在交叉学科建设上作出成绩

新时代的社会治理需要发展交叉学科，包括推动社会学、公共管理学，以及民俗学、民族学、人类学等多学科融合发展。交叉学科建设致力于在传统学科的基础上产生新学科。期望通过百村社会治理调查在交叉学科建设创新上能够作出积极探索。

（四）在社会实践中培养和锻炼人才

通过开展乡村社会治理调查，引导教师和学生走向社会、深入社会、了解社会，培养认知社会、洞察社会的能力和理论联系实际的能力。同时，要通过实施这一项目，吸引汇聚校内外教研人员特别是地方农村基层社会治理人才，在共同调查中提升社会治理的现代化水平。

（五）搭建广泛和密切联系的合作平台

在开展百村社会治理调查项目活动中，将推动学校社会治理调查智库密切联系部门、地方、企业，聚力聚智，优势互补，平等合作，建立稳固联系，共同促进发展，携手助力农村社会治理现代化建设。

四、做好"百村社会治理调查"的希望和要求

搞好"百村社会治理调查"，必须以习近平新时代中国特色社会主义思想为指导，全面贯彻党的十九大精神和近年来党中央关于实施乡村振兴战略的部署，运用辩证唯物主义和历史唯物主义的立场、观点和方法，注重理论联系实际，坚持问题意识和应用导向，深入乡村做全面、系统、翔实的调查，并作出科学分析和研究，务求产生一批多样性有价值高质量的调查研究

成果。为此，需要把握以下几个方面。

第一，调查点选择要兼顾典型性和普遍性

中国农村发展极不平衡，历史文化传统也存在很大差异。因此，村落选点要紧紧围绕本项目实施的目的，通盘考虑、审慎确定。着力研究当前中国乡村变革中的热点问题和普遍性问题，以发现、反映和解决乡村现代化进程中社会领域出现的新问题为目的，特别要考虑村落的地区布局和类型，尽可能兼顾到不同地区、各类村庄特色。本着"积极作为，量力而行，注重实效"的原则，选择好调查的村落。

第二，调查内容要做到"四个结合"

即定性调查和定量调查相结合、静态调查和动态调查相结合、人的调查和物的调查相结合、有形调查和无形调查相结合。在实际调查中，有的村落在改革开放前后有很大变化，这种变化不是单纯的数据分析可以体现的，要通过深入调查全面了解村落历史和变迁的过程。静态的调查内容包括历史遗留和传承下来的各类事物；动态的调查内容可以包含村庄人口流动、村庄经济社会发展的不断变化等。人口结构变动是社会变动的重要体现，要重点调查分析。通过深入调查要能够发现规律性的东西；整个国家发生变化，各类村庄也会随之发生变化，时代变迁对村庄经济、政治、文化、社会、生态发展所产生的影响是深刻的。有形调查可以是能够看到的村史、具体制度；无形的是意识形态的东西，比如价值理念、宗族、民俗文化等，这些方面都要考虑到。不能仅仅搞信息数据调查，更要着眼于认识规律、把握趋势。

第三，调查设计要精心细致

只有做好整体设计，调查的方向、对象、重点内容、方法等才能清晰。百村社会治理调查不是一般的调查，要为国家、民族和社会治理现代化提供实证性研究成果。因此，必须全面设计相关调查内容。比如，社会建设中的平安社会、小康社会、法治社会、健康社会、智慧社会、和谐社会、环境社会等，都要考虑到。传统文化中的家族文化、村史和乡贤人物的作用，都要考虑到。人口变化方面，可以选择具有典型意义的"空心村"，调查其成因和对策。村史馆、文化站、信息图书馆等公共服务设施建设也都是社会治理的重要方面。通过调研，对每个调查的村庄都应撰写出改革开放以来的变化历程、主要成就、存在问题、做法经验、对策建议等。项目组还可以帮助有条件的村落设计并推进村史馆、文化站等建设。

第四，调查工作要力求全面系统和可持续

调查方式可以灵活多样，做到传统调查方式与现代调查方式相结合。一方面，传统的调查方式不可少，包括田野调查、走访、个别座谈、问卷调查、文献收集、不同时段的对比调查等。同时，也要充分利用信息化技术，包括录像、录音、统计、微信、微博互动，以及互联网、大数据等现代化技术手段。要重视走访不同阶层人员和不同年龄层次的人员，对村落情况进行全面系统的把握。调查问卷也要反映全面的动态情况，特别是反映改革开放以来的变化。要注重搞好具有社会治理典型经验的村落调研，注意发现新事物和新经验，通过举办研讨会等多种形式，总结和推介新经验。要建立动态调查机制，入选百村调查项目的村落，要实行跟踪调查，持续提供新情况，不断产出新成果。

第五，调查团队要组织落实

这个调查项目主体是北京师范大学社会治理智库团队，也要组织多方面人员与力量协同参加。要吸引校内外专家学者和青年研究人员参与。同时，可以与企业合作，包括利用他们已经在一些村里建立好的调查系统，请企业协助调查；企业可以在技术手段方面为社会治理调查项目提供有益的帮助；也可以接收企业提供的资金支持，包括招募本地人员协助调研，也可以考虑建立长期联系的调查基地。各方面调查人员要合理分工、密切合作，共建共享调研成果。

第六，调查成果要多样化和高质量

一是紧扣党的十九大提出的"乡村振兴战略"，抓紧形成一批决策咨询成果。决策要反映普遍规律和趋势，不能只反映个别现象。二是撰写村落调查综合报告和系列专项报告，包括综合性成果，以及针对具体村落的若干系列研究成果。要系统总结所调研村落的基本情况与分析报告，对每个调查村都应写出综合调研报告。三是举办研讨会、论坛和出版专著等。中国社会治理论坛每年举办一届，已经举办七届了，参加者既有党政干部，也有学界研究者，还有来自基层社区的工作者和一些企业家，大家围绕社会治理这个主题，从自己的研究领域出发来讨论和交流，收到了良好的效果。2018年7月将举办第八届中国社会治理论坛，百村调查项目可以设一个专题分论坛，组织大家讨论乡村社会治理问题，提出建议。要提倡搞专题性、接地气的问题研究。四是在公开刊物和报纸上发表调研报告等文章。北京师范大学《社会治理》杂志将开辟专栏，百村调查项目组有什么成果，可以随时发表。族谱、家训、地方乡贤发挥的作用等，都是用传统文化助力当代社会治理的好做法。可以研究建立什么样的激励机制，引导各类人才返乡，服务乡村振兴，反哺农村现代化建设，这是一个值得研究的重要课题。中国所追求的现代化，必须是农村和城市共同发展繁荣的现代化，绝不是城市锦上添花、乡村凋敝衰败的城乡分化景象。五是充实加强社会治理创新信息库建设，提供丰富扎实的基础数据。可以把调研成果纳入已创建的中国社会治理创新研究信息库，作为以后调查、研究、教学的参考资料。

第七，调查活动要做好统一保障工作

搞好调查研究工作，是智库研究的基础，也是智库建设的基石；同时，加强调查研究工作也是学科建设的重要平台，是建设一流大学的重要平台，是发现人才和培养人才的重要平台。我们中社院领导成员、各职能部门都要积极支持调查项目工作。要加强组织协调，智库研究和教学人员要尽可能多地组织起来，还可以适当组织一些学生主要是研究生参加。参加调研的学生在不影响学习的基础上，到一个村里去搞社会调查，这会对他们的成长进步更有帮助。还要从多方面争取支持，提供各种条件，保障调查活动持续有效地开展。

基层不牢、地动山摇。农村基层社会治理关乎中国社会主义现代化建设全局与进程，基层治理如果出现问题，国家发展就会遭遇挫折，必须将问题解决于萌芽状态。本项目要致力于为党为国家为人民作贡献的主旨，做好长期打算，持续不断搞下去。虽然项目调查初期还存在这样那样的问题，但办法总比困难多。只要大家不忘初心，坚定不移，认真搞好乡村社会治理调查，就一定能够在中国乡村振兴、在农村社会治理现代化进程中大有作为，作出积极的贡献。

【背景与效果】

为了引导社会治理智库研究和社会学教学，更好地做到理论联系实际，做到"上连天线，下接地气"，作者于2016年初在北京师范大学中国社会管理研究院/社会学院提出开展"百村社会治理调查"，将其作为重大调研项目。2017年，该项目被列入北京师范大学交叉学科创新总课题任务之一。目的是从多层次、多角度、多方面开展乡村社会调查，服务于党和国家决策，推进乡村振兴和创新乡村社会治理，助力学校交叉学科平台建设。2018年，该项目成为国家社会科学基金办公室重大委托项目"新中国70周年社会治理研究"的组成部分。"百村社会治理调查"是一项大型、综合性社会调查，调研范围广，持续时间长。截至2021年12月底，此调查活动已进行4批、覆盖28个省（自治区、直辖市）76个村落，形成了一大批调研成果，包括多篇决策咨询报告、研究论文和多本专著。魏礼群担任该项目指导人，组织研究团队，多次主持研讨会，反复研究调查的任务、对象和方法。本文系作者于2018年3月13日主持"百村社会治理调查"项目第二次汇报会议上的讲话，刊发于《社会治理》杂志2018年第5期。

深入开展"百村社会治理调查"工作

(2019年11月10日)

我们这次会议的主要任务是,交流情况、总结经验,找出不足、明确任务,坚守初心、不忘使命,把百村社会治理调查工作推向前进。作为"百村社会治理调查"项目的指导人,我应该履行责任。因为昨天我在主持一个重要会议,没有来听百村调查团队的讨论。课题组的发言讲得都很好,你们给我的材料都看过了。刚才萧放首席专家和鞠熙主任作了汇报,我根据最近两天学习党的十九届四中全会精神的思考和我们这次会议的讨论情况,我想讲的题目是:"以党的十九届四中全会精神为指导,高质量地推进百村社会治理调查工作",结合当前形势、重大要求,高质量地深入推进社会治理调查。

"百村社会治理调查"项目是服务党中央、国务院决策咨询,服务国家战略要求的重要任务,也是北京师范大学交叉学科建设的重要内容,是为创建"双一流"大学服务的。所以,这个课题纳入了北京师范大学中国社会治理智库重大项目,同时2018年成为国家社会科学基金办公室重大委托项目"新中国70周年社会治理研究"的组成部分。也就是说,"百村社会治理调查"项目不仅是我们北京师范大学的项目,也是一个国家级课题任务。

刚才,大家谈了不少很好的意见,我都赞同。下面,我讲三点意见。

一、以党的十九届四中全会精神为指导，深入开展"百村社会治理调查"项目工作

刚刚闭幕的党的十九届四中全会对推进国家治理体系建设和治理能力现代化作出了全面部署。在推进社会治理现代化方面有一系列重要的新论断新决策新部署，我作了初步学习和梳理，大体有以下十二个方面。

第一，党中央高度重视社会治理。第一次在党的文件中把社会治理问题作为单独的一部分，作为"十三个坚持"和完善中国特色社会主义制度、推进国家治理体系和治理能力现代化的一个重要方面。强调"社会治理是国家治理的重要方面"，更加突出了社会治理的重要性。

第二，将"共建共治共享"由原来的"治理格局"上升为"治理制度"。党的十九大报告表述的是"打造共建共治共享的社会治理格局"。这一次明确强调"坚持和完善共建共治共享的社会治理制度"。从治理格局上升到治理制度，涵义更深刻，制度更有全局性、长期性、稳定性和根本性。

第三，将以往的"社会治理体制"改为"社会治理体系"，而且增加了"民主协商"和"科技支撑"。党的十八大要求"加快形成党委领导、政府负责、社会协同、公众参与、法治保障的社会管理体制"，在党的十七大基础上增加了"法治保障"，并把"社会管理格局"改为"社会管理体制"；党的十九大又将"社会管理体制"改为"社会治理体制"，这一次又改为"社会治理体系"，而且增加了"民主协商"和"科技支撑"。这个体系由原来的20个字变为28个字，内容更加丰富。

第四，第一次明确提出"建设人人有责、人人尽责、人人享有的社会治理共同体"。建设"社会治理共同体"是在党的文件中第一次提出来的。社会共同体的思想，马克思在经典著作中有过表述。德国社会学家滕尼斯专门写了一本《共同体与社会》，他是从社会角度研究社会共同体。习近平总书记提出了"构建人类命运共同体"。提出"建设社会治理共同体"，这是重大的理论问题，也是重大的实践问题。

以下几点和我们"百村社会治理调查"更有密切关系了。

第五，第一次明确提出要"构建基层社会治理新格局"，"完善群众参与基层社会治理的制度化渠道"，"健全党组织领导的自治、法治、德治相结合的城乡基层治理体系"，强调了党组织领导。要求健全社区管理和服务机制，推行网格化管理和服务。

第六，第一次在党中央文件中提出"加快推进市域社会治理现代化"。城市范围既有市区也有乡村，要打通城乡接合部。

第七，突出提出"坚持和发展新时代'枫桥经验'"，并且把它放在"完善正确处理新形势下人民内部矛盾有效机制"的第一条。作为党中央文件，很少提到一个具体的单位、地区和机构名字，这次《决定》突出提出坚持和发展"枫桥经验"，意义非凡。去年6月，我们百村治理调查课题组到浙江诸暨枫桥镇实地调研，开了现场会议，会后形成了专题调研报告，就是"关于新时代坚持和发展'枫桥经验'的建议"，我们给中央主要领导报送后，获得重要批示；也给中央其他多位领导报送了，也都作了重要批示，为中央相关决策提供了重要参考。

第八，强调"注重发挥家庭家教家风在基层社会治理中的重要作用"。这是习近平总书记多次强调过的。前两年，我们编写《中国社会治理通论》一书，把"家庭家教家风"作为社会治理场域的一个重要组成部分，现在看来是符合中央决策的。家庭家教家风，光说家教不行，家庭是最基本的社会治理单元，这三个"家"是有机联系的整体。

第九，突出提出"完善农村留守儿童和妇女、老年人关爱服务体系"。中国必须走城乡共同繁荣、共同发展、共同富裕的道路。今年7月6日，在第九届中国社会治理论坛上，我不点名地批评了一些地方盲目大拆大建，有的县规划中没有农村了。现在有不少空心村，这些空心村怎么办？留守儿童和老人、妇女怎么办？这是乡村振兴战略必须解决好的问题。

第十，明确提出"健全充满活力的基层群众自治制度"，"着力推进基层直接民主制度化、规范化、程序化"。这个基层民主是直接民主，这是文件里明确提出来的。光有基层自治不行，还要有充满活力的基层自治。

第十一，突出提出"推进中华优秀传统文化传承发展工程"。这包括一些古镇、古城、古村落。更加强调保护和传承中华传统优秀文化。

第十二，进一步提出"完善城乡公共文化服务体系，优化城乡文化资源配置，推动基层文化惠民工程扩大覆盖面、增强实效性，健全支持开展群众性文化活动机制，鼓励社会力量参与公共文化服务体系建设"，"推动社会治理和服务重心向基层下移，把更多资源下沉到基层，更好提供精准化、精细化服务"。这里再次强调加强基层社会治理的问题。

这次党的十九届四中全会，指明了我们国家制度和国家治理现代化建设的根本方向，对我们开展乡村振兴与社会治理的调查工作具有十分重要的指导作用，我们要很好地学习领会中央精神，在实际工作中认真贯彻落实。

二、认真总结工作，肯定成绩，查找不足

百村社会治理调查项目是2016年酝酿，2017年启动，可以说具有相当的前瞻性。三年来，在各方面的关心、参与和支持下，项目组做了大量工作。总的来看，我们的项目进展是顺利的，不断取得新成效。已启动了三批，覆盖23个省市，涉及66个村，其中有11个村的调研结项了，其他项目正在推进。我看过已形成的9个结项成果，一些成果质量比较高，特别是耿向东教授负责的南门村调查，感觉做了很多工作，非常扎实，可以形成一本著作。章飞燕撰写的《乡村治理与当代村落基层构建》，也写得不错。还有几篇成果都很好。我们已有60多篇调研报告和智库研究成果，还有5本书稿进入了出版流程，形成一批数据。前面已经讲过，我们的标志性成果就是《关于新时代坚持和发展"枫桥经验"的建议》，产生了服务中央领导决策的良好效果。还有6篇决策咨询报告通过《社会治理研究与建议》上报。这次研讨会有12篇论文，我看标题、框架、内容，都达到一定水准。

刚才，萧放教授讲的"四个坚持"。我认为这些既是我们工作的进展，又是我们的经验。坚持规划先行，工作有序开展；坚持完善机制，稳步推进工作；坚持智库建设与学科建设双轮推动；坚持调研工作与做好社会服务相

结合，提升乡村治理水平。我们要好好总结工作经验。通过三年的工作，形成了一个热心于乡村社会治理调查的团队，在座30多位专家，来自二三十个单位，就是把我们的调研团队建立起来，这不是两年三年就搞完的。我原来的设想是持续地开展下去，说是百村社会治理调查，实际上可以不止百村，所以，这三年的工作应该予以充分肯定。

存在一些什么问题和不足呢？刚才大家讲了，有这么几个方面：

第一，工作进展不平衡，参差不齐。有的项目，例如杨共乐教授负责的枫桥研究，产生了重大成果；洪大用教授和黄家亮负责的定县翟城村研究等，也产生了较高质量的研究报告。也有的项目目前进展不够理想，没有按照原来的计划取得进展，有的还没有成果，有的产出的成果质量不够高。

第二，有些调查项目工作不够深入，还有差距。我们原来的设想是要采取田野调查法、比较法，多搞一些现场录音、视频，收集大量数据资料，现在看这方面工作很薄弱。调查问卷要保留原始资料，有些是抢救性的，前些年有，今后可能也就没有了。我们的调查要深入乡村、深入农户和不同人群。

第三，调查成果不够多，品牌效应还没打出来。有些单位学习我们搞百村社会治理调查，品牌做得很好，我们的品牌效应没有打出来。过去费孝通先生等一些社会学家做过很多村庄调查，收效大，作用大，我原来也想在新形势下推进基层社会治理调查，解剖一些乡村变化，从中看出趋势性东西，搞个品牌出来，现在这个品牌还没有形成。我说得很容易，但是做起来不容易。特别是作为国家社科基金重大委托项目，我们现在做的还有差距，结项了不等于任务都完成好了。

我们的社会管理信息库建设，数据没有充分发挥作用。要把百村社会治理调查数据收集好、储存好、运用好、挖掘好、利用好。

三、坚守初心，增强信心，继续高质量地做好百村社会治理项目调查工作

第一，加深认识，提高站位。我们这个调查项目的初心是服务于党和国

家的决策、服务于国家实施乡村振兴战略,也服务于学校学科建设,包括社会学、公共管理学、历史学、交叉学科建设。我们要提高政治站位,增强使命感,以贯彻党的十九届四中全会精神为动力,继续坚守初心,不负使命。原来我们设想这个项目服务于推进社会治理现代化,调查工作必须着眼于乡村的历史变迁、现状、成就、问题、矛盾,把乡村干部群众提出的新想法、新建议、新经验整理出来,能看出当代中国农村变迁历史、现状及其发展趋势。下一步工作还是要坚持原来的想法。论文汇编中鞠熙写的一篇论文《一年一度的村落——空心化村中的共同体何以可能》,写得很好,邵凤丽写的《裴氏家训促进乡风文明建设的路径》,高忠严写的《乡村振兴视野下的村规民约实践与现代化转型》,这几篇文章我看大体符合我们原来的设计。希望其他的也这样做。

第二,稳步推进,分类指导。可以分三类情况:第一类,已经结项的,再巩固提高;第二类,还没有做的,或者做得不够的,没有结项的,要抓紧时间按照今天会议的要求做好;第三类,适时适量开展一些新的项目,校内外有意愿、有能力做项目的,可以适当增加一些布点,原来计划三年做100个村,现在看要区别不同类型推进,关键是要保证质量,产出高质量成果。大家在讨论中提出一个问题:就是怎么写决策咨询报告?感觉比较难,确实决策咨询报告很难写。写好咨询报告,首先,要把主题抓住,主线明确,布局合理。其次,要突出特色,写清楚项目调查背景,包括历史、现状、问题,调查对象有什么特色,变化得好为什么好,做了哪些工作,效果是什么,好的原因是什么,如果是差的,差的原因是什么。再次,写咨询建议,要提出能够有普遍意义的对策举措。我建议抓紧时间组织队伍写一篇综合性的咨询建议,就是中国特色社会主义制度在基层治理的实践及其启示。杨共乐教授刚才讲了"两性":重新认识中国乡村的重要性和独特性。要抓住新时代赋予的机遇,从坚持社会主义制度和道路的角度来思考乡村治理,形成综合性研究成果。可以深入研究搞好乡村治理的必要性。我们决不能同意那种完全消灭农村的做法,这是违反中央精神的,可以把现在违反中央精神的做法梳理出来,加以分析。要善于学习别人撰写调查报告的经验。好的调查报告可以向中央报,也可以向省市报。可以公开发表的就公开发表,我们《社会治理》杂志已开辟了一个"社会治理"专栏。调研成果可以是多方面的,有研究报告、论文、著作、视频,现在已经有了9个结项报告,要做好汇编出版工作,传播到社会上去,传给后人,要长远考虑。有的是可以单独出版,像南门村的调研成果可以单独出版。有的可以好几个村的调研成果汇编在一起出版。有的可以形成论文汇编,也作为一个系列,要注意分批次推出多样化成果。有的可以内部发行,有的可以公开出版。有的在报纸上、刊物上发表。还要注意把数据库建设做好,刚才李友梅会长讲得很重要。我们要留下一批数据、资料、图片,刚才你们参观的展览,那就很珍贵。

第三,面向中国实际,助推社会治理实践。我们这次会议上,同北京市朝阳区文旅局商议了开展合作,可以开现场会,可以选定一个好的题目合作调研,也可以在朝阳区建立调研基地。非物质文化遗产的调研,传统村落、古镇、传统文化怎么和当前社会治理结合起来,也是一篇大文章。撰写论文,开发教学案例,也是一种调研成果。中国特色社会主义社会学要研究农村治理,这样才能有生命力。中国社会学研究要有一个大的转变才行,绝不能"言必称希腊",西方社会学中有益的东西我们要学习、借鉴,但是绝不能照抄照搬。中国特色社会学发展的根本出路在于中国特色社会主义理论研究与实践创新,扎根在中国大地上,包括学科建设、学术研究。要广交合作伙伴,与省市地方应该有更多合作,要走向更广阔领域。

第四,加强团队建设,培养更多人才。在萧放教授的带领下,鞠熙、贺少雅二位很辛苦,做了大量组织、协调、服务工作。要有相对稳定的队伍,如果人员不够,可以招聘百村社会治理调查人员,我们院内的博士后、博士生都可以参与这项工作。我们要吸收国内外、各个方面愿意参加这项调查的机构和人员。高校、研究机构、智库的人愿意参加,都可以吸收。这样可以锻炼干部、培养人才。我们要形成一个核心团队、外围团队,形成一个相对稳定的、高效的队伍。

希望大家凝心聚力、再接再厉、砥砺奋进,争取把百村社会治理调查项目工作做得更好，为坚持和发展中国特色社会主义制度，推进国家治理体系和治理能力现代化，全面实施乡村振兴战略，作出我们应有的贡献。

【背景与效果】

　　本文系作者在 2019 年 11 月 10 日北京师范大学中国社会管理研究院 / 社会学院举办的"乡村振兴与社会治理"研讨会暨"百村社会治理调查"项目工作推进会上的讲话。这篇讲话系统梳理了党的十九届四中全会对推进国家社会治理体系和治理能力建设的新论断新决策新部署，提出在"百村社会治理调查"活动中贯彻落实的要求；总结前阶段工作，肯定成绩，查找不足，特别是针对大家提出的"怎么写好决策咨询报告"作了明确引导，要求继续高质量地做好百村社会治理项目调查工作。这篇讲话对深入做好百村社会治理项目调查工作、产出更多优质调研成果，发挥了重要指导作用。

"京师社会调查丛书"总序

（2020年10月）

在现代社会科学体系中，社会学是基础性、综合性学科，也是具有极强实践性、应用性的学科。社会学必须直面社会实践中凝练出的重大理论问题。中国特色社会主义社会学是对社会主义社会运行特点和规律的揭示与阐释，也是对中国特色社会主义社会实践的理性认识。以马克思主义的认识论和方法论研究社会变迁的实践，是中国社会学学科发展的源头活水；而中国的社会发展、社会建设、社会治理，也离不开社会学理论的与时俱进、创新发展与有力支撑。

社会调查研究是社会学研究非常重要的方面。一直以来，社会调查都是中国社会学界的一个优良传统。中国社会学在近百年发展的历程中，一代代社会学人作实地调查、以实证性实验的科学精神和研究方法，立足国情、扎根本土，探索和发展具有中国特色的社会学理论和研究方法，从而孕育、形成、发展为比较完整的学科体系、学术体系和人才培养体系。

一

马克思主义认为，全部社会生活在本质上是实践的，只有人们的社会实践，才是人们对外界认识的真理性的标准。实践是理论的基础，实践高于（理论的）认识，因为它不但有普遍性的品格，而且还有直接现实性的品格；实践是理论的出发点和归宿，对理论起决定作用，理论必须与实践紧密结合，理论也必须接受实践的检验，并随着实践的发展而发展。社会学是从变动着的社会系统整体出发，通过人们的社会关系和社会行为来研究社会的形态、结构、功能、演变规律。正是人类丰富的社会实践，尤其是工业革命以来经济社会和文化心理变迁催生、滋养了社会学。社会学拥有悠久深厚的社会调查传统。正确、有效的社会调查，是我们认识社会、发展社会学学科的不二法门。

中国的社会学学科发展和中国的革命实践一样，都是遵循着从实践的感性认知出发，进而跃升为理性认知，再回到实践去检验这样的正确认知路径。

20世纪上半叶，中国社会和中华民族陷入深重的灾难，许多革命家和知识分子投身于救国的大潮之中，力求准确把握和深刻认识变化中的中国社会，致力于探索国家救亡图存和民族振兴发展之道。以毛泽东同志为主要代表的中国共产党人，从社会革命的高度，开展了大量的社会调查，写出了影响深远的《中国社会各阶级的分析》《湖南农民运动考察报告》《寻乌调查》《兴国调查》等一系列著名的调查报告，有力地引领了中国革命的走向，这些都是社会学的经典文献。就是在那个时期，以李景汉、陶孟和、吴文藻和费孝通为代表的中国老一辈社会学家深入开展社会调查，产生了一大批优秀的社会调查研究成果。这固然由于他们受过系统严格的社会学训练，更在于他们有着正确的认识论和方法论：他们深入农村社会内部了解农民的生活实践，洞悉农村社会结构，把握社会前行的实际逻辑。

一边是革命家，一边是学院派；一边是社会调查与理论政策研究，一边是社会学调查与学理学术研究，两路人马有着鲜明的区别，然而都取得了巨大成功。他们的成功有着相同的原因。首先，他们的调查与研究目的都不是为了玩智力游戏，也不是简单地为了进行理论建构，他们都有着社会责任的历史担当，都是为了深刻认识中国社会、拯救中华民族于水火。其次，他们的研究都是从中国农村的实践出发，而不是把经典理论作为教条。再次，他们的研究都没有停留在感性认识的层面，没有简单地淹没于支离破碎的经验碎片之中，革命家是基于对社会现实和历史的全面分析，提炼出了中国社会革命的战略与策略，学院派则是在经验研究的基础上进行了有益的理论抽绎与建构。最后,他们的研究又都回归于社会实践进行检验,并程度不同地引导着和影响着中国社会实践。

新中国成立后的一段时期,中国社会学没有得到应有的发展。实行改革开放之后,中国经济快速发展,社会发生深刻变革,社会学得到了迅速恢复和发展。中国社会学界紧扣时代脉搏,作出了一系列卓有成效的社会调查,例如费孝通的小城镇调查、雷洁琼的家庭调查、陆学艺主持的"百县市调查",以及中国人民大学的"中国综合社会调查"(CGSS)、中国社会科学院的"中国社会状况综合调查"(CSS)、北京大学的"中国家庭追踪调查"(CFPS),近些年来北京师范大学的"百村社会治理调查",等等。这些社会调查不仅有力地推动了中国社会学的理论建设、学科发展,也在不同程度上影响了国家决策和相关政策的制定与实施。

历史和现实深刻表明,社会大变革时代,一定是社会学学科大发展的时代。当今世界正经历着百年未有之大变局;当代中国正进行着历史上最为广泛而深刻的社会变革,正经历着人类历史上最为宏大而独特的社会实践创新。这些都给包括社会学在内的社会科学繁荣发展提供了强大动力和广阔空间。如此巨大规模的世界变局,如此深刻的社会变革,如此丰富的社会实践,如此庞杂的社会问题,既是我们中国社会学人重大的学术研究和创新机遇,也是应尽的社会责任和历史担当。

二

社会学研究必须直面社会变迁中的真问题,社会调查也必须围绕社会变迁中的实际问题而展开。社会调查的范围涉及社会生产、生活的方方面面。当前和未来一段时期,以下方面尤其值得高度重视。

新一轮科技革命对人类社会的广泛和深刻影响。随着互联网、大数据、人工智能等新技术的兴起,社会生产方式、产业结构、产业形态、利益分配格局、生活模式、社会行为与社会运行状态、社会治理机制都在发生着深刻的变化。对这些问题展开深入调查,是我们面临的重要课题。

乡村社会变迁与乡村治理。改革开放尤其是进入21世纪以来，农民的生计模式发生了巨大变化，劳动力主要投放于非农就业，其对家庭的经济贡献占据主导地位。这使得农民的价值观念、家庭内部关系、农户之间关系、农村基层的建设状况，以及国家与乡村社会关系和乡村治理体系已经并将继续发生深刻的变化，如何完善相关的体制、制度、政策，如何推进农业农村现代化发展和深入实施乡村振兴战略等，都亟待调查研究。

城镇化与城市社会发展。在中国快速城镇化的进程中，城市的社会结构、社会组织、社会群体、人口流动、社会治理、社会行为、社会问题、生活方式、社会心理、社会关系，以及社会发展规律等方面，都迫切需要进行深入调查和研究。

单位、企业与劳工关系。传统单位制的变化与社会影响，企业与政府关系，企业与市场关系，企业与社区关系，企业内部运行机制，利益分配与保障体系，就业状况，新兴行业与新兴职业等，都需要调查研究。

家庭、婚姻、人口问题。在经济社会和文化价值体系深刻变化的情况下，家庭的规模与结构，代际关系、夫妻关系的变动，需要引起关注，尤其是生育意愿与生育行为、婚恋模式、同性恋、家庭暴力、家庭家教家风和婚姻的稳定性；抚养与教育、老龄社会治理、老龄人口养护等，都值得深入调查研究。

教育、医疗、健康、公共服务。这些是保障和改善民生的重点，也是推动基本公共服务均等化的重要内容；民生需求变化和改善供给结构；脱贫攻坚成果的巩固提升，相对贫困的治理等，都需要作为重要课题。

此外，城乡基层民主、法治、安全、诚信、环保、公平、正义等方面的问题和制度建设，以及优秀传统文化传承、智能社会发展与治理等，这些也都应该高度重视调查研究。

三

社会学人不仅仅是社会的生活者、观察者，还是思考者和理论的建构者。社会学的社会调查具有学术性、探索性，不仅仅是见闻的搜集、资料的获取、社会现状的了解，还要深入研究社会运行与发展的过程、逻辑与机理。因此，社会调查需要掌握科学方法。

树立问题意识。要围绕问题调查和搜集资料。资料看似搜集得丰富，但如果繁复琐碎，主次不分，"只见树木不见森林"，这样的资料用途有限，甚至可能是无效的信息，因为信息只有纳入到一定的社会事实的范畴内来思考和体悟才是有价值的。正是基于此，对于较大规模的调研，调查人员与项目设计者要做到认知的同构，并做到把调查与研究结合起来；否则，调查者便可能沦为"学术炮灰"，仅仅是个资料搜集员，主观能动性无法得到发挥，而研究者得到的仅仅是二手资料，缺乏厚重的质性感受，这样研究效果会大打折扣。

坚持整体性观念。社会生活的不同面向之间彼此交织、相互关联影响，从而构成一个社会的整体。任何一个系统只是更大系统中的子系统，只有在更大的系统中了解各个子系统之间的相互联系，才能对整个系统有深刻的理解。单从某一个方面切入可能会"盲人摸象"或过度阐释，发现各个部分之间的张力与悖论，能使我们迸发出知识与思想的火花。因此，当我们带着具体的问题、任务进行社会调查时，必须尽可能对相关的场域有整体性的了解；面对杂乱无章的现象，要善于抽丝剥茧、溯本求源、去伪存真、拂尘见金，深刻认识社会内部各部分之间的有机联系。80多年前，著名社会学家费孝通先生在江村做调研时，就成功地使用了这样的方法，这对于今天的社会调查研究仍有着很强的启迪意义。

解剖麻雀与全局分析。解剖麻雀就是进行典型个案调查，是要获得这一案例的全方面的知识，以求取得一个深入认识。在具体深入个案作性质判断的时候，可对其进行深描，以理解行动者背后的复杂动机。但是，解剖麻雀的最终目的是认识全局，以利于"解决问题"，调查就像"十月怀胎"，解决问题就像"一朝分娩"。如果我们只局限于个案的认识，就很难获得全局知识，甚至有可能出现"攻其一点、不及其余"的毛病。因此，在全面解剖麻雀的基础上，需要展开全局分析。在从个案调查到全局分析的过程中，理论指导非常关键。毛泽东同志进行农村调查，之所以能够把握农村全局，很重要的就是善于运用马克思主义的理论来解剖不同村庄的材料，让理论和具体实践有机结合起来。社会科学调查，之所以不同于一般社会调查，也在于它能够将社会科学理论运用于调查实践中，在具体个案调查中展开全局分析，从而见微知著、以小见大。

定性方法和定量方法。定性调查方法，主要是调查人员对调查对象作深入访谈来获取资料。这种调查方法的优点是，可以对调查对象进行详细、全面、深入的了解，并根据具体情况及时调整访谈内容，在与调查对象的互动过程中展开深入调查思考。召开调查会的方法，是一种典型的定性调查。要做"讨论式"调查，就是调查人员和调查对象之间进行深度交流，让调查对象来帮助调查人员完成对事情的分析和认识。定性调查的缺点是，在有限时间内，只能对有限的人员进行访谈，并获取调查资料；同时，定性调查在资料汇总以后，在分析总结阶段对调查人员的素质要求很高，需要既能够掌握大量资料，又能从具体资料中归纳分析出普遍性的认知。定量方法往往需要以扎实的定性研究为预研究。定量研究主要是在获得质性感受的基础上，通过发放调查问卷和研究表格，从被调查对象收集资料，并进行集中分析和研究的方法。这种方法的优点是，能够进行大规模的标准化、规范化调查；其缺点是，只能收集到有限的数据和信息，很难根据不同调查对象进行随机应变和调整；同时，对调查人员和调查对象的知识水平等要求也较高。

此外，随着科学技术的发展，大数据等信息化技术成为调查研究的重要手段、技术。运用大数据作为社会调查的重要方法，可以对数据进行收集整理、分类识别、清洗净化，进而对诸多复杂社会问题展开分析研究。运用大数据等新技术进行调查研究的做法会越来越多。

四

北京师范大学社会学学科发端于20世纪初，底蕴深厚，大家云集。1919年，我们党的创始人之一李大钊同志就在北京高等师范学校开设社会学课程。1930年，学校成立社会学系；后来并入北京师范大学的辅仁大学，在1943年也设立了社会学系。北京师范大学和辅仁大学的社会学学科聚集了一批名家，也培养了大量的优秀人才。曾经在两校社会学系任教的名家还有李达、黎锦熙、许德珩、黄凌霜、施存统、马哲民、李景汉、朱亦松、钟敬文、袁方等，这些名师大家先后为北京师范大学社会学学科打造了创立和发展的基础。

改革开放以来，中国社会学恢复重建，北京师范大学社会学学科也迎来了建设发展的历史机遇。1981年，学校设立民俗学博士点；2001年学校将原哲学院改建为哲学与社会学学院，成立社会学系，设立社会学硕士点和社会工作本科；2011年，学校成立中国社会管理研究院；2015年，学校将哲学与社会学学院的社会学系、文学院民俗学方向相关资源整合，成立社会学院，与中国社会管理研究院实行两个牌子、一套班子，致力于建设国家社会治理新型高端智库和社会学一流学术重镇；2017年，国务院学位委员会批准北京师范大学社会学院为社会学一级学科博士点；2019年，人力资源和社会保障部、全国博士后管理委员会批准北京师范大学在中国社会管理研究院/社会学院设立社会学博士后流动站；2020年初，中国社会管理研究院/社会学院成为国家批准的北京师范大学国家高端智库主要组成部分。

多年以来，北京师范大学中国社会管理研究院/社会学院的师生们，一方面阅读社会学及人文社会科学的经典理论，掌握基本知识、理论和方法；另一方面，深入农村、城市调研，产生了诸多科研成果。为了持续汇集和展示北京师范大学社会学教研人员和社会治理智库人员的社会调研成果，我们特编辑出版"京师社会调查丛书"。近年来，董磊明教授带领学生在深入农村调研的基础上完成了三本具有较高学术水平的著作，作为首批"京师社会调查丛书"出版。我们期待着有更多优质调查研究成果在此系列丛书中不断出版。我们也谨以此套丛书参与中国社会学、中国社会治理以及中国社会科学繁荣发展的进程之中，奉献给所有关心、关注中国社会发展与进步的人们。

"京师社会调查丛书"总序

【背景与效果】

《京师社会调查丛书》是汇集和展示北京师范大学社会学教研人员和社会治理智库人员的社会调研成果而出版的丛书,由社会科学文献出版社2020年10月出版了第一套。本文系作者为该丛书写的总序言,刊发在《社会治理》杂志2021年第3期。本文论述了社会调查与社会学研究的关系,回顾了中国的社会学发展历程,提出了当前和未来一段时期社会调查应该高度重视的一些领域和重要方面,阐述了社会调查需要掌握的科学方法等,对从事社会调查的人员具有很好的参考作用。

2017年3月14日，中国政策专家库专家委员会成立暨深入贯彻落实新发展理念研讨会。前排：右四魏礼群，右五黄守宏，右三陈锡文，右二韩文秀，右六尹成杰。

2020年11月10日，在中国政策专家库专家委员会会议上，中国言实出版社社长王昕朋为魏礼群（右）编著的《怎样搞好调查研究》一书颁发"中国言实出版社25周年最具影响力图书"证书。

2012年7月7日，魏礼群（前排右五）参加全国政协常委视察团视察伊春。

2012年8月1日至8日，魏礼群（右六）带队在西藏调研。

2001年9月6日，魏礼群在新疆轮台县调研西气东输工程起始站。

2000年8月19日，魏礼群（中）带领渤海海峡跨海通道研究课题组在山东长岛县实地调研。

2015年8月，魏礼群（前排右一）带领渤海海峡跨海通道研究课题组主要成员深入山东长岛县南隍城岛实地考察。

2012年10月31日，魏礼群（右三）带领国家种子"硅谷"发展战略研究课题组到北京市通州区调研。

2013年9月，魏礼群（左二）在广西防城港市调研。

2012年5月2日，魏礼群（右一）在徐州市睢宁县姚集镇考察黄河故道初期治理工程。

2014年4月1日，魏礼群（中）与"加快明清黄河故道综合整治和开发研究"课题组主要成员在河南省兰考县实地调研。

2010年7月，魏礼群（左四）在甘肃调研。

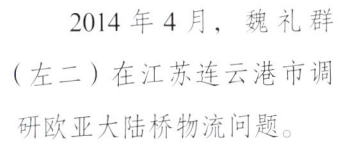

2014年4月，魏礼群（左二）在江苏连云港市调研欧亚大陆桥物流问题。

2004年5月2日，魏礼群（右）在天虹集团调研。

2014年12月，魏礼群（左一）在上海社区调研社会治理情况。

2015年10月13日，魏礼群（左三）在山东新泰调研政务服务标准化。

2020年10月10日至14日，魏礼群（右五）带领中国行政体制改革研究会课题组在苏州市调研市域协调发展问题。

2020年12月13日，魏礼群（中）在山东省济南市参加首届黄河发展论坛、中国区域经济50人论坛第18次研讨会、第四届鲁青论坛。

2021年4月5日，魏礼群（中）在古邳镇调研社会治理服务中心。

2021年4月5日，魏礼群（中）在徐州市调研。

2021年4月8日，魏礼群（右）和宿迁市委书记、市人大常委会主任王昊共同为北京师范大学社会治理智库调研基地揭牌。

2011年8月，魏礼群（左四）在新疆调研。

2021年4月20日,魏礼群(中)在浙江红船干部学院调研。

2020年10月13日,魏礼群(中)带领中国行政体制改革研究会课题组在江苏张家港市调研。

2021年4月18日至19日，魏礼群（前排中）带领中国行政体制改革研究会课题组在浙江省嘉善县调研，并参加"决胜全面建成小康社会：嘉善经验与启示"学术论坛。

2023年4月，魏礼群（中）在中央党校（国家行政学院）马克思恩格斯雕塑像前与调研团队部分人员合影。

实践篇

游戏论

正确认识和高度重视解决农民工问题

——《中国农民工调研报告》序言

2006年3月

改革开放以来，随着我国工业化、城镇化进程加快，越来越多的农村富余劳动力转移到城市(镇)和乡镇企业就业。在这个过程中，形成了一个特殊的社会群体，这就是被称为农民工的我国现代化建设中的一支新型劳动大军。农民工主要是指户籍仍在农村，进城务工和在当地或异地从事非农产业的劳动者。他们就业流动性强，有的在农闲季节外出务工、亦工亦农；有的长期在城市居住、生活和工作，已成为产业工人的重要组成部分。他们虽然尚未成为城市居民，但与农民也有很大的不同，生产生活方式、思想文化观念已受到城市现代文明的熏陶。农民工的大量涌现，为社会创造了财富，为农村增加了收入，为城乡发展注入了活力，为国家现代化建设做出了重大贡献。农民工的出现和发展，是中国国情的产物，将长期存在于现代化事业的进程中。正确认识和高度重视解决农民工问题，是建设中国特色社会主义事业的一个重大的历史性课题。

一、充分认识解决农民工问题的重要性和紧迫性

大量事实说明，农民工已是我国产业大军中的一支重要力量。据国家统计局调查，2004年全国进城务工和在乡镇企业就业的农民工总数超过2亿，

其中进城务工人员 1.2 亿左右。农民工广泛分布在国民经济的各个行业，其中在加工制造业中占从业人员的 68%，在建筑业、采掘业中接近 80%，在环卫、家政、餐饮等服务业中达到 50% 以上。农民工在我国工业化、城镇化、现代化建设中发挥着重要作用。可以说，过去 20 多年，如果没有农民工，我国的工业化、城镇化进程就不会有那么快，沿海地区新兴产业和开放型经济就不可能迅猛发展。

党中央、国务院高度重视农民工问题，已制定了一系列保障农民工权益和改善农民工就业环境的政策措施，各地区各部门做了大量工作，取得了积极成效。但从现实情况看，农民工面临的问题仍然十分突出。主要是：工资偏低，拖欠工资现象严重；劳动时间长，安全条件差；缺乏社会保障，职业病和工伤事故多；培训就业、子女上学、生活居住等方面也存在诸多困难，经济、政治、社会权益得不到有效保障。这些问题引发了不少社会矛盾和纠纷，也引起了社会各方面的广泛关注。进一步解决好农民工问题，有着极大的重要性和紧迫性，对于改革发展稳定和整个现代化事业具有全局性的重大意义。

解决农民工问题是落实科学发展观的迫切需要。科学发展观的重要内涵，是坚持以人为本，统筹城乡发展。这是由我们党执政为民的宗旨决定的，也是实现全面建设小康社会目标的要求。落实科学发展观，必须实行工业反哺农业、城市支持农村的方针，建立健全统筹城乡发展的体制和制度，促进工农、城乡协调发展，使城乡人民共享改革发展成果，逐步实现共同富裕。从根本上改变城乡二元结构，必须实行有利于调动农民工积极性和维护农民工权益的政策措施。农民工促进了市场导向、自主择业、竞争就业机制的形成，闯出了一条城乡融合发展、解决"三农"问题的新路。切实做好农民工工作，将有利于从根本上解决"三农"问题，协调工农关系，实现城乡共同繁荣发展。

解决农民工问题是建设社会主义和谐社会的必然要求。建设民主法治、公平正义、诚信友爱、充满活力、安定有序、人与自然和谐相处的社会主义和谐社会，是全面建设小康社会和实现现代化的重要目标。实现这一目标，必须使全体社会成员都享有平等权利，共享改革发展成果，这也必然要求解决好涉及农民工权益的一系列问题。只有妥善解决他们在劳动工资、就业环境、公共服务等方面存在的问题，切实保障农民工的经济、政治和社会权益，为农民工创造一个公平、良好的工作和生活环境，才能促进社会公平正义，形成充满活力、安定有序的社会局面。

解决农民工问题是建设中国特色社会主义的战略任务。农村富余劳动力向非农产业和城镇转移，是世界各国工业化、城镇化的必然趋势。各国在工业化过程中农业富余劳动力转移的规模、进度和方式不同，其社会效果也不一样。我国人口众多，农村劳动力数量也多，又正处在工业化、城镇化加快发展的阶段，将有越来越多的农村富余劳动力逐渐转移到非农产业和城市中。农民工队伍的出现和壮大，是我国转移农村富余劳动力的正确抉择和有效途径。大量农民工在城乡之间流动就业的现象在我国不是短期的，而必将是长期的。我们必须顺应工业化、城镇化的客观规律，并从我国国情出发，正确引导农村富余劳动力向非农产业和城镇有序转移。能否解决好农民工问题，直接关系到我国现代化进程快慢和宏伟目标能否实现。

胡锦涛同志在党的十六届四中全会上的讲话中，提出了"两个趋向"的重要论断："综观一些工业化国家发展的历程，在工业化初始阶段，农业支持工业、为工业提供积累是带有普遍性的趋向；但在工业化达到相当程度以后，工业反哺农业、城市支持农村，实现工业与农业、城市与农村协调发展，也是带有普遍性的趋向。"并明确指出，"我国现在总体上已到了以工促农、以城带乡的发展阶段。"这是对我国经济发展进入新阶段的科学判断。温家宝同志在十届全国人大三次会议所作的《政府工作报告》中明确指出："适应我国经济社会发展新阶段的要求，实行工业反哺农业、城市支持农村的方针，合理调整国民收入分配格局，更多地支持农业和农村发展"，提出要"进一步研究制定涉及农民工的各项政策"。这些重要论述和要求，为我们正确认识和高度重视解决农民工问题指明了方向。我们要从总结现代化建设规律和建设中国特色社会主义事业全局的高度，充分认识正确解决农民工问题的重要性、紧迫感和长期性。

二、解决农民工问题需要把握好的指导原则

农民工是我国工业化、城镇化、现代化进程中出现的新事物。解决好农民工问题，最根本的，是要有正确的指导原则。概括地说，既要遵循世界上现代化建设的一般规律，又要坚持从我国国情出发；既要积极解决农民工面临的诸多问题，又要把握改革发展稳定的大局；既要着力完善政策和管理，又要推进体制改革和制度创新；统筹城乡发展，推动中国特色工业化、城镇化、现代化稳步健康发展。进一步地说，解决好农民工问题需要把握好以下几个重要原则。

第一，公平对待，一视同仁

就是要尊重和维护农民工的合法权益，消除对农民进城务工的歧视性政策规定和体制性障碍，使他们和城市职工享有同等的权利和义务。这是坚持以人为本、促进社会公平和正义的具体体现，也是现代社会文明进步的重要标志。必须在全社会营造理解农民工、尊重农民工、保护农民工的良好氛围。这不仅要体现在涉及农民工的各项政策措施中，也要体现在各地方各部门的日常工作中，还要体现在用人单位的用人观念和做法中，任何部门、地方和单位都不应有歧视农民工的规定和做法。

第二，强化服务，完善管理

就是要转变政府职能，加强和改善对农民工的公共服务与社会管理，努力为农民工提供就业和改善生产生活条件的服务，提供维护合法权益和子女接受教育的服务。在管理方式上实现由防范式管理向服务型管理转变，在公共产品提供上实现由单纯面向城镇户籍人口向包括农民工在内的所有常住人口转变。要充分发挥企业、社区和中介组织的作用，使农民工享受应有的公共服务和权利，也使农民工更好地适应在城市工作、生活的新要求。

第三，统筹规划，合理引导

就是实行农村劳动力异地转移与就地转移相结合。要统筹城乡劳动力就业，搞好科学规划，实行正确的政策措施，引导农村富余劳动力有序转移。

我国国情决定了和规定着在推进工业化、城镇化的过程中，必须坚持"两条腿走路"方针，坚持大中小城市和小城镇协调发展。既要积极引导农民进城务工，又要大力发展乡镇企业和县域经济，扩大农村劳动力在当地转移就业。这样，才能确保农村劳动力的合理、有序流动，防止大量农民盲目涌进城市特别是大城市，避免一些国家出现过的大城市人口急剧膨胀和贫富悬殊的现象。

第四，因地制宜，分类指导

就是要坚持从各地实际情况出发，有针对性地解决农民工面临的各种问题。我们国家地域辽阔，各地发展不平衡，解决农民工问题也一定要考虑到各地的差异，不搞一个模式。近些年来，许多部门和地区进行了不少的尝试，积累了有益的经验。要加强对农民工工作的统筹协调和分类指导。输出地和输入地都要有针对性地解决农民工问题。要积极探索保护农民工权益、促进农村富余劳动力有序流动的有效办法和途径。

第五，立足当前，着眼长远

就是既要抓紧解决农民工面临的突出问题，又要靠改革和发展，逐步解决涉及农民工利益的深层次问题，形成从根本上保障农民工权益的体制与制度。我国农村富余劳动力转移流动将是一个长期的历史过程，农民工这一特殊群体也将伴随我国工业化、城镇化、现代化的长过程。解决农民工问题应该坚持当前和长远相结合，方向性和操作性相统一。对一时解决不了的问题，可以提出解决问题的原则、方向和思路，为各地进一步探索和完善留有空间。

贯彻以上这些原则，从根本上说，就是要全面落实科学发展观和构建和谐社会的重大思想，善待农民工，走中国特色的农村劳动力转移之路。

三、当前需要着力研究解决的几个问题

解决农民工问题涉及面广，需要做多方面的工作。当前，特别要抓紧解决涉及农民工利益的一些带普遍性和最现实的问题。

第一，着力解决农民工收入偏低和生产生活条件差的问题

这是最直接的关乎农民工切身利益的问题，也是当前农民工反映强烈的问题，必须下大力气加以解决。一方面，要从制度机制上杜绝拖欠和克扣工资的现象，建立工资支付监控制度和工资保证金制度。做到农民工工资发放月清月结或按劳动合同约定执行，切实加大对拖欠农民工工资的用人单位的处罚力度。另一方面，要规范农民工工资管理，严格执行最低工资制度，制定和推行小时最低工资标准，逐步改变农民工工资偏低、同工不同酬的状况。现在，不少地方在这两个方面都做了积极探索，要认真总结经验，推广成熟做法。同时，要改善农民工生产生活条件，有关部门应切实履行职业安全和劳动保护监管职责，企业必须按规定配备安全生产和职业病防护设施，强化用人单位职业安全卫生的主体责任。要依法保障农民工的休息权和休假权，监督用人单位严格执行国家关于职工休息休假的规定，对于延长工时和占用休息日、法定假日工作的，必须依法支付加班工资。任何企业都不得压低或变相减少加班时间的工资支付。要多渠道地改善农民工居住条件，保证农民工居住场所符合基本的卫生和安全标准，通过完善社区文化设施和公共服务，丰富农民工业余文化生活。

第二，加强农民工就业培训和劳动合同管理

关键是要改革城乡分割的就业管理体制，逐步建立城乡统一、公平竞争的劳动力市场，为农民工提供平等的就业机会和服务。各地方、各部门要进一步清理和取消针对农民工进城就业的各种歧视性规定和不合理限制，清理对企业使用农民工的行政审批和行政收费。各级政府都要把帮助农村富余劳动力转移就业作为公共服务的重要内容；城市公共职业介绍机构要向农民工开放，免费提供政策咨询、就业信息、就业指导和职业介绍；要依法规范职业中介、劳务派遣和企业招用工行为。要适应工业化、城镇化、现代化进程和农村劳动力转移就业的需求，加强农民工职业技能培训，大力发展面向农村的职业教育，提高农民转移就业能力。要严格执行劳动合同制度，加强对用人单位订立和履行劳动合同的指导与监督，制定和推行规范的劳动合同文本，建立权责明确的劳动关系。任何单位都不得违反劳动约定损害农民工合法权益，特别要依法保护女工和未成年工权益，严格禁止使用童工，对介绍和使用童工的违法行为应从严惩处。

第三，积极稳妥地解决农民工社会保障问题

农民工的社会保障是一个相对复杂的问题，也是各方面都比较关注的问题。抓紧建立符合农民工就业特点的社会保障制度，已成为一项重要而紧迫的任务。这既涉及维护农民工权益，也关系稳定农民工队伍。要根据农民工的社会保障需求，坚持分类指导、稳步推进，首先着力解决工伤保险和大病医疗保障问题，逐步解决养老保障问题。农民工的社会保障，要适应农民工就业流动性大的特点，保险关系和待遇能够转移接续，使农民工在流动就业中的社会保障权益不受损害；要兼顾农民工工资收入偏低的实际情况，实行低标准进入、渐进式过渡，调动用人单位和农民工参保的积极性。各地都要认真贯彻落实《工伤保险条例》，依法将农民工纳入工伤保险范围，所有用人单位必须及时为农民工办理参加工伤保险手续。当前，要加快推进农民工较为集中、工伤风险程度较高的建筑、采掘等行业参加工伤保险。各统筹地区要采取建立大病医疗保险统筹基金的办法，重点解决农民工进城务工期间的住院医疗保障问题，农民工也可自愿参加原籍的新型农村合作医疗。要抓紧研究探索低费率、广覆盖、可转移，并能够与城乡养老保险制度相衔接的农民工养老保险办法。有条件的地方，可直接将稳定就业的农民工纳入城镇职工基本养老和医疗保险。

第四，改善对农民工的公共服务

农民工输入地政府要切实转变思想观念和管理方式，对农民工实行属地管理。要在编制发展规划、制定公共政策、建设公用设施等方面，统筹考虑长期在城市就业、生活和居住的农民工对公共服务的需要，逐步健全覆盖农民工的城市公共服务体系。当前，子女上学是长期在城市工作的农民工面临的一个突出问题。输入地政府要承担起农民工同住子女义务教育的责任，将农民工子女义务教育纳入当地教育事业发展规划，列入教育预算，以全日制公办中小学为主接收农民工子女入学。城市公办学校对农民工子女接受义务教育要与当地学生在收费、管理等方面同等对待，不得违反国家规定向农民工子女加收借读费及其他任何费用。输入地政府还要加强农民工疾病预防控制和适龄儿童免疫工作；实行以输入地为主、输出地和输入地协调配合的管理服务体制，全面搞好农民工计划生育管理和服务。

第五，健全维护农民工权益的保障机制

目前，涉及农民工的侵权案件屡屡发生，由于多种原因使得维护农民工合法权益工作困难重重，健全维护农民工权益的保障机制至关重要。要保障农民工依法享有的民主政治权利，保障农民工参与企业民主管理权利。农民工在评定技术职称、晋升职务、评选劳动模范和先进生产者等方面要与城镇职工同等看待。要依法保障农民工人身自由和人格尊严，严禁打骂、侮辱农民工的非法行为。要深化户籍管理制度改革，逐步地、有条件地解决长期在城市就业和居住的农民工户籍问题。当然，户籍制度改革是一个十分重要而又相对复杂的问题，一定要根据大中小城市的不同情况，从各地实际情况出发，积极而稳步推进。要加大维护农民工权益的执法力度，健全农民工维权举报投诉制度，做好对农民工的法律服务和法律援助工作。应充分发挥各级工会、共青团、妇联组织在农民工维权工作中的作用。

第六，大力促进农村劳动力就近转移就业

这是走新型工业化道路的必然要求，是解决我国庞大农村劳动力转移就业的必由之路，也是我们必须长期坚持的重大指导方针。据调查，目前全国已转移的农村劳动力中，县域经济范围内吸纳了65%，主要是在乡镇企业和中小企业就业，浙江、江苏、山东、广东等经济发达省份省内就地、就近转移的农村劳动力都达到90%左右。实践证明，这种就业模式和途径是十分必要和重要的。一定要大力发展乡镇企业和县域经济，扩大农村富余劳动力在当地转移就业容量。要努力引导相关产业向中西部转移，增加中西部地区农民在当地就业的机会。要大力开展农村基础设施建设，这不仅可以帮助农民改善生产生活条件和增加收入，也有利于促进农村富余劳动力就近就业。要提高小城镇产业集聚和人口吸纳能力，鼓励外出务工农民回到小城镇创业和居住。特别要依法保护农民工土地承包权益，这是降低农民工在城市失业风险、维护社会和谐稳定的一个重大问题。

第七，着力提高农民工自身素质

由于农民工已经并将进一步成为我国产业工人的重要组成部分，这支劳动大军的素质状况，直接关系到我国产业素质和竞争力，关系到整个工业化、现代化水平。因此，一定要用极大的努力全面提高农民工素质，包括政治思想素质、业务技能素质、科学文化素质。要高度重视和切实加强对农民工的教育和培训，不断提高他们的科学文化水平。要在农民工中开展职业道德教育，引导农民工爱岗敬业、诚实守信、遵守职业行为准则，成为既熟练掌握职业技能，又具备良好职业道德的合格的产业工人。要开展普法宣传教育，引导农民工增强法制观念，知法守法，学会利用法律，通过合法渠道维护自身权益。要开展精神文明创建活动，引导农民工遵守交通规则、爱护公共环境、讲究文明礼貌，培养科学、文明、健康的生活方式。广大农民工要努力按照现代产业工人的基本素质要求自己，刻苦学习科学文化知识、学习业务和生产技能、学习国家法律法规和方针政策，要遵守社会公共道德规范，履行当地城市居民应尽义务，以适应国家现代化发展的要求。

2005年初，国务院领导同志就研究解决农民工问题作出重要批示，要求国务院研究室牵头，组织党中央、国务院有关部门和有关地方以及部分专家，对农民工问题进行全面、系统、深入的调查研究，并在研究成熟后为国务院制定一个关于解决农民工问题的指导性文件。历经10个多月的努力，课题组形成了一批调研成果，并起草了一个指导性文件；2006年1月18日，温家宝同志主持国务院第122次常务会议听取汇报，并讨论通过了《国务院关于解决农民工问题的若干意见》的文件，已经发布实施。这本《中国农民工调研报告》，汇集了对农民工问题作系统调查研究的丰硕成果。这些研究成果，丰富了对农民工的地位、作用、现状、趋势和一系列相关问题的认识。农民工这一新事物还在不断发展变化中，请广大读者和我们一起继续关注和深入研究农民工问题，为这支新型劳动大军的可贵精神和重大作用鼓与呼，为从根本上解决农民工问题进行坚持不懈的探索与奋斗。

怎样搞好调查研究——认知与实践

【背景与效果】

农民工是我国改革开放和工业化、城镇化进程中涌现出来的一支新型劳动大军,对我国经济社会发展和现代化建设作出了重大贡献。党中央、国务院高度重视农民工问题,制定了一系列保障农民工权益和改善农民工就业环境的政策措施。但农民工面临的问题仍然十分突出,解决农民工问题有着极大的重要性和紧迫性。2005年3月至12月,按照国务院主要领导批示,国务院研究室牵头组成课题组,魏礼群和韩长赋为课题组负责人,开展了大规模的关于农民工问题的调查研究工作。党中央和国务院17个部门、8个农民工输出或输入大省(市)为成员单位,并邀请5位长期从事农民工问题研究的专家参加。国务院研究室有关人员先后到北京、上海、广东、山东、湖南、湖北、江苏、浙江、四川、河南、宁夏等11个省(自治区、直辖市)进行调研,实地考察了农民工集中的企业和居住区、农民工培训场所、劳动力市场、社会保险经办机构、农民工子弟学校等,召开各种类型的座谈会50余次。经过全面、系统、深入调查研究,基本掌握了我国农民工的历史、现状、特点和发展趋势,摸清了当时农民工面临的突出问题及其原因,总结了有关地区和部门加强农民工服务和管理的做法和经验,提出了进一步解决农民工问题的基本思路和一系列政策措施建议,形成了《中国农民工问题研究总报告》和55篇高质量的专题调研报告,受到国务院领导和各方面的高度评价。更为重要的是,课题组代拟了《国务院关于解决农民工问题的若干意见》文件稿(国发〔2006〕5号)。这个重要文件也是此次农民工问题调查研究的重大成果。后来,课题组将这些调研成果结集成《中国农民工调研报告》一书,由中国言实出版社2006年4月出版。本文是魏礼群为该书写的序言,《人民日报》2006年4月26日予以全文发表。此书出版后,引起社会各界的高度关注和好评,荣获由国家新闻出版总署主办的首届中国政府出版奖、全国服务"三农"优秀图书奖,中国言实出版社多次重印。

当前金融领域的一些主要问题和建议

——赴天津市调研金融工作的情况报告

（2006年8月7日）

2006年6月19日至20日，国务院研究室魏礼群主任一行赴天津市就金融工作作调查研究。与天津市委、市政府、市发改委、人民银行天津分行、市银监局、证监局、保监局和主要金融企业负责同志进行了座谈。各方面一致认为，近几年金融工作取得了很大成绩和进步，当前金融总体形势是好的，必须充分肯定，同时也提出了一些值得重视的问题。现将调研中了解到的金融领域一些主要问题和建议报告如下。

一、国有银行改革取得重要进展，但建成现代商业银行仍然任重道远，必须着力完善公司治理结构

人民银行天津分行、天津市银监局、中国银行天津分行等单位的同志反映，近几年国有商业银行改革取得了很大成绩，但与现代银行相比，内部基础工作和基础管理还差得很远，特别是公司治理结构改革尚未触及基层。中行、建行、工行改革总的框架和方案是好的，总行一级公司治理结构发生了很大变化，但体制机制改革真正在分支行和基层网点落实还很困难，好的框架还没有好的内容来充实。目前基层存在的主要问题：一是经营理念没有实质性改变，机构、岗位名称变了，但人还是原来的人，仍固守旧的观念；二

是考核机制没有实质性改变，仍只重视发展指标，忽视风险考核；三是用人机制没有实质性改变，仍沿用培养行政干部的办法，留不住人才。四是业务和管理流程没有实质性改变，仍是冗员过多、层次繁琐、效率不高，改革难度较大。例如，工行天津分行和平支行一共 500 多人，管理人员占到 40% 以上，但业务一线人才严重匮乏。又如，中行天津分行也是中层管理人员太多，现行体制是设置 18 个支行，管理 200 多个基层网点，按平均每个支行 3 个行领导计算，至少有 54 个正、副行长；如果借鉴国外经验，设置区域协调官，只需 10 个左右中层管理人员。

建议：国有商业银行改革要上下联动，下大力气推进分支行和基层网点改革。一是按扁平化管理的要求，梳理、整合和优化业务流程；二是在此基础上再造内部管理流程，取消支行一级中间管理层，直接由分行业务单位实行垂直管理，减少中层管理人员；三是按需设岗、按岗定员，统筹考虑前、中、后台，把人才充实到业务一线；四是积极为改革创造必要条件，包括完善信息网络、健全内部控制和风险管理机制、培育良好的金融企业文化等。

二、融资方式结构性矛盾突出，间接融资比重过高，必须尽快明显提高直接融资比重

天津市发改委、人民银行天津分行、天津市证监局、渤海银行等单位的同志反映，我国金融业发展存在重大的结构性失衡问题，突出表现在，长期存在的间接融资比重过高、直接融资比重过低状况难以改变。1997 年全国金融工作会议就提出增加直接融资的渠道和比重，但这些年来直接融资比重不仅没有提高，反而呈下降趋势。同时，资本市场发展结构单一，特别是债券市场发展缓慢。1993 年党的十四届三中全会明确提出"资本市场要积极稳妥地发展债券、股票融资"，把债券市场放在重要位置，但这些年来忽视了发展债券市场和其他直接融资。例如，《企业债券管理条例》是 1993 年制定的，早已不适应形势发展需要，但修订工作进展缓慢，目前尚未完成；又如，

20世纪90年代末，产业基金的立法工作就提上了议事日程，但时至今日有关法律法规仍迟迟没有出台。融资方式结构性矛盾持续发展，对我国金融、经济发展的不利影响越来越大：一是过度依赖间接融资配置资金资源，影响资源配置效率，加大金融调控压力；二是企业融资渠道单一，经济社会发展薄弱环节的资金需求得不到满足；三是资本市场和保险市场分散金融风险的作用得不到发挥，全社会的融资风险过度向银行业集中，金融安全隐患不断加大。

建议：把提高直接融资比重作为金融改革的一项重点任务明确提出来，并提出明确的目标，采取有力措施推进债券、股票、基金和其他直接融资方式的发展，多渠道增加直接融资。一是着力发展债券市场。尽快完成《企业债券管理条例》修订工作，改进企业债券管理办法；对铁路、公路等重大工程项目，可以考虑以发行专项建设债券为主筹集资金；允许地方政府发行市政债券为城市基础设施建设融资。二是大力发展股票市场，建立多层次市场体系。三是鼓励和支持金融创新，积极发展产业基金、创业风险投资和集合信托。

三、农村金融改革进展缓慢，必须加快建立健全多元化、多层次农村金融体系

在座谈中，人民银行、农业银行天津分行等单位的同志反映，农村金融是目前金融业的突出薄弱环节之一，远远不能适应农业和农村经济发展的需要。主要是：农业银行服务"三农"功能继续弱化；农业发展银行定位不明确；农村信用社发展支持"三农"主力军作用力不从心；农村保险业与"三农"需求有很大差距；农村资金外流现象严重。

建议：从加强"三农"工作、推进新农村建设和全面建设小康社会的战略高度出发，统筹考虑农村金融改革。

（1）加快农业银行改革，总的要求是，改革要坚持"整体改制、商业运作、面向国内、支持'三农'"的原则，有利于推进经营机制转变，有利于发挥农业银行现有优势，更好地为"三农"和县域经济服务。农业银行改革应当实行整体改制、而不是拆分改革的主要理由：一是从国际上看，大型银

行改革发展趋势都是通过做大做强提高竞争实力,而不是分拆为小银行;二是从发挥农业银行优势看,农业银行作为全国性的大银行,有网点和资金支付、汇兑、清算的网络优势,是把全国农村金融联成体系的重要基础,分拆将造成大量资源浪费,不仅影响农业银行自身发展,其他农村金融机构跨区域业务也会受到严重影响;三是从农业银行历史和现状看,农业银行各地发展很不平衡,分拆后一些地方特别是中西部地区必然难以消化历史包袱,支农金融力量的地区性失衡将更加严重,影响区域协调发展,还会加剧地方行政干预;四是农业银行冗员过多,资产质量不高,改革涉及面广,分拆改革面临较大道德风险,容易出问题。

(2)农业发展银行改革要处理好与农业银行改革的关系,尽快明确功能定位,恢复决定成立农业发展银行时确定的政策性职能,除继续履行粮棉油收购资金供应职责外,要在农业综合开发、农村基础设施建设等方面发挥政策性支持作用。

(3)继续深化农村信用社改革,充分发挥支持"三农"主力军作用,探索发展农村小额信贷组织。

(4)加快发展农村保险业。可以依托和利用农村信用社、农村合作银行网点多、了解农户的优势,允许其发展农村保险业务。

四、国际收支不平衡问题突出,金融经济风险加大,必须适当调整外资、外贸和外汇管理政策

人民银行天津分行等单位的同志认为,近几年我国金融、经济运行中的一个突出问题是,经常项目和资本项目持续大幅"双顺差",人民币升值预期上升,外汇占款项下货币过量投放,金融调控难度加大,给金融稳定运行和经济健康发展带来不利影响甚至是很大威胁。目前这个问题呈继续发展趋势,必须尽快采取有效措施加以解决。国家外汇储备增加是好事,但要防患于未然,防止出现大的风险,特别要避免可能发生两种不良后果:一是美元持续大幅贬值,造成外汇储备重大损失;二是货币投放持续过量增加,一旦

情况发生逆转，可能出现严重通货膨胀。

建议：一是拓宽外汇储备的运用渠道，用好外汇储备存量。二是采取综合性措施，适当调整在外汇短缺时期实行的"外贸奖出限入，资金宽进严出"政策体系；调整和优化进出口结构；提高利用外资质量，促进加工贸易转型；加快统一内外资企业所得税；继续完善人民币汇率形成机制；进一步改革外汇管理体制；有序可控地拓宽资本流入流出渠道，加强对跨境资本流动的监管。

五、一些金融企业管理松懈，信息和数据严重失真，必须改进和加强金融监管

人民银行天津分行、天津市银监局等单位的同志反映，当前一些金融企业信息和数据失真问题相当严重，监管部门难以掌握金融企业的真实情况，是影响监管有效性、导致金融领域大案要案时有发生的一个重要原因。一是基层银行自身数据不真实，存在虚报、编造数据现象。有些基层银行仍然在用行政手段控制指标和影响报表数据。监管部门在检查中发现，在考核时点，如年底、月底，反映银行经营效益、不良资产状况的指标往往都很好，但抽查其他时点数据却发现，同样的指标往往不合格，基层银行数据造假痕迹明显。二是基层银行贷款对象基础数据和信息失真。主要原因是，管理不严、人员素质低、责任心不强，对贷款企业数据不认真审查，对企业所提供的信息不进行核实。例如，最近农业银行天津分行发生一起长达8年之久的蓄谋骗贷案件，涉案公司是一家有背景的贸易公司。该公司长期骗取银行贷款，经常用银行本票转移贷款资金、用巨额现金支付贷款利息；企业报表漏洞很多，没有现金流量表和贸易往来账目；提供的会计师事务所报告只有事务所公章，没有事务所负责人印章；用于贷款抵押的房地产纯属虚构（案发后公安局到产权交易中心去一次就核查出来，而基层银行信贷员敷衍了事，年年去核实却没有发现）。这家公司漏洞百出，查出其问题并不难，而有关支行领导和信贷员却长期视而不见，连续8年审贷一路绿灯，还将这家公司

作为2A级以上企业进行管理。天津市银监局的同志说，目前基层银行执行相关制度走形式，满足于表面上的贷款资料齐全、贷款手续完备，对贷款企业"借款增资"虚构资本金实力、"还旧借新"粉饰经营业绩等造假行为听之任之，已是一个很普遍的现象。许多问题只要银行基层人员业务水平稍高一点、责任心稍强一点、执行内控制度稍严一点，完全可以识破骗局，避免损失。

建议：一是坚持把加强金融监管作为金融工作重中之重，不仅要改进银行外部监管，更要强化银行内部稽核监管，提高监管有效性；二是加大对金融企业非现场监管力度，充分运用先进技术手段进行监管，及时发现风险隐患；三是完善法律法规，加大对金融领域违法犯罪行为的惩处力度；四是加强监管人才建设，把素质过硬、业务精通的同志充实到监管一线。

六、金融业粗放发展，风险隐患突出，必须大力推进金融创新，提高金融对外开放水平

天津市银监局、工商银行、农业银行和开发银行天津分行等单位的同志反映，金融业粗放发展问题相当严重，突出表现在：对大客户服务多，对中小客户服务少；银行贷款业务多，中间业务少；对客户现金类服务多，资产类、咨询类服务少。特别是金融企业创新能力不足，金融产品单一，同质化低水平过度竞争、无序竞争现象严重，不仅无法满足企业和居民多层次、多样化的金融服务需求，还影响金融企业效益，扰乱金融秩序。

渤海银行、天津商业银行等单位的同志反映，加入世贸组织过渡期结束后，我国金融企业面临前所未有的竞争压力，对外资银行的竞争优势怎么估计都不过分。一是金融规则和产品、技术标准都是欧美大银行制定的；二是外资银行有母公司的雄厚资本和全球网络支持，比如，开展银行代客理财，外资银行就具有全球市场运作的优势；三是外资银行体制机制好，拥有先进技术和管理经验，创新能力强，产品和服务成熟；四是外资银行历史包袱少，还享受超国民待遇，内资银行税负明显偏重。

人民银行、中国银行天津分行等单位的同志反映，目前金融领域风险隐

患还很多，有些是历史遗留问题，有些是发展中出现的新问题。一是证券机构过去非法吸收的存款还没有完全兑付；二是前几年关闭中小型金融机构后，许多地方对机构债务和个人大额债务还没有处理；三是近几年固定资产投资持续增长过快，可能出现大量新增银行不良贷款，导致经济周期性金融风险；四是金融业出现综合经营新趋势，跨行业系统性风险增加。

建议：一是积极推进金融创新，包括制度创新、管理创新和服务创新。坚持以金融企业为创新主体，从体制机制和政策措施上鼓励创新，改变普遍存在的怕创新、怕出错、怕负责、怕承担风险的状况。二是提高信贷政策有效性。抓紧研究对农业、中小企业贷款的尽职免责标准，对合法、合规、尽职情况下出现的贷款风险责任免于追究，鼓励金融企业向农业、中小企业增加贷款。细化贷款行业划分标准，避免信贷调控中的"一刀切"，更好地体现区别对待、有保有压。三是采取有效措施，继续化解历史遗留的风险隐患，注重防范经济周期性波动金融风险。完善金融监管协调机制，有效防范综合经营趋势下新的风险。四是统筹协调金融业对外开放。抓紧制定金融业对外开放的总体目标，妥善把握开放时机和节奏。批准外国金融企业在我国设立分支机构时，要坚持对等原则，支持我国金融企业"走出去"。五是抓紧研究金融业分级管理体制问题，包括合理界定中央和地方金融管理权限，下放部分金融业管理权，允许地方政府批准设立小型社区金融机构，并负责监管。

七、抓紧落实具体政策措施，推进天津滨海新区金融改革和创新

座谈会上，天津市发改委、人民银行天津分行、天津市金融监管机构和主要金融企业的同志表示，《国务院关于推进天津滨海新区开发开放有关问题的意见》对滨海新区开发开放作出全面部署，明确提出"天津滨海新区为全国综合配套改革试验区"，是对滨海新区发展的指导和重大支持。要抓紧制定和落实具体配套政策措施，加快推进滨海新区金融改革和创新，为滨海新区发展提供金融支持。

建议：一是选择条件较好的金融机构如渤海银行，率先在滨海新区进行综合经营试点，批准一些金融控股公司在滨海新区设立子公司开展综合经营；二是试点发展产业基金、创业风险投资、集合信托等直接融资，尽快批复滨海新区产业基金试点方案；三是允许滨海新区国有商业银行分支机构有限度地跨区域经营；四是在滨海新区进行外汇管理体制改革试点，改企业强制结售汇为意愿结售汇，进行离岸金融业务试点。

【背景与效果】

本文系作者为2007年初第三次全国金融工作会议作准备工作的调查研究报告。这个报告坚持调查问题和提出政策建议紧密结合，条理清晰，针对性强，文字简练。国务院主要领导作出批示，报告提出的一些政策措施建议，被吸收到第三次全国金融工作会议文件中，为党中央、国务院决策发挥了重要参考作用。本课题组负责人为魏礼群，课题组主要成员有胡哲一、肖炎舜、霍达、张雁云。

深入开展调查研究　加强和改进学院工作

（2008年7月1日）

今天是7月1日，是中国共产党成立87周年纪念日。请大家来开座谈会，既是纪念党的生日，也是做个调查研究，深入了解学院的情况，以利于进一步加强和改进学院工作。

一、调查研究是谋事之基

我们国家行政学院的定位、方向、功能、职责和任务，党中央、国务院都有明确的规定和要求。学院历届领导班子和广大教职工认真贯彻执行中央规定和要求，取得了明显成绩，积累了不少经验。我到学院工作一个月来，多方面地进行调查研究，先后拜访了建院初期的几位老领导，与学院领导班子和各部门负责人也都分别进行了交谈，初步了解到学院的一些情况。大家都认为，多年来学院建设有了一个较好的基础；但也都认为，国际国内形势发生了很大变化，对我们国家行政学院建设和发展提出了新的要求，我们要在以前工作的基础上，把学院办得更好。从根本上说，进一步办好学院，主要靠我们全院的教职工，靠集体的智慧和力量。搞好调查研究是谋事之基、成事之道。所以，在前一个月普遍进行访谈和交流之后，我想开四个座谈会，深入进行调查研究。这四个座谈会都是同一个主题，就是学院工作如何进一步围绕中心、服务大局；如何充分发挥学院优势，更加突出特色；如何继续解放思想，推进改革创新；如何实施人才强院战略，加强队伍建设。由于时间关系，大家可以就其中的一两个题目充分发表意见。我召开的四次座谈会，有两次座谈会是听取专家学者的意见，还有两次座谈会是听取行政后勤部门人员的意见。这次座谈会主要是听取专家学者的意见，参加座谈会的，有老同志，有中年同志，有青年同志，各个方面的意见都听一听。要充分发扬民主，广开言路，大家可以站得高一些、看得远一些、想得深一些，建议提得具体一些，做到知无不言，言无不尽，言者无罪，闻者足戒，特别是需要迫切解决的问题，包括有些涉及全院的问题，有些涉及部门的问题，有些涉及某一部分人的问题，都可以敞开思想，畅所欲言，使我们的座谈会更有成效。

二、需要深入研究的几个问题

刚才，11位教授的发言是作了充分准备的，都讲得很好。这次座谈会使我进一步了解了学院的发展历史和现状，也使我知道了大家的要求和期盼，都希望有一个明确的战略目标，以凝聚人心，鼓舞斗志，催人奋进。大家提了一些建议，有些是属于全局性的，有些属于机构设置的，有些属于部门工作的，很有价值。这说明大家都十分关心我们学院的建设和发展，都有一片赤诚的心，都希望把国家行政学院办得更好，把我们学院办好也就是为国家事业作出贡献。今天我也深受教育，感到大家对学院的未来充满信心。我到学院工作后的第一次党委会议上就讲，我是来干事业的，我要同大家一起把我们国家行政学院事业推向前进。

我今天提出几个题目，请大家深入思考和研究。

（一）学院的定位问题

中央已经有了明确的规定，我们怎样全面地、准确地理解和贯彻？国家行政学院不是政府机关，但有些人员是参照公务员管理的，又有机关的某些特点；学院是干部教育培训机构，又有学校的某些特点，既有机关的某些特点和要求，也有学校的某些特点和要求。怎样正确把握学院定位？这是我最近考虑的问题。既是高中级公务员的培训机构，培养高层次管理人才的阵地,又是国务院直属事业单位、重要的机构。我也看到中央文件规定,学院要以政府工作为主题,围绕政府工作开展工作。学院应该为国务院的工作服务,理论与实际结合得好,就能准确找到学院的定位,充分发挥学院的功能和作用。搞得不好,要么变成政府机关,要么变成普通高等学校;要么就是单纯搞理论研究,要么就会陷入具体实际工作,像国务院业务部门那样处理大量的具体事务。怎样把理论和实际结合得更好,使国家行政学院的定位更准确,在工作中更好发挥功能和作用?这是值得我们深思的一个问题。

(二)学院的优势问题

国家行政学院有哪些优势?我们说要发挥优势,必须看清优势在哪里。有的教授说,学院是个"金矿",这很有道理。怎么样认清、看准我们的优势,大家可以继续研究。学院的优势在哪里?我看起码有两个突出方面:一是学院贴近政府工作实际,我们要为国务院工作大局服务,这方面有自己的优势。二是国家行政学院承担着更多的国(境)外公务员培训任务,同国际上公务员培训和公共行政领域合作更多一些。能不能把我们的优势很清晰地归纳成几个方面?只有这样,才能充分利用和发挥各种优势,实现更好的发展。

(三)学院的特色问题

国家行政学院的鲜明特色是什么?有的同志对我讲,我们的学院是国家级的,在地方还有地方各级行政学院。行政学院和党校有区别,和延安、井冈山、浦东等几个干部学院也有区别,就是学院主要围绕公共行政领域理论和实践,围绕现代化政府建设、行政体制改革、政府职能转变、依法行政、社会管理,开展教学、科研、咨询工作。我们的特色、品牌究竟在哪里?需要作深入研究。教学、科研、咨询成果要不断地推陈出新。要围绕品牌做大做强。学院特色怎么才能更加突出,在国内外更加有影响,发挥更大的作用?这涉及核心竞争力的问题。现在各方面干部教育培训机构的竞争更加激烈,北京大学、清华大学等也在举办干部教育培训班、国有企业领导人员培训班。我们要在激烈的竞争中发展壮大,就需要有自己的特色和自主品牌。

怎么认识和把握好这几个问题,不仅要认准自己的定位、优势、特色、品牌，而且要有一套体制、制度、机制、手段来保障。我们的体制、制度、机制、手段怎样才能有利于发挥优势、品牌、特色？学院的希望在于推进改革开放，生命力也在于推进改革开放。我们要从改革开放中找出路、求发展，发挥自己的优势，彰显自己的特色。

三、关于行政学院的工作方针

在经过前段时间调查研究的基础上，我已经在学院党委会上提出，要实行科学建院、民主建院、依法建院的工作方针。学院党委各同志都赞成这条工作方针。

所谓科学建院，就是以人为本，全面协调可持续发展。以人为本是科学发展观的核心，根本方法是统筹兼顾。我们要按照科学发展观的要求来建设学院。

所谓民主建院，就是要充分发扬民主，广开言路，让每一位教师、每一位党政管理工作者、每一位后勤人员都能够自由发表意见，都能够献计献策，都能够充分发挥聪明才智，使一切有利于学院事业发展的积极性、创造性都最大限度地迸发出来。

所谓依法建院，就是要健全规章制度，靠制度管人，靠制度管事，靠制度管权，不只是靠哪一个人的威望、哪几个人的能力。学院已有的制度，正确的要坚持、要执行，不完善的要完善，还没有的要抓紧制定。办好学院要靠制度，制度带有根本性、全局性、长远性和稳定性。

我相信，在党中央、国务院的关怀下，全院上下一致努力，国家行政学院一定会在新的起点上开创新的发展局面。

【背景与效果】

本文系作者于2008年7月1日在国家行政学院召开调查研究专家学者座谈会上的讲话。2008年5月28日，作者调入国家行政学院，首先就"加强和改进学院工作问题"进行多方面的调查研究，包括拜访学院建院初期的老领导，与学院领导班子成员和各部门负责人座谈，召开有专家学者、行政后勤部门人员参加的4个座谈会，充分发扬民主，广开言路，大家敞开思想，畅所欲言。通过这种方式问计问策，明确提出科学建院、民主建院、依法建院的工作方针，进一步明确了学院的功能定位和发展战略。

广东深化行政体制改革的调研报告

(2010年9月25日)

最近,国家行政学院课题组对2008年以来广东省全面推进行政体制改革的进展情况进行了调研。在与广东省委编办、政策研究部门和专家学者研讨交流的基础上,重点对广州、深圳、珠海、阳江、顺德等地分组进行了实地考察或专题访谈。现将有关情况报告如下。

在深入贯彻落实科学发展观、积极应对国际金融危机、切实转变经济发展方式的背景下,广东省以党的十七大、十七届二中全会精神为依据,进一步解放思想,先行先试,整体规划,锐意进取,积极推进行政体制改革和配套制度改革,在不少方面取得了重大进展。广东省的做法对推进我国地方行政体制改革具有重要的参考价值,遇到的难题和解决思路也将对我国深化行政体制改革起到重要的参考作用。

一、广东行政体制改革的主要做法

2008年以来,广东省深化行政体制改革的总体思路是:有进有退(即在政府"缺位"的地方进入;在政府"越位"的地方退出)、有弱有强(即弱化政府对微观经济运行的干预;强化社会管理、公共服务职能)、有合有分(即加大机构整合力度,探索实行职能有机统一的大部门体制;探索决策权、执行权、监督权相互制约、相互协调的运行机制)、有破有立(即破除不符合科学发展的行政运行机制和政府管理方式;建立制度化的部门协调机制、政府绩效管理制度、行政问责制度等)。其主要做法如下。

(一)以转变政府职能为核心,加快推动政府职能向创造良好发展环境、提供优质公共服务、维护社会公平正义转变

党的十七大和十七届二中全会明确提出要加快政府职能转变,推进政企分开、政资分开、政事分开、政府与市场中介组织分开,有效提供优质公共产品和公共服务,发挥好市场和社会组织的作用。广东积极推进这项改革:一是实行简政放权。加大推进行政审批制度改革的力度,2009年第四次大幅度精简和下放审批事项,仅省政府就有570项,减少了政府对微观经济运行的干预。积极推动省直管县财政体制改革和富县强镇事权改革,扩大县级政府和发达镇政府的公共治理权限,调动发展县域经济的积极性。二是推进事业单位分类改革。加快向事业单位和社会组织转移职能,省政府将130余项行业管理与协调性职责、社会事务管理与服务性职责、技术服务性职责交给社会组织或事业单位,统筹推动行业体制改革。三是完善公共服务体制体系。着力将行政资源向社会管理和公共服务领域配置,加强社会管理和公共服务职能,省政府加强相关职责63项,深圳市加强相关职责73项。广东在全国率先编制了《广东省基本公共服务均等化规划纲要(2009—2020年)》。四是创新公共服务供给方式。广东推进政府服务平台多元化,创新和完善行政服务中心功能,积极打造服务"超市"。如广州市通过建设"窗口"服务平台提升了公共服务水平,顺德实行的"一个窗口对外,内部分流处理"的综合受理模式也受到企业普遍好评。深圳市依法设立公共服务事业法人,率先开展法定机构"去行政化"改革试点,引起社会的关注。

(二)以建立大部门体制为突破口,加快构建职能配置科学、机构设置精干、权责明晰的政府组织体系

党的十七大报告提出:"加大机构整合力度,探索实行职能有机统一的大部门体制,健全部门间协调配合机制。"广东的大部制改革亮点纷呈,使人耳目一新,涌现出"深圳模式"、"顺德模式"、"珠海模式"和"阳江模式"。深圳市政府部门由46个精减为31个,远低于中央规定大城市为40个左右的机构限额。同时,在减少15个部门的基础上,还减少内设、下设及派出机构151个，相应减少领导职数394名。佛山市顺德区原41个党政部门被整合为16个。珠海市政府工作部门由36个整合为27个。欠发达地区阳江市政府工作部门由原来的37个整合为25个。在大部制整合中，顺德区和阳江市等对与政府职责相近或重叠的党委机构、群团组织进行了统筹设置，实行党政联动，试图破解党政关系的难题，探索精神弥足珍贵。深圳市整合工商局、知识产权局等，新建市场监督管理局。广州市整合原市容环卫局、市政园林局、市建委、市爱卫办、市城管局的有关职能，成立了广州市城市管理委员会和城市综合执法局。由"多龙管水"走向"一龙治水"，大部制实现了市场监管的统一，提高了工作效率，受到社会关注和好评。

（三）以探索决策、执行、监督工作"三分"为切入点，加快构建既相互制约又相互协调的行政运行新机制

党的十七大报告提出："建立健全决策权、执行权、监督权既相互制约又相互协调的权力结构和运行机制。"广东按照中央精神积极进行改革探索。例如，广州市在政府内部探索实行决策与执行分开，在城市管理上，除设立城市管理委员会外，还设立了城市综合执法局，把制定政策与执行政策分开来，创建"捆绑式"综合执法模式，实现城市基础管理与综合执法的有机统一。深圳市将市政府工作部门职能定位作出区分，主要承担制订政策、规划、标准等职能，并监督执行的大部门，称为"委"；主要承担执行和监督职能的机构，称为"局"；主要协助市长办理专门事项，不具有独立行政管理职能的机构，称为"办"。实行行政决策权、执行权、监督权三分，各司其职。顺德区则通过上移决策权、下移执行权、外移监督权的方式进行改革。另外，顺德区还将设在县级的省以下垂直管理机构，由垂直管理调整为属地管理，有助于理顺基层政府市场监管领域的权责关系。

（四）以社会管理体制创新为着力点，加快重点领域和关键环节改革步伐

党的十七大和十七届二中全会提出了完善社会管理和健全基层社会管理体制的新要求。广东把社会管理创新摆上重要位置，探索建立政府调控机制与社会调解机制互联、政府行政功能和社会自治功能互补、政府管理力量

和社会调解力量互动的政社合作型公共治理结构。广州市在整合城市管理职责、重点扶持发展非营利性社会服务机构、建立新型社区管理服务体系、完善社会工作专业岗位设置方式等方面进行了积极探索。珠海市在现有居民代表会议、社区居委会、协商议事委员会的基础上，建立社区监督委员会，构建了社区民主自治体系。顺德区扶持民间组织的发展，吸纳社会力量参与决策讨论并提供专业化、多元化的社会服务。设立社会发展专项资金和社会创新奖，鼓励开展社会创新实验。探索建立现代社工服务制度，在社区和村成立市民服务中心。同时，广东按照"权责一致、重心下移、减少层次"的原则，依法将部分经济社会管理权限下放给经济发达镇，如佛山市对容桂街道和狮山镇实行简政放权，扩大镇（街）管理权限，赋予其部分县级管理权限。东莞市对石龙镇、塘厦镇下放事权、扩充财权、改革人事权。这些措施较好地解决了经济发达镇"人大衣小"、"脚大鞋小"、"财大权小"等责权利不匹配的问题，调动了镇域发展的积极性。

（五）以完善行政监督为重点，建设法治政府、责任政府、阳光政府和廉洁政府

党的十七大和十七届二中全会提出，要完善制约和监督机制，加强依法行政和制度建设，保证人民赋予的权力始终用来为人民谋利益。按照中央的要求，广东行政体制改革高标准严要求、自加压力、勇于担当。一是强化对行政权力的监督。普遍建立了审批信息公开制度，创新集中审批、并联审批、网上审批等服务方式，构建多层次的审批监管体系。同时，特别强化对下放行政权力的监督。二是完善行政过错责任追究制度、行政复议、赔偿和补偿制度。按照权责一致原则明确各部门职责权限，坚持一件事情原则上由一个部门负责。规范以行政首长和工作主管为重点的行政问责制度，建立范围更宽更细致的申报制度。三是加快政府财政预算改革。广州市率先公开政府财政预算，尊重和征求市民的意见，引领政府财政预算改革，在社会上引起强烈反响，老百姓称赞为"阳光政府"。四是充分发挥监察、审计部门等专门监督作用，由纪检监察部门牵头成立政府绩效监督委员会，加强社会监督的程序化、制度化建设，在前移政府服务的窗口的同时把预防腐败的关口前移。五是加强公务员队伍建设，完善公务员管理配套制度和措施，对专业性较强的公务员职位和辅助性公务员职位实行聘任制，在机关聘员队伍中引进薪酬竞争机制和绩效评估制度。

二、广东深化行政体制改革的基本经验

广东行政体制改革之所以能够取得突破性的进展，在于把永立潮头的勇气和先行先试的智慧结合起来，采取了坚定不移的改革举措和切实可行的改革策略。

（一）勇于解放思想，敢于先行先试

中央领导多次到广东视察，胡锦涛同志、温家宝同志等对广东改革提出了明确要求，为广东加快改革指明了方向。广东省主要领导对改革高度重视，汪洋同志亲自谋篇布局。广东省上下通过解放思想大讨论和学习实践科学发展观，形成了"改革是广东起家的本领、看家的本事，是广东的光荣传统，是成本最小的促进发展的手段，不仅不能丢掉，而且要发扬光大"的共识，强化了"允许改革失败，不允许不改革"、"经济形势严峻时要改革，经济形势好转更要改革"、"改革也是投入，而且是更有效的投入"等改革意识。当前，由于改革风险加大，有些地方出现了改革疲惫现象，甚至不愿意不敢去推动改革。探索科学发展的体制机制，尤其需要保持改革意识和改革气魄。

（二）善于总体谋划，分类分步实施

广东行政体制改革非常注重全局统筹规划，站得高看得远，实行综合配套，多方联动。广东同步进行了行政审批制度改革、规范和发展社会组织、事业单位分类改革、综合行政执法改革等。改革中充分考虑各地区经济社会发展不平衡的实际，对各地改革进行分类指导和分步实施。改革政策首先在局部地区实施，在条件成熟的情况下逐步推开。各地结合本地实际选择不同的改革模式，不搞"一刀切"。在大部门制改革方面，因地制宜，形成了深圳、顺德、珠海和阳江四种模式。在改革区域的选择上，既有副省级市，又

有地级市，还有县级区；既有发达地区，也有欠发达地区，较好地形成了不同层面、不同经济社会发展水平地区的改革联动格局。

（三）积极有序推进，注重制度创新

在中央、广东省和试点城市三级政府的文件中，都明确提出广东行政体制改革试点的要求。上级首先明确改革导向，为下级确立改革目标，并通过授权方式为下级采取改革措施提供有力保证。在内容上，有关改革的制度安排越往下越具体，上级侧重于授权和定方向，下级侧重于依授权制定具体方案，既发挥了上级的领导作用，又体现出对下级法定权限的尊重。这种自上而下、先上后下、由略而详的制度安排，实现了改革精神源于中央，统一部署出自广东省委省政府，具体实践落在深圳等试点城市，有助于保证试点改革的纲举目张和稳妥推进。制度创新既是广东改革的鲜明标志，也是广东改革取得重要突破的力量源泉。

（四）讲求方式方法，形成合力动力

广东将改革的力度、发展的速度和社会可承受程度统一和协调起来，既在一些关键领域大胆创新突破，又充分考虑改革的复杂性和艰巨性，不搞毕其功于一役。同时，广东在改革中高度重视调动各方面的积极性，始终坚持以人为本，充分兼顾各方利益，尤其是改革中涉及人员的切身利益，采取编制不突破、人员不降级、转岗不下岗等以人为本的措施，暂时不精简人员，不减少干部职数，最大程度地减少改革阻力，保护干部的积极性，动员更多的力量参与改革，保证了改革的顺利推进。

三、广东深化行政体制改革面临的难题

广东省的这次改革试点，既试出了许多创新措施和宝贵经验，也试出了不少问题难题。广东省的部分试点改革措施还需要进一步完善，有些改革措施亟须配套，一些深层次体制机制和法制问题还有待破解。

（一）如何科学界定地方政府的职能和调整规模及结构

转变政府职能是深化行政体制改革的核心，处理好各级政府之间的关系

是促进科学发展的重要保障。根据中央的精神，广东省加快了政府职能转变的步伐。同时，广东在优化地方政府规模和结构方面也进行了大胆改革，深圳、顺德等地通过实行大部门体制从横向上优化政府结构，强县扩权、简政强镇等改革从纵向上优化政府结构。然而，相对于中央政府而言，在省、市、县、乡镇四级地方政府之间应当如何配置职能等，目前还没有明确的规定。因此，如何科学界定各级地方政府的职能，是广东省进一步深化行政体制改革首先面临的一个难题。另一方面，广东省还面临着如何优化地方政府规模和结构的问题，主要包括：不同层级地方政府的规模多大才比较合理，省级以下应设几级政府更为高效，一个行政单元的管辖范围多大才适度，大部门体制如何避免权力过于集中的弊端，顺德区"党政合署办公"的大部门体制模式能否向更大范围、更高层级推广？这些问题都有待通过理论和实践探索来回答。

（二）如何正确处理行政体制改革与其他改革的关系

随着我国改革事业的全面深入推进，各个领域的改革越来越紧密地联系在一起，行政体制是政治体制、经济体制、文化体制和社会体制的结合部，其改革必然会涉及这些体制改革。广东省的这次改革试点，部分措施已超出了行政体制的范畴，如顺德实行的"党政合署办公"的大部门制、区联席会议制等。由于行政体制与其他体制的紧密联系，使得二者既可能相互促进，也可能彼此掣肘，因此，深入研究行政体制改革与其他体制改革的相互关系，把握好各方面改革的相互适应、相互促进的规律性，妥善处理行政体制改革与其他改革的关系，是广东省继续深化行政体制改革面临的又一个重要难题。

（三）如何解决行政体制改革试点与纵向体制机制约束之间的矛盾

由于改革试点仅限于少数市、县（区），相对于全省以及全国范围内的行政体制机制而言属于先行一步，这就容易造成改革试点与纵向体制机制之间的紧张关系。例如，顺德区实行大部门体制后，由于省、市政府机构没有整合，顺德的一个部门需要对应多个上级部门，少则三四个，多则十几个——如社会工作部对应省级部门19个，市级部门16个，单是参加各部门召开的会议就难以应付，再加上省、市会议基本上都要求部门副职以上领导参加，使部门领导成了"开会专业户"。这种体制机制约束矛盾如果得不到解决，不仅会影响试点改革的效果，而且会影响试点改革措施在更大范围的推广。即使整个广东省进行了系统化的配套改革，但全国其他地方体制机制不作相应调整，也会制约广东省行政体制改革的继续深化。

（四）如何实现行政体制改革与依法行政的并行不悖

一方面，建设法治政府是行政体制改革的目标之一，不能以违反法律、牺牲依法行政为代价来搞行政体制改革。另一方面，行政体制改革试点不可能完全受制于现有法律制度约束，需要有所突破。对此，广东省通过获得中央授权先行先试、出台试点改革方案、依法推行改革措施等方式，较好地兼顾了依法行政的要求与行政改革的需求，为依法推进行政体制改革树立了标杆。与此同时，广东省还需要进一步理顺部分改革措施与依法行政的关系。例如，现行法律往往将行政管理职权赋予县级以上人民政府，但简政强镇事权改革试点赋予一些街道和镇部分县级管理权限；《土地管理法》等法律并未将特定行政管理权限授予市辖区，但改革试点赋予顺德区地级市管理权限，这些都不太符合职权法定的要求。再如，顺德区设立政务专员作为"区领导"的做法，也不符合《地方组织法》关于地方政府组成的明确规定。又如，深圳市对2010年后新进入该市行政机关的公务员均实行聘任制，实行合同管理，其范围明显超出了《公务员法》第95条所作的"专业性较强和辅助性职位"的明确限定。

四、广东继续深化行政体制改革的若干建议

深化行政体制改革、促进科学发展，任重道远，这将贯穿改革开放和社会主义现代化建设的全过程。广东省要应对新形势提出的新要求，促进经济社会又好又快发展，并为全国深化改革探路，就需要继续深化行政体制改革。为此，我们提出以下建议。

（一）继续坚持从广东实际出发，按照行政体制改革总体目标的要求不断深化改革

党的十七届二中全会通过的文件提出，到 2020 年建立起比较完善的中国特色社会主义行政体制。实现这一总体目标，需要科学认识我国基本国情，科学制定整体战略和长远规划，确定推进改革的主要内容、策略方法和战略步骤。广东省需要坚持从实际出发继续深化和推广试点改革，按照建设服务政府、责任政府、法治政府和廉洁政府的要求，确定行政体制改革的目标模式，包括科学界定各级地方政府的职能、规模和结构，创新政府运行机制等，使改革具有更为长远的规划和更加清晰的战略安排。同时，可以制定今后 10 年行政体制改革的时间表和路线图，合理规划改革进程，确定每个阶段的改革重点，根据条件灵活选择推进改革的具体步骤。在改革的总体进程上，采取渐进策略，积极探索、循序渐进，同时选择若干能对其他方面产生广泛辐射和大力推动作用的关键领域和环节，加大试点改革和推广力度，实现重点突破，从而推动整个行政体制改革乃至其他方面体制改革向前迈进，实现全面推进和重点突破相统一。

（二）坚持推进配套改革，正确处理行政体制改革与其他方面体制改革的关系

行政体制改革与其他方面的体制改革水乳交融，它既不能代替、也不能脱离其他领域的改革，不能单兵突进。广东省要继续把深化行政体制改革放到党和国家工作的大局中加以统筹谋划，服从并服务丁促进经济社会发展的需要，与完善社会主义市场经济体制的进程相适应，与建设社会主义民主政治和法治国家相协调。同时，还应该坚定不移地推进经济体制改革、文化体制改革、社会体制改革，积极稳妥地推进政治体制改革，努力形成各方面体制改革良性互动、协调前进的局面。

（三）坚持进行改革试点，通过先行先试积极探索破解行政改革难题

先行先试、深化行政体制改革，既需要智慧，也需要勇气，在某些关键时刻，胆略、意志、勇气尤为珍贵。各方面应当继续支持和鼓励广东省深化和推广试点改革，在转变职能、理顺关系、优化结构、提高效能等方面探索新道路、取得新突破、积累新经验。为此,一是继续探索科学界定省以下地方各级政府的职能、规模和结构。按照权责一致、分工合理、决策科学、执行顺畅、监督有力的要求,积极创新行政体制机制,充分发挥地方各级政府的积极性,确保中央方针政策和国家法律法规在地方得到有效实施,不断提高地方政府的执行力和公信力。二是继续探索完善行政决策的科学化和民主化。同时要建立决策中有论证、执行中有监督、执行后有评价、决策失误有追究的全程制约机制。三是继续探索完善行政绩效管理制度。把经济增长质量和效益、资源节约和环境保护、精神文明和生态文明建设、社会管理和公共服务、民生改善、民主法治、公平正义、综合竞争力等指标作为绩效考核的重要内容,把人民群众满意不满意作为评判政绩的重要标准。四是继续探索创新行政管理方式。善于运用市场机制、社会力量和现代科学技术,创新管理手段,推行电子政务,优化管理流程,使行政管理富有成效。五是继续探索建设阳光政府。扩大政务公开的广度和深度,保障公众对公共事务的知情权、参与权、表达权和监督权。当前,可考虑推广广州等地的政务公开做法,完善公共财政预算制度,推进预算公开透明。

(四)坚持依法推进改革,主动赢得各方面对改革试点的体制机制和法制支持

改革就是要打破常规,试点改革难免会对现有规定有所突破,广东省要在建设法治政府的同时深化和推广试点改革,就要依靠多种方式积极争取中央的授权和相关部门的支持,妥善解决行政改革与依法行政之间的矛盾,获得必要的依法改革空间。为此建议:

首先,广东省可以充分利用现行法律法规为行政改革预设弹性空间。例如,多数法律在设定行政执法主体时,为了避免未来因政府职能在不同行政机构之间的调整而引发执法主体名称修改问题,往往笼统地规定"××行政主管部门"是执法主体。因此,广东深化大部门体制改革,通常不会造成执法主体名称发生改变的问题。

其次,广东省可以积极运用中央针对深化行政体制改革进行的普遍性授权。例如,《关于深化行政管理体制改革的意见》进行了许多原则性授权,包括"按照精简统一效能的原则和决策权、执行权、监督权既相互制约又相互协调的要求……探索实行职能有机统一的大部门体制,完善行政运行机制";"推进事业单位分类改革。按照政事分开、事企分开和管办分离的原则,对现有事业单位分三类进行改革";"完善行政复议、行政赔偿和行政补偿制度";等等。

再次,广东省可以充分运用中央针对广东省深化行政体制改革进行的特别性授权。这主要包括国务院批准的《珠江三角洲地区改革发展规划纲要(2008—2020年)》、获得国务院批复原则同意的《深圳市综合配套改革总体方案》等,它们对广东实行简政强镇、"行政三分"等改革进行了相应的授权。

最后,广东省还可以通过同级人大及其常委会针对改革措施进行专项授权或修改相关地方性法规,以及请求上级全国人大及其常委会进行专项授权或修改相关法律规定等方式,破除制约深化行政体制改革的体制机制和法制障碍,实现行政体制改革的有法可依、依法推进。

【背景与效果】

本文系作者主持国家行政学院承担的"广东省行政体制改革研究课题"形成给国务院领导的调研报告。2010年3月至9月,国家行政学院接受广东省政府委托,对2008年以来广东省行政体制改革试点情况进行全面调查研究。魏礼群为课题组负责人,主要成员有刘峰、慕海平、汪玉凯等。课题组与广东省委机构编制办公室、政策研究部门人员和专家学者进行了交流,深入多个城市进行实地考察和专题访谈。在调查研究基础上,形成一个总报告和10篇分报告(刊发在国家行政学院内部刊物《送阅件》上),国务院主要领导人和多位国务院领导人以及广东省委主要负责人都作出重要批示,对调研成果给予充分肯定,认为调研工作下了很大功夫,所提问题和建议均值得重视。调研成果对进一步推进和完善广东省行政体制改革起到了重要作用。

深入研究加强和创新社会管理问题

(2010年11月2日)

一、充分认识加强和创新社会管理课题研究的必要性和重要性

刚刚胜利闭幕的十七届五中全会,审议通过了《中共中央关于制定国民经济和社会发展第十二个五年规划的建议》,提出了今后五年我国经济社会发展的主要目标,特别强调"社会建设明显加强",提出要"加强和创新社会管理,正确处理人民内部矛盾,切实维护社会和谐稳定"。这是中央全面审视我国经济社会发展形势和进程作出的重大决策部署。

改革开放以来,我国经济社会建设取得了举世瞩目的成就。但是,经济的高速增长也伴生了一系列社会矛盾,出现了一系列社会问题,我国社会管理面临新的形势、新的挑战。如何正确认识、客观分析这些新形势、新挑战,通过加强和创新社会管理解决这些新问题、新矛盾,成为摆在我们面前的一个重大课题。

(一)我国经济社会发展的新形势新情况要求必须加强和创新社会管理

1978年以来,我国经济高速发展,年均近10%的增长率成为世界经济发展史上的奇迹。2009年,人均GDP达到3700多美元,我国进入中等发展国家行列。作为后发现代化国家,中国用30多年时间走完了西方发达国家上百年走过的道路,工业化、城镇化、市场化、信息化、国际化等人类社

的重大变革,在中国短时期展开。发展时序上的时空压缩,不可避免地会导致地区发展不平衡、经济社会发展不协调等问题,西方国家在不同时期渐次出现的许多社会矛盾和社会问题在我国相对集中的较短时间里表现出来,有些问题还相当突出,有些问题甚至会在较长时期内存在。

从我国近几年经济社会运行情况看,虽然总体形势较好,但经济和社会发展"一条腿长、一条腿短"的状况并未根本改变,区域发展不平衡仍在持续,各社会阶层和群体之间的利益冲突趋于明显,全国刑事犯罪、社会治安事件居高不下,群体事件易发多发。随着社会主义现代化建设进程的加快,特别是随着经济体制、社会结构、社会利益格局、社会思想观念、社会需求结构发生深刻变化,新情况、新问题不断产生,我国社会管理已经并将长期面临新的形势、新的挑战。这些情况表明,我们必须加强和创新社会管理,妥善协调各方面的利益,妥善处理各种社会问题和社会矛盾,应对各种社会风险。

(二)深入贯彻落实科学发展观要求必须加强和创新社会管理

科学发展观是中国特色社会主义必须坚持和贯彻的重大战略思想。第一要义是发展,核心是以人为本,基本要求是全面协调可持续,根本方法是统筹兼顾。社会管理目标是在维护社会秩序基础上,激发社会活力,推进社会管理主体协作,达到社会的善治。良好的社会运行秩序,能够为经济社会发展提供基础保障;各社会主体积极性、主动性、创造性的发挥,能够为经济社会持续发展提供根本动力,推动相互间的合作,达到社会的良好治理。

从实践看,当前我国的社会管理体制还不完善,机制还不健全,政府社会管理存在越位、缺位和错位现象,基层社会管理还存在空白点和薄弱环节。城乡社区治理的思路仍欠明晰,社会组织的管理有待改进,基层自治和行政职能冲突加剧,不利于社会和谐稳定发展。户籍管理制度创新滞后,新型人口管理制度尚未建立,对流动人口服务不够,未能充分体现以人为本的理念。

为此,必须坚持以人为本,坚持统筹兼顾,加强和创新社会管理,保障并不断丰富公民的基本社会权利,加强对流动人口的管理和服务,妥善协调各种社会群体的利益,促进各类社会组织和基层社区健康发展,实现经济社会的全面协调可持续发展。

（三）发展中国特色社会主义事业要求必须加强和创新社会管理

党的十六大以来，中国特色社会主义事业总体布局扩展为经济建设、政治建设、文化建设、社会建设以及生态文明建设。这就要求我们，在经济发展基础上，更加注重社会建设，着力保障和改善民生，推进社会体制改革，扩大公共服务，完善社会管理，促进社会公平正义，推动建设和谐社会。社会建设包括发展教育、扩大就业、调整收入分配、建立全民社会保障体系、建立基本医疗卫生制度、完善社会管理等多个方面。

社会管理作为中国特色社会主义事业的重要组成部分，是构建和谐社会的重要方面。但是，由于种种原因，我们对社会管理的了解和熟悉程度，远远不如我们对经济管理的了解和熟悉程度。在中央政治局第23次集体学习会议上，胡锦涛同志指出，正确处理人民内部矛盾，要以邓小平理论和"三个代表"重要思想为指导，深入贯彻落实科学发展观，强化责任，创新机制，统筹兼顾，落实措施，认真解决影响社会稳定的源头性、根本性、基础性问题，加快推进改善民生为重点的社会建设，依法保障人民权益，不断提高正确处理人民内部矛盾的能力和水平，扎实做好正确处理人民内部矛盾的各项工作。伟大的实践需要科学的理论支持。这就要求我们，必须通过不断的理论创新，通过对我国社会管理的深入分析，深化对社会管理规律和特点的认识，探索适合我国国情的社会管理体制机制，提高社会管理的能力和水平。

（四）建设小康社会要求必须加强和创新社会管理

党的十六大提出了我国全面建设小康社会的奋斗目标，党的十七大勾勒出小康社会建设的新内涵，强调要增强发展协调性、扩大社会主义民主、加强文化建设、加快发展社会事业、建设生态文明。而健全的社会管理模式对小康社会建设具有极大推动作用。总的来看，当前我国的社会管理模式，依然是传统计划经济体制下的社会管理模式，在思想观念上，重经济建设、轻社会管理；在管理主体上，重政府作用、轻多元参与；在管理方式上，重管制控制、轻协商协调；在管理环节上，重事后处置、轻源头治理；在管理手段上，重行政手段、轻道德自律。这些与我国小康社会建设的总体要求是不相匹配的。如何再造与市场经济相适应、与构建和谐社会要求相适应的中国特色社会管理模式有着极大的现实紧迫性。

总之，我们要立足于我国社会发展的新形势、新情况，通过对社会管理基本理论、社会管理现状和存在的问题进行深入细致的研究，从全球治理格局变化和中国现实国情出发，提出加强和创新社会管理的思路与对策，为党和政府改革社会体制、制定社会政策，加强和创新社会管理，提供科学决策的参考依据。因此，大家一定要高度重视这个课题研究。

二、准确把握课题研究的重要任务

"加强和创新社会管理研究"这个课题，涉及社会管理的多个领域和主题，为了做好这个课题，必须把握课题研究的重要任务。

（一）如何认识社会管理的内涵和边界

人们对社会的内涵有不同的理解，对管理的内涵有不同的看法，因而对社会管理的内涵就形成了不同的界定和理解。有的学者认为，社会和自然界相对，社会管理是对整个人类社会的管理，包括政治、经济、社会、文化等广阔的领域和范围。有的学者认为，社会是与政治、经济、文化相对应的，社会管理是对人类活动的社会领域的管理。有的学者认为，社会是指和政府、企业相对应的非政府组织、民间组织等社会性组织，社会管理是指社会组织所进行的社会协作管理。这些看法都有可取之处，但似乎都不尽完善。我们的课题研究，需要从这些纷纭多样的认识中，找到研究的起点和立足点，认真研究和回答，什么是社会管理？社会管理的主要内涵是什么、边界在哪里？

（二）如何把握中国特色社会管理应遵循的基本原则

原则是根本性的问题，反映的是立场，是出发点。不同立场会产生不同的观察问题、处理问题的准则。我想，中国特色社会管理所遵循的原则，一方面应当遵循人类社会发展的普遍规律，把加强和创新社会管理放在世界多极化、经济全球化的大背景下，深刻认识和总结各个国家和地区社会管理的经验和教训，找到一些共性的原则和做法，拿来为我所用。更重要的是，必须遵循中国特色社会主义建设的特殊规律，从当前中国由传统社会走向现代社会的深刻变革大背景出发，立足我国历史传统和现实国情，找到中国特色社会管理应遵循的基本原则，依此来指导我国的社会管理体制机制转型，创新社会管理模式。

（三）如何总结升华创新出来的社会管理新鲜经验

面对日益复杂的社会形势和不断增多的社会问题、社会矛盾，各级、各地政府在社会管理方面做了大量卓有成效的探索和实践。例如，强化基层社区建设的"楼宇党建"、发挥社会组织作用的"枢纽型组织"、强化企事业单位社会管理责任、提高公民社会管理参与、在社会管理中引进专业社会工作，等等。如何总结和升华这些鲜活的经验，从中找到可以加以推广的做法和思路，进而上升到理论层次，是一件很有意义的事情。我们的课题研究应当在这个方面有所作为，有所突破。

（四）如何改革和创新社会管理体系

建立健全社会管理体系，是加强和创新社会管理的关键。当前，我国社会管理的主体尚未多元化，各主体在社会事务和社会管理中的地位作用尚未明确，各主体间的关系和运行机制尚未形成制度化安排。这就需要创新社会管理理念，通过总结我国社会管理的已有经验，借鉴国外社会管理的理论及实践，准确界定社会管理的主体、各主体的地位和作用以及相互关系、社会管理体系的运行机制等，从而建立起一整套科学分工、合理分权、相互联系、相互补充、相互匹配的社会管理体制机制。

（五）如何实现社会管理向社会治理转变

治理，也叫社会治理，是从西方引入的概念，也是当前世界社会管理的发展趋势。社会治理应当有三层含义，其一，社会治理是目标，管理只是手段。为实现治理目标，还可以有服务、自我管理等多种手段。其二，社会治理是多元管理主体，而不是将社会简单分为管理者和被管理者，所有的社会参与者都应当是管理者。其三，治理的手段不限于以国家强制力为保障的单向管理，而是包含国家的社会管理、公共服务、社会自治和公民个人自我管理等多种方式。可见，我国传统的社会管理，与现代社会所倡导的社会治理还有相当的差别。如何科学限定政府的社会管理职责，明确其公共服务的义务？如何推动政府之外的各种力量进入社会管理领域，界定其职责，发挥其作用？换言之，如何找到一条科学的路径，尽快使我国走上善治之路，也应当是加强和创新社会管理研究的题中之义。

除了以上问题，如何加强法治在社会管理中的作用？如何培育社会管理人才？如何加强社会管理投入？如何建立社会管理评价机制？如何借鉴国外社会管理经验？如何加强社会管理的能力建设？……这些问题都很重要，在此不一一详举。这一系列问题，都需要在研究中深入探究和思索，作出科学的回答和解释。

另外，应当看到，与社会管理相比，社会体制是更为根本性、全局性的问题。正如我国经济改革首先确立社会主义市场经济体制一样，社会建设、社会管理也亟待确立一个科学、合理、与国情相适应的社会体制。只有确定了社会体制，我们的社会建设和社会管理才能把握正确的方向，各项社会建设才能制定明确的目标和措施。因此，我们的课题研究还要着眼于探索建立与市场经济体制相适应的社会体制。

三、做好课题研究的几点要求

加强和创新社会管理课题研究涉及问题重大，需要精心组织，运用科学方法，扎实推进研究工作，务求取得重要研究成果。

（一）明确任务、服务大局

解决我国经济社会发展的阶段性矛盾需要加强和创新社会管理，贯彻落实科学发展观、发展中国特色社会主义事业、建设小康社会都需要加强和创新社会管理。加强和创新社会管理是时代的要求，我们要从党和国家事业发展大局出发，做好课题研究，服务于这个大局。既要做基础性、战略性、长远性研究，又要做实证性、应用性、可行性研究。特别是要紧紧围绕当前和今后一段时期内社会体制和社会管理的重大问题深入研究，为全面完成"十二五"规划任务，为到2020年全面建设小康社会献计献策。

（二）解放思想、改革创新

我国经济社会处于不断发展变化中，我们的思想观念也应该不断发展，要善于根据我国经济社会发展实践和要求大胆进行理论创新。在研究中，要做到理论与实践相结合，破除迷信，与时俱进。我们在课题研究中，不能拘泥于已有的结论和看法，要敢于冲破传统理论和观念束缚，大胆学习和借鉴我国历史上和国外有益的社会管理经验，根据我国经济社会发展中出现的新情况、新问题，研究中国特色社会管理的新理念、新任务、新模式、新措施。

（三）突出重点、攻克难点

社会管理研究涉及面宽，既涉及社会管理的基本概念、基本理论、价值取向，也涉及社会管理的体制机制，还涉及社会管理的方式方法及能力建设，同时，还涉及社会管理与社会体制、社会建设关系等问题，内容十分丰富。在研究中，要善于发现和抓住重大问题，集中力量，攻坚克难。要善于探索和把握社会管理规律，避免一般性议论和罗列社会现象。

（四）深入实际、调查研究

课题研究要密切联系实际，充分总结和吸收各地社会管理的成功经验。例如，北京、上海等参加会议的城市都是我国经济社会发展的先行者，这些地区目前遇到的问题，往往也是几年、十几年后其他城市和地区会遇到的问题。近年来，北京、上海在社会体制改革和社会管理方面进行了诸多探索和实践，取得了很好的成绩；广州、长沙、苏州、唐山等地在社会管理的多个方面进行了大胆探索；重庆、成都是全国统筹城乡综合配套改革试验区，近年来成渝在统筹城乡发展、协调城乡利益、改善城乡社会结构等方面进行了积极探索。这些地方的社会管理改革实践都积累了不少有益的经验，值得我们去调查了解、提升总结、积极推广。

（五）通力合作、集思广益

各个分课题负责同志都在本单位和本部门承担重要任务，工作十分繁忙。希望大家能够切实抽出时间，抽调精干人员，组成若干课题组，认真开展研究。课题组内部同志要加强合作和交流，各个分课题之间也要加强合作和交流，要有分有合，对于重要问题要进行集体攻关。一些重要信息、重要情况要及时交流、通报，要建立研究情况、研究成果定期通报和交流机制，做到信息共享、观点共享、成果共享，要避免出现各自为战、甚至信息相互封锁的情况，避免重复劳动，提高研究效率，拓宽研究视野，提升研究水平。

（六）注重质量、讲求实效

课题研究的关键在于研究成果的质量，各个分课题要按照高标准、高水平的要求进行研究，要严把研究的质量关。各参与单位在研究中还要讲求实效，争取出精品、出大作。在研究过程中，各分课题要根据研究的进度安排按时保质完成各项研究任务，争取在研究中陆续拿出有分量的研究成果，为我国社会体制改革、社会管理创新作出积极贡献。

【背景与效果】

2010 年 10 月 15 日至 18 日召开的党的十七届五中全会通过的《关于制定国民经济和社会发展第十二个五年规划的建议》明确提出，加强和创新社会管理，正确处理人民内部矛盾，切实维护社会和谐稳定。这是党中央全面审视我国经济社会发展形势和进程作出的重大决策。根据国务院领导同志要求，国家行政学院牵头成立了"加强和创新社会管理研究课题组"，由魏礼群担任课题组长，民政部、北京市、河北省有关领导人员参加。2010 年 11 月 2 日，魏礼群主持"加强和创新社会管理研究"课题启动会议，并作《深入开展加强和创新社会管理研究》的讲话。本文系在此次会议上的讲话（节选），发表于《国家行政学院学报》2011 年第 1 期。2011 年春节后，课题组成员参加了党中央举办的省部级主要领导干部"社会管理及其创新专题研讨班"有关材料的收集整理工作。2011 年 12 月 9 日，魏礼群在国家行政学院主持这个重大课题研究成果交流会议。经过一年多调查研究，19 个分课题组和 9 个地方专题研究课题组都完成了承担的任务，取得了一系列多种形式的研究成果，有 30 多篇咨询报告受到中央领导、地方领导的重视作出批示。有些课题研究成果公开出版或发表,包括由魏礼群担任主编的《社会管理创新案例选编(上、中、下)》《新形势下加强和创新社会管理研究》等著作,由人民出版社、学习出版社、国家行政学院出版社出版发行,人民日报作了报道和推介,产生了广泛的社会影响。

国家种子"硅谷"发展战略研究*

(2013年5月15日)

国以农为本,农以种为先。建立具有国际核心竞争力的现代种业基地,是关系到我国粮食安全的重大战略。北京是我国现代种业发展极为重要的中心,科教和创新优势明显。依托首都重要的战略地位和优势,以中关村国家自主创新示范区通州国际种业科技园为载体,汇聚北京优势种业科技创新资源,着力打造一个立足北京、引领全国、影响世界的国家种子"硅谷",对我国种业闯出一条发展新路,对农业现代化乃至经济社会持续健康发展都具有十分重要的战略意义。国家有必要加快立项、加快推进。

一、战略意义

"硅谷"泛指高新技术产业集聚中心。建设我国国家种子"硅谷"就是要充分利用和整合各种资源和优势,打造种子高新技术产业集聚基地。其特征是以我国具有雄厚科研力量的一流大学和知名的技术研究机构为依托,以种子技术产业集群和企业集群为基础,融种子育种、研发、生产、加工、展示、交易为一体。在当前纷繁复杂的国际国内大环境下,我国建设国家种子"硅谷"势在必行。

---

*本文为作者主持的中国国际经济交流中心课题组的研究总报告。

（一）建设国家种子"硅谷"，是保障国家粮食安全和主要农产品有效供应，推进我国农业现代化的战略需要

以育种为核心的农业科技为实现我国粮食及主要农产品基本自给提供了有力支撑。新中国成立特别是改革开放以来，我国以占世界7%的耕地，生产了占世界23%左右的粮食，养活了占世界20%左右的人口。尤其是2004—2012年，我国粮食产量实现历史性的"九连增"。粮食产量的稳定和增长为我国改革发展稳定大局作出了重要贡献。究其原因，农业科技的重大进步是粮食丰产和农业增效的重大影响因素。通过多年努力，我国农业科技进步贡献率历史性地提高到54%以上，良种在科技进步贡献率中所占比重达到43%以上。

我们也要清醒地看到，全球农业与粮食的可持续发展正面临严峻挑战。过去5年，粮食价格大幅波动是30多年来国际商品市场未有的。预计未来10年，粮食等主要农产品价格仍将处于高位运行，全球粮食安全问题令人担忧。世界饥饿人口仍有10亿人左右，粮价上涨导致饥饿人口以每年1200万人左右的速度不断增加，粮食安全问题成为各国共同面临的重大挑战。

全球粮食供给不充分，加上粮食在我国发展中的特殊重要性，我们必须始终坚持粮食基本自给的方针。据预测，2020年我国粮食消费需求量将达5.7亿吨至6亿吨。在面临人均耕地和农业劳动力减少、水资源缺乏、干旱面积扩大、气候灾害频发、农业污染加重等刚性制约的条件下，确保粮食和主要农产品生产率的持续稳定增长，任务十分艰巨。

突破需求刚性增长和要素刚性制约的双重压力，实现农业可持续发展，必须加快种业科技创新。与建设"高产、稳产、优质、高效、生态、安全"现代农业的要求相比，与国际农业科技先进水平相比，我国还存在很大差距。农业现代化水平较高的国家其农业科技贡献率平均达到70%以上，我国还有近20个百分点的差距。我国玉米单产是美国的60%、化肥利用率不足40%，相当大一部分高品质蔬菜、畜牧等品种资源来自国外。我们必须贯彻落实好创新驱动发展战略，依靠科技创新加快农业发展方式转变，大幅提高农业和粮食单产水平，大幅提高农业的土地产出率、劳动生产率和资源利用率。我们必须切实抓好种子"硅谷"建设这一重要载体,加大共性、关键性、先进性技术的突破力度,加快形成一批现代种业战略产品和新兴产业,更加有力地保障国家粮食安全。

(二)建设国家种子"硅谷",是适应世界新科技革命和产业变革趋势,实现创新驱动发展的重大举措

为推动战略性新兴产业加快突破和发展,党中央、国务院明确了七大产业方向。当前,世界范围内新的科技革命和产业变革正在孕育兴起,将对各国生产生活方式和竞争格局产生重大影响。新一代信息技术及其产业、生物技术及其产业、新能源技术及其产业、新材料技术及其产业的发展和融合最为让人瞩目。其中,生命科学和生物技术方兴未艾、前景广阔,将有力带动众多产业加快变革和创新,促进现代农业、健康产业、生物能源、生物制造、环保产业加速壮大。如果措施得当,有望在未来10年形成10万亿元左右的生物产业规模。

以生物种业为核心的现代种业是生物技术及其产业发展的重大方向。以生物育种新技术催生新产品、培育新产业、开拓新市场、培育新经济的生物种业发展路径日益清晰。我国制定的战略性新兴产业发展规划,也明确将生物种业作为生物技术及其产业发展的重要领域。我们应紧紧抓住新科技革命和产业变革带来的重大机遇,把发展以生物种业为核心的现代种业作为创新驱动发展的战略举措,采取有力措施,发挥好种子"硅谷"的示范带动和创新引领作用,努力在生物技术及其产业国际竞争中抢占制高点、把握主动权。

(三)建设国家种子"硅谷",是保障我国种业安全、提高种业国际竞争力的迫切需要

良种是现代农业发展的首要环节,没有现代种业就没有现代农业,抓不住现代种业核心关键技术,就难以抓住农业现代化的未来。在看到我国种业发展成就的同时,也要清醒地看到,当前我国种业发展正面临三大突出问题,挑战十分严峻。

一是种子企业与产业竞争力薄弱。据近年统计,我国用种量居世界第一、产值居世界第二,但种子产业国际竞争力排名仅列第19位。国内种子企业总体呈现"多、小、散、弱"的现状：共有 17 万多家种子企业，持证企业 8700 多家，而美国仅 1100 多家。我国农作物种子常年用量在 125 亿公斤左右，潜在市场价值大概为 800 亿—1000 亿元人民币，而目前的商业供种能力只有 45 亿公斤左右，交易额仅约 300 亿元。世界前 10 强种子企业在世界种子贸易额中所占份额达到 2/3，而我国前 10 强种子企业在世界种子贸易额中所占份额仅约为 0.8%。在育种投入上，国外种业注重发挥企业的主导地位，大型跨国种子公司一般将其销售收入的 10% 左右用于研究和新品种开发领域。2006—2007 年度，世界前 5 强种业公司研发投入达到 14.7 亿美元，占同期销售总额的 12.8%。据近年统计，我国 99% 的种子企业没有品种研发能力，最具研发能力的隆平高科，其年科研投入仅 4000 多万元，而美国先锋种子公司年研发投入达数亿美元。总体看，我国种业发展处于初级阶段，商业化育种体系尚未建立，与发展现代农业的要求远不相适应。

二是种业创新能力不强。国际种业蓬勃发展，呈现高度集中态势。在育种手段上，国外种业已从依靠传统的常规技术育种进入依靠现代化的生物技术育种阶段，在很多品种上实现了智能化和机械化育种。高强度的研发投入、先进的育种方式和管理机制使国外大型跨国种子公司始终处于科技创新前沿，保持了在全球市场竞争中的绝对优势地位。多年来，我国种业取得了长足发展，育种技术已从第一代的选种、第二代的引种、第三代的杂交育种逐步发展到第四代的分子设计和基因工程育种阶段。但在发展转基因育种的问题上，国内各方面还有很大争议；同时，在知识产权保护、育种方法和模式、制种设备和装备等方面都还存在许多制约因素，与国际先进国家相比还有很大差距。据统计，美国、日本等发达国家拥有全球 70% 以上的水稻基因、90% 以上的玉米基因、80% 以上的小麦基因和 75% 以上的棉花基因专利；我国获得的基因专利总数仅 7000 件左右，不足美国的 10%。

三是种质资源保护形势严峻。大量事实证明，"一个物种能影响一个国家的经济"，"一个基因关系到国家的兴衰"。生物种质资源是一个国家生存和发展的基础性、战略性资源。我国曾经是生物种质资源最丰富的国家，但当前，一些物种灭绝和濒危趋势加剧，保持生物多样性面临严峻挑战。保护生物多样性的核心是保护生物种质资源。种质资源也是培育优良品种、发展生物科学、推动农业可持续发展必不可少的物质基础,加强种质资源保护的意义十分重大。虽然近年来,我国加大了种质资源的保护和收集力度,国家作物种质资源保存和供种分发基础平台保存的种质资源已超过40多万份,但是,一些粮食品种如大豆、玉米、花生等转基因品种,农民失去了繁种、育种能力,一代一代购买外国种子,种一代买一代,基本处于"断子绝孙"状态。各地和各有关单位也在积极推进区域、行业种质资源的保存和保护工作。但总体而言,我国在这方面的工作与国外还有相当差距,各平台之间的开放共享程度还需要进一步提高。如果我们不在这方面加大工作力度,将有失去"粮食主权"的隐忧。

差距就是潜力。建设国家种子"硅谷",有利于加强种质资源的收集和保护,奠定我国现代种业长远发展的基础;有利于集中投入,加快突破育种核心关键技术、关键装备,进一步优选并明确技术路线,大幅减少我国在重要品种和重要设备方面对国外的依赖,提高种业发展的自主化、市场化水平,辐射带动我国种业竞争力加快提升,为我国现代种业的发展闯出一条新路。

(四)建设国家种子"硅谷",是创新种业体制机制、推进种业集群化发展的重要环节

建设种子"硅谷"有利于促进产学研的深度结合,提高我国种业创新效率。在育种模式上,国外种业注重商业育种与科研育种相结合,品种选育具有明显的商业化特征。我国科研单位与企业的结合多以"短、平、快"的项目合作和成果转让为主,战略层面的合作很少,产学研衔接不紧密,大量的高校、科研院所种业科研成果难以得到有效的转化应用。建设种子"硅谷",有利于促进种子企业与高等学校和科研院所的联合,降低新产品的研发成本,提高创新效率,这在客观上也有利于加快高等学校和科研院所科技成果的转化,解决成果转化难的问题。

建设种子"硅谷"契合现代高新技术产业发展的集群化趋势。随着产业和经济分工的不断细化,产品创新的模块化、产业发展的集群化特征更加明显。美国"硅谷"等全球性的高科技产业园区就是产业发展集群化的典型代表。通过种子"硅谷"的建设,有利于促进大中小型种子企业的联合,加强种业发展的优化分工,加快种业产业链的形成;有利于加强中小型种子企业在空间上的集聚,促进中小型种子企业之间的联合,通过联合分担市场风险,实现共同发展;有利于构建现代种业发展的专业化"加速器"、"聚集器"和"放大器",尽快提升我国种业发展的质量和效益。实践证明,园区化、集群化可以为企业和产业发展提供一个局部优化、集约发展的环境,可以为区内企业和科研单位特别是开展创新创业的科技人员提供良好的技术、孵化、金融、物流、政策等全方位的服务,提高创业的成功率和产业发展的效率。我国种业企业要与国外大型种子企业抗衡,一方面应加快培育大型、高效的种子企业,另一方面应促进广大中小企业"抱团进步",通过种子"硅谷"放大创新效应。

(五)建设国家种子"硅谷",是推进首都现代化建设的重要组成部分

北京市第十一次党代会提出,"加快落实聚焦通州战略,打造功能完备的城市副中心"。农业是首都城市副中心产业体系的重要组成部分,城市副中心不仅要有高端的二、三产业,也要有高端的农业。大力推进一二三产业相互融合,发展面向首都,乃至面向国际高端消费市场,能够给消费者更多绿色享受的都市型现代农业是提升城市副中心产业结构、率先实现城乡一体化目标的必然要求。现代种业作为科技先导型、品种先导型产业,代表着高端农业的发展方向,有着广阔的发展前景。集中力量加快国家种子"硅谷"建设,使现代种业成为首都城市副中心科技含量更高、品牌影响力更大,更具竞争力的产业,对于加快推进首都现代化步伐、建设城市副中心具有重要的意义。

综上所述,迎接新的科技革命和产业变革、实施好创新驱动发展战略,保障国家种业安全和粮食安全、加快推进农业现代化,迫切需要加快发展现代种业。建设种子"硅谷",有利于推进种业集群化发展、创新种业发展体制机制、提高种业国际竞争力,是我国种业创新发展的重要引领力量。

二、战略基础

按照种子"硅谷"的内涵和特征,北京及其通州具备建设国家种子"硅谷"的战略基础和有利条件,有责任在探索我国现代种业发展道路上先行一步。

(一)北京是我国种业发展的战略高地,具备建设世界种业之都的巨大潜力

种业科教资源规模全国领先。北京聚集了全国最具实力的种业科研、教学机构,拥有涉农科研院所24所、种业研发机构80多家,涉农国家工程技术研究中心10多个、涉农重点实验室近70个,聚集了约50%的两院院士,专业育种人员1000多人、农业科技人员近2万人。

种业企业数量众多,是全国种业企业聚集密度最大的地区。据近年统计,北京拥有籽种经营企业1361家,注册资本3000万以上、育繁销一体化企业11家,占全国的12%;全国种业前10强在北京的有4家;全球10强种业巨头有8家在北京建立研发或分支机构。

有发展种业的市场和环境优势。北京已经成为我国最大的籽种交易和贸易中心,种业年交易额已超过60亿元。北京进出口种子年贸易额已超过6000万美元,占全国贸易额的35%以上,占全球贸易额2%左右。种业可持续发展的环境良好,北京种子大会已成功举办19届,是全国种子交易会之首,2011年成交额达5.3亿元人民币;2014年世界种子大会成功落户北京,首都种业创新发展的氛围更加浓厚。市场和环境的优势将有力带动种业科技的创新,科技资源和创新能力的优势将有力带动种业市场和贸易规模的扩大,科技、市场、环境三者的有机结合和相互促进,使北京现代种业发展呈现出光明的前景、显示出强大的示范带动作用。通过持续努力,北京有能力成为具有重要影响的世界种业创新中心。

（二）通州国际种业科技园已纳入中关村国家自主创新示范区"一区十六园"总体布局和国家农业科技城总体规划，具备承接国家种子"硅谷"建设的战略基础和有利条件

通州是北京主要农产区之一，拥有丰厚的农业资源和基础。通州区位于北京市东南，京杭大运河北端，地处永定河、潮白河冲积平原，面积906平方公里，常住人口约130万人，气候适宜、土地肥沃，是北方主要的农产区之一，具有打造种子"硅谷"的自然资源和条件。全区属温带季风气候，四季分明，年平均温度11.3℃，降水620毫米左右，降雨适中；境内河网密布，分布有北运河、潮白河、凉水河等13条河流，总长245.3公里；地势平坦，自西北向东南倾斜，海拔最高点27.6米，最低点仅8.2米，平均海拔高度20米；土地土质多为潮黄土、两合土、沙壤土，土壤肥沃，质地适中；土地资源丰富，仅通州区于家务乡就有近6万亩耕地，成方连片，具备良好的农作物新品种选育、展示条件，毗连各乡镇也具备同样的土地条件和土地资源。另外，通州区紧邻北京中央商务区(CBD)，西距国贸中心13公里，北距首都机场16公里，东距塘沽港100公里，交通便利，航空铁路公路发达，地理位置优越。

通州作为北京副中心，拥有强大的"首都资源和政策优势"。北京实行"两轴、两带、多中心"的发展布局，实施"科技创新、文化创新双轮驱动战略"，致力于打造全国最重要的科研创新基地和全球重要的创新中心。通州作为北京市集中力量加快建设的城市副中心，是承接北京科技创新转化的聚集地，致力于新城自主创新能力的增强，致力于自主知识产权的高新技术企业的引进和支持。国家种子"硅谷"建设项目就是这一大趋势的需要。这一项目一经提出，就得到了国家农业部、科技部和北京市相关部门的高度关注和充分认可，各类政策资源集中倾斜。科技部已正式将其纳入与北京市共建"国家现代农业科技城，一城多园"建设体系和总体规划。农业部将其纳入与北京市共建的"现代农作物种业示范区核心基地"。北京市将通州国际种业科技园区纳入"中关村"国家自主创新示范区"一区十六园"总体布局，成为享受中关村优惠政策的第一家种业类科技园。市科委已将该项目列为"十二五"期间重点储备项目。市财政局、市农业局、市农委分别将其纳入2012年重点支持项目。通州区财政局已经将其建设相关资金纳入本级财政预算。为落实项目，于家务乡政府2009年成立了全市首家乡镇级土地流转管理服务中心，解决土地确权、流转等问题；并采取一切措施为"硅谷"建设提供方便。目前，该项目已形成支持政策高度集中的工作格局。

种子"硅谷"已初具雏形。通过多年来的努力，通州大力推进国际种业科技园建设和发展，围绕科研、企业孵化、会展展示、交易交流、公共服务等五大功能，着力打造高端、可持续发展的现代农作物种业产业链。中国农业科学院、北京农林科学院、中国农业大学、北京农学院等国内知名育种科研院所已在通州建立品种繁育基地；聚集了100多家各类种子企业；集中连片发展了万亩左右的小麦优质粮籽种。目前，通州国际种业科技园正在致力打造亚洲最大的种业科技园区，通过与国家和北京市的政策对接，筑巢引凤，吸引更多企业入驻，努力形成国际化的种业企业运营总部、科研总部、交易总部和结算总部。

三、战略定位

国家种子"硅谷"的战略定位，既要体现保障国家粮食安全、推进我国农业现代化的战略需要，也要体现国家种子战略和创新驱动发展的战略前瞻性、方向性和指导性；既要充分体现北京市的战略地位和优势，也要牢牢把握首都城市副中心建设的区域特点、资源和基础条件，从实际出发，着眼于未来发展。国家种子"硅谷"的战略定位体现为以下七个方面。

国家种业发展的战略新高地。紧紧抓住国家加快推进农业现代化的战略机遇期，利用好现代农作物种业为国家战略性、基础性产业的战略契机，充分依托和发挥首都强大的科技资源、政策资源和市场资源优势，立足于通州区农业资源优势、区位优势和发展基础，特别是丰富的农地资源优势，以种子核心技术及其产业为发展重点和发展方向，率先发展高科技种业、效益种业、规模种业，把国家种子"硅谷"建设成具有科技化、规模化、标准化、国际化特点的国家种业发展的战略新高地、保障国家粮食安全的种业基地和农业现代化的种业基地。

国家种业科技创新示范区。抢抓世界新科技革命和产业变革的重大机遇，以国家实施创新驱动发展战略为契机，以科技部、北京市政府共建"国家现代农业科技城"和"北京通州国际种业科技园区"为载体，全面对接已纳入的中关村国家自主创新示范区的总体布局和规划，高强度投入种子技术研发，实施先进的育种方式，创新的管理机制，大力兴建种子技术孵化器、国家级种子实验室、种业品种实验基地、新品种中试基地、种子检测实验室、先进育种技术人才培育基地等，力争实现从常规育种向分子育种转化。兴建国家转基因种子试验基地，注重对转基因种子安全性的风险检验，对转基因种子对人类影响进行监测和评估，力争成为国家"启动转基因生物新品种培育重大专项"基地，不断提高种业科技创新能力，抢占世界生物技术革命的制高点，力争使我国种子技术始终处于科技创新前沿，充分发挥现代科技对现代种业的引领和支撑作用。

全国种子展示与交易集散中心。创新科研成果转化机制，探索种业产学研相结合的新路径，充分发挥国际种业品种示范及展示、现代育种体系科普教育和种子交易交流功能。进一步规范和完善新品种核心展示基地，大力兴建种子新品种中试基地、种子品种权交易中心、以新优品种展示为基础的科技成果展示推广中心和体系、育种科普教研中心、国际种业技术服务和信息中心，重点建设以种子交易市场和种子网络交易相结合的规模化、规范化、网络化的种业市场交易体系，促进种子技术成果转化，做大做强种子交易，进一步提升种业产业化水平。

国家种质资源库。整合各方面资源，大力兴建种子资源库、种子技术成果库和种业人才资源库，力争成为国家保护生物多样性的数据库和资料库，成为世界优良种子资源集聚的新平台。着力体制机制建设，制定各项政策措施，集聚各种优势技术资源、优秀人才资源、优秀服务资源、优势商业资源和优势教育资源，为种子'硅谷'建设提供战略基础和保障。

种业企业总部基地。围绕国际种业研发、展示、推广、辐射主题，引进国内外知名种子企业和研发机构，吸纳育种制种、装备设施等国内外企业入驻；建设种业科研企业孵化基地（综合服务区），孵化培育新的种业单位；培育一批研发能力强、技术先进、营销网络健全、服务完善的现代种业集团；大力发展"育繁推一体化"种业企业，形成种子"硅谷"企业总部基地和国际种业行业协会驻地，带动区域经济增长。

国家种业创新管理示范区。重点建立种子安全标准体系、种子筛选推广体系、种子流通全过程信息传输体系、知识产权保护体系、粮食安全、种子安全全过程追溯体系，形成国家种业管理标准和体制机制创新体系。建立和完善有效、专业、全过程监管体系，健全种子管理机构，全面提升国家种业监管和服务能力。打造职责明确、手段先进、监管有力的现代种业管理体系和种业金融服务体系，成为国家种业创新管理示范区，为种业大发展探索成功经验和模式。

种业发展的国际合作试验区。以种子核心技术和关键技术为重点，加强国际间技术交流和项目合作，把国家种子"硅谷"建设成为国际合作研发基地、国际种子技术贸易和品种贸易基地，成为开展国内外跨区域种业合作共建的窗口、前沿和重要平台。鼓励和支持入驻园区的种子企业按照市场化、产业化育种模式开展品种研发，加强与国外育种企业的研发合作，逐步建立以企业为主体的商业化育种新机制的典范。

总之，要把国家种子"硅谷"建成产学研结合综合体、全国种业交易中心、国家和市级农作物综合品种展示中心、农作物品种权流转集中区、标准化和集约化优势种子基地、知识产权交易中心、互联网和物联网集成与应用平台。

四、战略目标

国家种子"硅谷"建设，应围绕小麦、玉米、稻谷、大豆、双低油茶等主要粮油作物品种和蔬菜作物品种等种子核心技术研发和产业化这条主线，大力加强种子科技自主创新能力。战略目标应充分体现建设种子"硅谷"的战略性、科学性和前瞻性。

国家种子"硅谷"的总体战略目标是"立足北京、引领全国、影响世界",可以分近期、中期和长期三个阶段实现,基本要求"两年上轨道、7年引领全国、10年在某些领域达到国际前沿、20年达到世界育种先进水平"。

2013—2015年,完成国家种子"硅谷"总体发展规划,继续完善北京通州国际种业科技园区的基础设施配套建设,广泛聚集种业高端要素,努力搭建高端科技服务平台,积极对接国家级平台,在"筑巢引凤"、种子技术研发、种子资源库建设、种子交易市场建设、建立健全管理体制机制等各方面都取得良好开局,步入轨道。

2015—2020年,通过7年努力,种子"硅谷"建设取得明显成效,种业科研企业孵化基地、国家级种子实验室、国际种业品种实验基地、新品种中试基地、种子资源库、种子检测实验室、种子展示和交易中心等建成并取得实效,现代农作物种业全产业链和产业集群基本形成,种业自主创新体系基本完善,种业科技创新水平和成果转化水平居全国前列,成为全国种业技术研发和交易中心。

2020—2030年,通过近20年持续努力,形成科研分工合理、产学研相结合、资源集中、运行高效的种子产业新机制,培育一批具有重大应用前景和自主知识产权的突破性优良品种,建成全球种业企业总部基地和国家级种业管理创新发展示范区,全球种业科技创新中心地位得到巩固,成为全球种业研发和交易中心之一,在全球范围内整合配置种子研发技术、人才、市场和资源,前10年,争取某些领域达到国际前沿,20年基本实现种子"硅谷"目标,达到世界育种先进水平。

具体战略目标是:

种子技术自主创新能力显著提升。加快突破育种核心关键技术、关键装备,进一步优选并明确技术路线,着力提高种子技术的自主创新能力和水平,力争使种子技术始终处于国际科技创新前沿,引领和支撑现代农业发展。通过研发培育普及和推广良种,提高粮食单产水平,不断提升我国粮食自给自足能力，更加有力地保障国家粮食安全和种业安全，逐步摆脱我国在重要品种和重要设备方面对国外一直以来的强烈依赖。

种业国际竞争力不断增强。在育种手段上，要逐步从依靠传统的常规技术育种转到依靠现代化的生物技术育种，逐步实现智能化和机械化育种。不断克服在知识产权保护、育种方法和模式、制种设备和装备等方面存在的许多制约因素，不断提高获得基因专利的数量，商业化育种体系逐步建立，在全球种业市场竞争中的地位逐步提高。

种质资源保护大力加强。加大种质资源的保护和收集力度，尤其加大对濒临灭绝和濒危物种的保护和收集力度，加强与国内各种子平台之间的开放共享合作，为培育优良品种、发展生物科学、推动农业可持续发展奠定必不可少的物质基础和长远发展基础，保障我国种业安全。

种业产业体系更加完善。以生物育种新技术催生新产品、培育新产业、开拓新市场、培育新经济，培育一批研发能力强、技术先进、营销网络健全、服务完善的现代种业集团群，大力培育种业"选育—扩繁—推广"一体化产业模式，形成集研发、展示、示范、交易和服务一体化的高端、可持续发展的现代农作物种业全产业链，努力在生物技术及其产业国际竞争中抢占制高点、把握主动权。

种业创新管理水平不断提高。种子技术研发成果转化机制不断完善，成效不断提高，国际种业品种示范及展示、现代育种体系科普教育和现代化农作物种业交易交流功能不断加强，标准化、规模化、规范化和网络化程度不断提高，品种权交易中心、种子安全标准体系、种子筛选推广体系、种子流通全过程信息传输体系和全过程监管体系、知识产权保护体系、种业管理体制机制创新体系、种业金融服务体系等不断健全，服务、监督和指导的作用充分发挥。

五、战略重点

国家种子"硅谷"建设，要以打造种业研发高地为核心，以推进交易、交流和展示为切入点,以汇聚种业总部为抓手,打造企业孵化平台、营销平台和综合服务平台。特别要着重抓好以下六个方面的战略任务。

(一)打造全球种业研发高地

建立全球种业信息中心,搭建育种科技信息平台。对接中关村,与专业资讯情报机构合作,整合资源,打造种业信息中心,促进"硅谷"信息网络平台快速发展;建立科研报告厅等学术交流基础设施,便利育种前沿信息的聚集和传播;利用电子平台发布重大育种科技信息,打造育种科技信息中心。

搭建种业创新平台,汇聚全球育种精英。争取国家种质资源库落户"硅谷",争取中美跨国育种培养项目、国家级大通量分子育种跨国联合试验室等国家级育种国际合作项目落户"硅谷",拓展育种科技国际合作;对接中关村自主创新人才优惠政策,汇聚全球农作物育种人才资源,打造国家级育种基地;鼓励育种研究机构到"硅谷"设立博士后科研工作站,吸引各育种科研机构到"硅谷"设立分支机构,鼓励入驻企业设立育种试验室,打造育种人才高地。

建立种质资源库,推进种业科技创新。加大国家和地方投入,做好种质资源的保护和收集工作,尤其是对濒临灭绝和濒危物种的保护和收集工作。加强与国内各种子平台之间的开放共享合作。

加大转基因种子研发和试验,保障国家种子安全。加大转基因种子研发和转基因技术研究的投入,对转基因种子对人类影响进行监测和评估,破解转基因种子给我国乃至全球带来的困局,保证生态链在安全性的前提下抢占世界生物技术革命的制高点。

创新体制机制,完善种子研发外部环境。逐步建立政府引导支持、种业企业主导、科教机构参与、"农投、农担、农保"等社会组织积极介入、城乡居民受益的种业创新机制。先行先试,以育种成果商业化为导向,建立科技奖惩和竞争机制;以知识产权保护为基础,建立合理合法的成果转让体制机制;以国际化为目标,建立保护种业产权的严格执法体系;以科技企业和产业企业适当分离为原则,建立科技企业退出经营机制;以公共产品成本分摊为原则，逐步建立合理的"硅谷"收益机制。

（二）推进全球种业交易和展览展示平台建设

综合规划建设"硅谷"种业交易和展览展示平台，为科研成果向生产力的转化提供支持，并通过交流信息为种业科技发展提供动力。

以市场化运营为目标，打造国家级品种权交易中心、种子交易和展示集散地。依托北京"10+1+5"农作物品种试验展示网络框架，以便利种子交易和育种技术发展为目标，综合规划，分步实施，慎重选址，逐步建立和扩大"硅谷"品种交易和展览展示高端平台；以市场化运营为目标，建立和完善平台运营、维护的管理机构，建立和完善平台运营、维护、使用体制机制；依托"硅谷"种业网络专家委员会，组建并规划实施网上交易和展览展示平台体系建设，构建"硅谷"网上交易和展览展示平台。

整合资源，形成合力，多管齐下，打造种业交易和展览展示品牌。顺应种业交易和展览展示的大趋势和社会热点，"硅谷"管理机构和政府相结合，定期举办种业国际交易和展览展示会，不定期举办与社会经济热点相适应的种业交易和展览展示会；制定交易和展览展示外宣规划，充分发挥"首都优势"，整合媒体和国际交往等平台资源，逐步建立和增强平台的权威，牵手育种企业和引种企业，吸引全球育种和引种企业借助交易和展览展示平台推广作物优质品种，变展览展示平台为品种推广平台，打造"硅谷"交易和展览展示品牌；借助交易和展览展示平台，促进种业科技交流与合作。

（三）打造全球种业企业孵化器

以"硅谷"科研创新平台为抓手，推进科研成果产业化，推动科技企业与产业企业合理分开，鼓励企业合理兼并重组，培育有国际竞争力的种子研发企业和种子产业企业，打造种业企业孵化平台。

借助"硅谷"创新机制，推进种业机构企业化经营。借鉴美国、印度"硅谷"建设经验，对接中关村自主创新示范园区，推进"硅谷"机构企业化经营；先行先试，促进政策创新，便利企业成立、注销、兼并和重组；有效整合优势资源，吸引种子标准、检测、认证等权威服务机构入驻，形成要素聚集，提供"一站式"服务，支持企业产品研发和生产；制定"硅谷"企业化的财政税收优惠激励机制，推动机构企业化。

借助"首都优势"和中关村自主创新示范区政策优势，孵化种业企业。制定土地、财政、税收和金融等优惠政策，吸引全球种子研发机构在"硅谷"设立研发企业，吸引种子营销、生产等产业化企业在"硅谷"落户或设立分支机构；扶持种业研发企业和种子产业化企业共同成长壮大；推进种子研发企业成果产业化，推进种业研发和产业化过程适当分离，建立专门化企业；借鉴各类企业孵化器做法，建立全方位服务体系，助推种子研发企业成长。

（四）全面打造全球种业企业总部基地

种业企业汇聚、规模不断扩大是种子"硅谷"形成和发展的基础和标志。国家种子"硅谷"建设，要借助"首都优势"，不断优化企业经营条件，吸引全球种业企业总部落户"硅谷"，构建种业企业总部基地。

创新体制机制，便利种业企业总部落户北京。创新体制机制，破解制度瓶颈，逐步建立有利于企业总部入驻的政策体系。借鉴中关村自主创新示范园区经验，探索建立有利于种业企业总部落户"硅谷"的户籍激励政策、土地激励政策和税收激励政策；建立土地、工商、税务、知识产权等部门联席办公制度，实行一站式办公，方便企业入驻；探索建立科技企业产业经营退出制度，破解科技企业与产业企业捆绑连体困局，推进种业企业做大做强；探索建立种业"硅谷"公共财政收入政策，奠定公共服务经济基础；建立健全有利于种业的法律体系，加大品种权保护执法力度，优化种业健康发展环境。

完善基础设施，便利入驻企业经营。紧紧抓住通州区作为北京副中心建设的机遇，构建与市中心互联互通的便利交通网络；统筹种业基地交通与周边交通干线关系，完善基地内交通设施；配套建设"硅谷"生活基础设施体系、高端亲水生态园林体系、安保体系，打造高标准优质生活环境；配套建设与总部企业发展相适应的基础设施，以及设备供应体系；依托现代信息技术，构建融税收、物流、金融、资讯为一体的数据库信息查询体系。

建立招商引资机构，促进种业企业总部入驻。建立"硅谷"招商专家指导委员会，主动走出去，把企业引进来；借助"硅谷"招商专家指导委员会的指导，锁定目标企业，主动引进种业企业总部；借助"硅谷"宣传，主动留住前来咨询的企业。

（五）打造全球种业营销品牌平台

面向全球种业市场，以全球种子新品种和科技新成果推介为目标，以"硅谷"种业新品种和科研成果推介为重点，以"硅谷"交易和展览展示平台为抓手，双管齐下，传统手段和现代技术并用，打造覆盖全球、全方位的种业实物营销市场和电子展销市场，推进种业成果转化。

挖掘传统营销手段潜力，打造营销市场。对接市区与区域物流体系，高标准建设种业营销物流体系；组建"硅谷"种业专家营销指导委员会，谋划种业全球营销大局；招揽营销市场精英，组建营销机构和队伍，全面掌控"硅谷"资源，挖掘传统营销渠道价值，组建全球营销网络，全面推进成果转化；利用召开国际会议、国际交易和展览展示会等手段，全面汇集营销资源，打造营销渠道，形成利益共进机制，缩短营销周期，推进"硅谷"成果转化。

利用现代信息技术，打造多语种全球种业营销电子平台。依托种业专家营销指导委员会，利用现代信息技术，建立多语种全球种业营销网站；策划开办"硅谷"网上交易和展览展示，展览展示与营销推介并重，相互支撑；网络营销与传统营销并重，双管齐下，相互促进；以目标市场为对象，建立重点推介机制；区分不同营销渠道，突出强调主营渠道，整体策划版面内容；开通网上沟通交流系统，面向全球推销种业成果，寻求全球合作机会；开通网上电子支付和订单系统，便利远程营销。

创新体制机制，建立和完善营销软环境。制定和完善知识产权保护机制；建立和完善诚信奖惩体制；建立和完善种业物流管理体制机制，建立和完善售后监督保障体制，建立和完善售后保障组织体系；借鉴中关村经验，制定产供销利益分成机制，重奖销售业绩突出人员和机构。

（六）建设高端种业创新管理和综合服务平台

重点建立种子安全标准体系、种子筛选推广体系、种子流通全过程信息传输体系、知识产权保护体系,粮食安全、种子安全全过程追溯体系,形成国家种业管理标准和体制机制创新体系。以"硅谷"资源为基础,以利益最大化为目标,建立全方位服务队伍,合理分工,和谐合作,有效推进"硅谷"成果有效流转、利润积累效率最大化。

建立和完善综合服务组织体系。以"硅谷"管理委员会为龙头,建立和完善"硅谷"各类专家指导委员会、综合安保管理机构、各专业服务管理机构、营销管理机构、会务展示服务管理机构、信息管理机构、售后服务管理机构、知识产权保护与交易管理机构、企业管理机构,等等。制定和完善相应管理制度和规定。

利用现代信息技术,建立和完善电子综合服务体系。利用现代信息技术,建立健全安保体系和水电、耕作等各项专业服务体系,统筹完善展览展示、营销、交易和资讯等网络服务体系,建立健全诚信服务体系等。

建立健全种业监管体系。依据国家有关规定,严格种子营销、生产内部管理,加大对种子基地和营销环节的管理力度,确保种子标准质量,包括种子安全标准体系、种子筛选推广体系、种子流通全过程信息传输体系和全过程监管体系、知识产权保护体系、种业管理体制机制创新体系。

立足"硅谷"全部资源,建立和完善综合服务队伍。全面规划,合理分拆"硅谷"服务需求;综合规划,逐步建立和完善服务硬件体系;以提供更加有效的服务为目标,逐步建立和完善综合服务队伍;建立统一指挥,合理分工,相互支持,运转高效的市场化的综合服务组织和队伍。

六、战略步骤

国家种子"硅谷"建设的战略步骤,应该依据国家种子"硅谷"建设的战略目标、战略任务和保障措施等,在与国家及北京市中长期规划期限相衔接的情况下,进行时间序列的分布与排列。具体可分为四个步骤与时间序列:起步期(2011—2012)、筑巢期(2013—2015)、营销推广期(2016—2020)和全球战略运营期(2020以后)。

第一步：起步期（2011—2012）

起步期目前已完成。在这一时期，北京通州国际种业科技园区正式投入建设，园区基础设施配套建设已投资近3.5亿元，正在努力搭建物联网技术集成与应用、现代农作物高通量育种研发服务、作物种质资源共享交流、作物新品种展示交易、农机植保劳务综合服务等高端科技服务平台，同时广泛聚集种业高端要素、积极对接国家级平台。自2011年7月科技部正式挂牌将园区纳入国家现代农业科技城"一城两区百园"建设体系后，2012年5月园区又被农业部确定为农业部和北京市共建的"现代农作物种业示范区核心基地"，10月经国务院批准正式纳入中关村国家自主创新示范区。园区还与国家智库、北京农业大学进行长期战略合作，并成功引入中国农科院、北京市农林科学院两大农业科研院所，为提高种业科技园区的科研资源提供有效保障。园区223亩企业总部科研孵化基地控制性详细规划已得到市规委批复，目前正在协调区发改委、国土、建设等相关部门进行项目立项及开工手续的办理。

第二步：筑巢期（2013—2015）

2013年完成国家种子"硅谷"战略发展设计，争取得到国务院相关部门的支持，力争把通州国际种业科技园区提升为国家种业发展的战略高地；提升园区科技化服务能力，建立物联网技术集成与应用平台、作物种质资源共享交流平台、作物新品种交易平台，提升园区科技创新能力，提升园区会展展示能力，进一步规范和完善新品种核心展示基地和专家院士中试基地建设，摸索市场化、社会化运作模式，建成在国内有影响力的新品种中试、展示示范基地，可承接全年化、上万个品种的集中展示；积极对接中关村自主创新示范区相关政策，充分利用中关村人才、科技、税收等优惠政策，为园区入驻企业及科研院所提供服务，加速企业成长，进一步实现种业科技园区的孵化功能，培养一批大型的民族种业科技企业。以举办2014年世界种子大会为契机，进一步提升本区种业的影响力。

通州区立足北京，服务全国，面向全球。按照整合资源，创新工作机制，加大本区在西北、西南、海南制种基地建设合作，将基地建设成为支撑北京市种业创新发展的重要基地。按照减少成本、增加收益的基本原则，统筹规划，适度发展种业的外埠制种基地，包括在甘肃地区的玉米、蔬菜制种基地，在河北等地的华北玉米、棉花制种基地带，在江苏、安徽、福建等省的华东水稻制种基地带，在海南、广西的华南水稻、玉米和四川、云南的水稻、蔬菜制种基地带。通过区域内整合、全国性整合、全球化整合，进行全球系统整合构建。通过借船下海，从直接购买品种，到通过与科研单位合作育种；企业建立自己的科研机构和队伍，构建研发平台；系统整合，面向全球重大需求，在全球范围内整合配置研发技术、人才、资源，最终构建全球商业化育种营销体系。

到2015年，基本形成种业科研企业、育种企业、制种企业、销售企业、种植企业、加工配送企业的企业集群，国际种业科技园区基本形成规模；基本形成育种研发、制种繁育、种植、品种展示、示范、销售推广、加工配送、技术和信息服务、农业观光的高端、可持续发展的现代农作物种业全产业链和产业集群，形成大规模籽种产业基地；基本建成种业科研企业孵化基地（综合服务区）、国家级种子实验室、国际种业品种实验基地、新品种中试基地、种子资源库、种子检测实验室，种业自主创新体系基本形成，种业科技创新水平明显提高；形成新品种核心展示示范基地，成为北京品种权交易中心的重要组成部分，成为北京"种子之都"的主要交易交流区、农作物品种展示和辐射基地，支撑北京市一核、两区、三基地建设，为通州种业成为全国种业展示、技术服务和交易交流服务中心之一创造良好的环境条件。

第三步：营销推广期（2016—2020）

到2020年，基本建成全球种业企业总部聚集中心之一，形成种子"硅谷"企业总部基地，带动区域经济增长；全区种业产业整体发展水平大大提升，年销售额超过10亿元的种业企业达3家以上，全区种业年销售额达到60亿元以上，实现对北京乃至全国种业的引领带动作用；全区整体种业科技创新能力和水平得到全面提升，全国种业科技创新中心地位得到巩固，成为全国种业研发中心之一，发挥强大的现代科技对现代种业的引领和支撑作用，种子"硅谷"目标基本实现；成为全球种业展示、技术服务和交易交流服务中心之一，国家和市级农作物综合品种展示中心、农作物品种权流转集中区、标准化和集约化优势种子生产基地、知识产权交易和高科技转化平台、互联网和物联网集成与应用平台，成为种子"硅谷"建设的强大基础和支撑；种业监管能力明显提升，基本建立起职责明确、手段先进、监管有力的现代种业管理体系。

第四步：全球战略运营期（2020年以后）

通州国家种子"硅谷"建设，是"首都优势"与"现代种业发展"之间的一座桥梁，是将"首都优势"转化为"促进全国现代种业发展"动力的转换器，2020年后，建成国家级种业管理创新发展示范区。通过建立种子安全标准体系、种子筛选推广体系、种子流通全过程信息传输体系，建立有效、专业、全过程监管体系，建立知识产权保护体系、种业管理体制机制创新体系，健全种子管理机构，提升种业监管和服务能力，基本建立职责明确、手段先进、监管有力的现代种业管理体系。通州区的国家种子"硅谷"形成科研分工合理、产学研相结合、资源集中、运行高效的育种新机制，培育一批具有重大应用前景和自主知识产权的突破性优良品种，建设一批标准化、规模化、集约化、机械化的优势种子生产基地，打造一批育种能力强、生产加工技术先进、市场营销网络健全、技术服务到位的"育繁推一体化"现代农作物种业集团，显著提高优良品种自主研发能力和覆盖率，确保粮食等主要农产品有效供给。

通过支持区内优势种子企业开拓国际市场，鼓励外资企业引进国际先进育种技术和优势种质资源，规范外资在本区从事种质资源搜集、品种研发、种子生产、经营和贸易等行为，做好外资并购境内种子企业安全审查工作。推动种子企业兼并重组，在企业注册资金、固定资产、研发能力和技术水平等方面大幅提高市场准入门槛，通过市场机制优化和调整企业布局。支持大型企业通过并购、参股等方式进入农作物种业；鼓励种子企业间的兼并重组，尤其是鼓励大型优势种子企业整合农作物种业资源，优化资源配置，培育具有核心竞争力和较强国际竞争力的"育繁推一体化"种子企业。

通过生物技术与常规技术紧密结合、虚拟育种与实际育种紧密结合、大规模"育"与大范围"选"紧密结合，造就育种新时代；形成市场化导向、专业化分工、规模化研究、集约化运行的商业化育种新理念；通过集中力量建好运用分子生物学理论育种大平台、下大力气抓好基础性公益性研究、坚定不移地推进商业化育种，进行我国种业科技机制创新，探索并作出农业碳信用倡议。

七、战略保障

（一）建议将国家种子"硅谷"发展纳入国家战略

经过课题研究和深入论证，有关部门和专家一致认为北京通州国际种业科技园有着广阔的发展空间和前景，对推动我国农作物种业的科技创新有着巨大的推动作用。建议以此为依托，农业部、科技部提供政策和专项资金支持，把北京通州国际种业科技园打造成国家级国际种子"硅谷"，成为引领全国种业的研发、信息服务、交易和展示基地。北京市和通州区应根据《国务院关于加快推进现代农作物种业发展的意见》和《北京市人民政府关于促进现代种业发展的意见》，抓紧制定国家种子"硅谷"发展整体规划，进一步明确思路，找准战略定位。

建议将国家重大科技专项"转基因专项"中的一些项目落户北京通州国际种业科技园。此外，北京通州国际种业科技园已被纳入中关村国家自主创新示范区，成为享受中关村优惠政策的第一家种业类科技园。但是，在中关村2010年出台的"1+6"政策体系中，专门针对种业发展的特殊政策还较少，国家应在新一轮的中关村优惠政策中制定种业科技发展的专门政策。

（二）将国家种子"硅谷"建设成中美农业科技、种业合作基地

根据中美两国农业部已签署的《中美农业战略合作规划（2012—2017年）》，建议农业部将中美农业科技研发中心、农业科研实验室、转基因食品安全实验室等核心科研机构设在北京通州国际种业科技园，充分利用北京市种业、生物工程的人才优势和通州种业发展的软硬环境优势，推进中国种子集团与孟山都公司合作基地落户北京通州国际种业科技园；推进北京德青源

农业科技公司与美国史密斯菲尔德公司的合作基地设在北京通州国际种业科技园。

（三）加大种业发展的政策支持力度

加大财政资金投入。建议国家在新一轮种子工程项目资金和国家现代农作物种业发展专项资金中，全面支持国家种子"硅谷"的发展。北京市和通州区政府设立种业发展财政专项资金，加大对农作物种业发展的财政投入，大力扶持良种选育和推广、种质资源保护创新、优质特色品种保护利用、种业基础公益性研究等。积极整合北京市和通州区财政、科技、农业等部门的项目和资金，重点向种业科技园倾斜。

加大金融支持力度。鼓励和引导风险投资基金介入种业研发，分担种子研发成本。引导银行机构加大对种业企业的信贷支持力度，对符合条件的企业财政给予中长期贷款贴息。充分发挥市级农业投融资平台作用，对具有上市潜力的种业企业，支持其上市融资、发行债券；对成长型种业企业，支持其加快结构调整和技术改造，提升企业形象。将通州区制种业纳入政策性农业保险范围，增强种业抵御自然风险的能力。

加大税收优惠扶持政策。在落实国家对种子企业的税收优惠政策基础上，进一步加大对符合条件的种子企业免征增值税；对以"公司+农户"经营模式从事种子生产的企业和符合条件的"育繁推一体化"种子企业的种子生产经营所得，减免企业所得税；对种子企业兼并重组涉及的资产评估增值、债务重组收益、土地房屋权属转移等按国家规定给予税收优惠。继续执行并完善种子储备制度和良种补贴政策。将"育繁推一体化"种业企业发展所需的育种、生产、加工机械纳入本区农机具购置补贴范围。

推动种子企业兼并重组。在企业注册资金、固定资产、研发能力和技术水平等方面大幅提高市场准入门槛，通过市场机制优化和调整企业布局。支持大型企业通过并购、参股等方式进入农作物种业；鼓励种子企业间的兼并重组，尤其是鼓励大型优势种子企业整合农作物种业资源，优化资源配置，培育具有核心竞争力和较强国际竞争力的"育繁推一体化"种子企业。

制定品种审定和保护的政策。进一步规范品种区域试验、生产试验、品种保护测试、转基因农作物安全评价和品种跨区域引种行为，统一鉴定标准，提高品种审定条件，统筹国家级和省级品种审定，加快不适宜种植品种退出。完善植物新品种保护制度，强化品种权执法，加强新品种保护和信息服务。

（四）进一步完善法律、法规和监管、执法体系

制定和完善种业知识产权保护等相关法律。认真贯彻执行现行国家和北京市的种子管理法律法规，依法治种，保障农业生产和粮食安全。修订《种子法》，增加转基因种子的安全测试、监督执法等内容，严禁未经许可在中国境内进行转基因产品测试。同时，加大对种子知识产权保护力度，鼓励科研部门和企业不仅对转基因种子进行开发，更要对转基因产品的安全性进行检验。

推进种业监管政企分开。严格按照《种子法》规定，将种业监管和企业经营完全分开，增强种业执法的权威性、公正性和严肃性。农业、科技等主管部门不得干预种子企业的经营活动，彻底将种业管理与生产、经营脱钩，种业管理、种业协会和种业监测机构相互独立。

严格种业市场监督管理。完善种业生产及营销许可证制度。严格种子生产、经营行政许可管理，依法纠正和查处骗取审批、违法审批等行为。全面推进农业综合执法，加强种子行政许可事后监管和日常执法，加大对种子基地和购销环节的监管力度，严厉打击抢购套购、套牌侵权、生产经营假劣种子等行为，切实维护公平竞争的市场秩序。

健全种业市场执法管理体系。建立专业的种子执法机构和执法队伍。种子违法事实判定和执法管理必须以专业知识为基础，专业执法是种子市场管理的主要形式。因此，在农业主管部门授权下，组建专门的种子执法机构和执法队伍，将种子执法与其他业务分开，以便种子执法机构和种子管理机构相互监督。同时，地方政府应确定执法机构的人员编制和经费来源。

（五）加强种业知识产权保护

知识产权保护是种业能否持续健康发展的关键。在种业研发阶段，通过提高审查测试标准，探索建立实质性派生品种制度，杜绝"模仿育种"、"克隆育种"、"贼选育种"、"装饰性育种"等不良行为，促进我国育种原始创新。研究建立农业遗传资源权属登记制度。对传统品种、育种材料等遗传资源进行权属登记，严格执行遗传资源的来源信息披露制度，推动资源提供者和利用者建立标准的材料转移机制。建立健全种子品种权交易相关法规，促进品种权交易中心科学规范发展。

建立利益平衡激励机制。协调资源提供者与开发利用者、基础研究与应用研究、国家研究单位与企业的利益关系，充分调动遗传资源保护、育种材料和育种方法创新的积极性。搭建种业研发、企业合作的知识产权公共和转让交易平台。强化公益性科研成果对企业商业育种的科技支撑作用，鼓励科研机构的品种权、育种材料等资源以知识产权转换的形式向企业合理流动。建议相关部门研究跨国公司知识产权保护对我国种业发展的潜在影响，建立相应的预警机制，及时提出应对预案。

（六）加快推进种业发展的体制机制

创新成果评价和转化机制。借鉴国际经验，研究制定对实际工作有积极指导和促进作用的全新农作物种业科研成果评价方式，修改和完善商业化育种成果奖励机制，形成有利于加强基础性、公益性研究和解决生产实际问题的评价体系。健全合理的利益分配机制，鼓励和调动科研人员创新积极性。

风险共担机制。建立由政府积极支持、有关部门加强指导、种子企业和科研院所为主体、商业化运作的种子研发、生产风险分散机制，鼓励风险投资基金、商业性的保险公司进入种子的研发阶段，分摊研发成本和风险，对符合条件的种子研发、生产开展保险试点。完善种子收储政策，鼓励和引导相关金融机构特别是政策性银行加大种子收储的信贷支持，中央和省级财政对种子储备给予补助。加大高效、安全制种技术和先进适用制种机械的推广使用，将制种机械纳入中央财政农机具购置补贴范围。

（七）人才和科技创新保障

加强种业人才培养政策。充分利用北京的科研技术力量，加强与北京高等院校、科研院所的农作物种业相关学科、重点实验室和研究中心的联系，加大对种业人才教育和培训力度，为通州区种业园区的发展提供人才和科技支持。全面落实国家和北京市有关加快现代种业人才队伍建设政策措施，保障科研拔尖人才研发经费投入。

落实人才引进政策。尖端人才的引进，可实现通州种业园区的跨越式发展。落实国家"千人计划"及北京市"海聚工程"、"高聚工程"等人才引进政策，对符合条件的种业高端人才给予政策倾斜。落实对优秀高端人才在工资待遇、职称评定、配偶工作、社会保障等方面优惠政策，以及从事商业化育种的科研单位或人员进入种子企业，保留身份，来去自由等相关规定。加快建立一支基础理论扎实、业务精通、技术过硬、结构合理、作风优良的种子研发专业队伍。

加大种业企业创新支持力度。鼓励科研院所、高等院校种质资源和育种人才通过股权、期权激励等形式进入种业企业，开展商业化育种。对拥有自主知识产权并大力推进技术成果转化与应用的本市种业企业给予奖励。支持符合条件的种业企业申请国家及北京市重大科技专项。

（八）发挥行业协会和产业联盟作用

鼓励成立种业行业协会和种业知识产权保护联盟等自律组织，充分发挥种业行业协会和产业联盟在现代种业发展中的协调、服务、维权和自律作用。协会或产业联盟既能帮助政府管理好企业，又能代表协会企业成员与政府交涉，维护成员利益。协会可组建种子质量鉴定专家委员会和种子检测机构，使其具有公正、公平地发挥仲裁、鉴定和检测职能。此外，协会还可组织开展企业间、企业与科研单位间的交流与合作。加强行业自律，规范行业行为，开展"育繁推一体化"骨干企业和诚信企业等级评价工作，帮助企业做大做强，促进种子行业健康、有序、和谐发展。

【背景与效果】

2012年7月，北京通州东昇农业技术开发（集团）有限公司委托中国国际经济交流中心作"建设国际种业科技园研究"。魏礼群为课题负责人，邀请国务院研究室、农业部、国家发改委等有关人员参加。10月

31日，研究团队深入北京通州区实地调研。同时，收集世界主要国家种业发展趋势和做法，并研究国内种业发展的现状和问题。在此基础上，研究团队决定将研究重点放在国家种子"硅谷"发展战略研究上。经过半年多调查研究和分析论证，形成了一个总报告《国家种子"硅谷"发展战略研究》和5个专题研究报告。向国务院领导报送总报告后，获得重要批示；农业部、科技部、北京市和国务院领导先后赴通州东昇农业技术开发（集团）有限公司作实地考察，表示支持，使中国国际经济交流中心的决策咨询研究成果转化为实践行动。目前，北京通州国际种业科技园基本建成，已成为我国现代种业一个重要基地。

关于加快明清黄河故道综合整治和开发的建议

（2015年3月31日）

历史上，黄河曾因多次决口改道，形成"入渤海"和"入南黄海"的多条河道。明清黄河故道即指鲁皖苏的黄河旧河道，又被称为"废黄河"、"古黄河"或"淤黄河"。据历史记载，故道历史悠久，最初形成于南宋建炎二年（1128年），当时东京（今开封）留守于滑县西南人为决河遂使河道东夺泗水入淮，1272年改道在苏北滨海县套子口入南黄海。清咸丰五年（1855年）后，河南兰阳（今兰考）北岸铜瓦厢大改道之后，黄河水从铜瓦厢东坝头处决口，先流向西北，后折转东北，夺山东大清河在东营市入渤海，形成了运行至今已近160年的现河道。黄河在故道断续行水长达737年（1128—1855年），期间持续行水308年（1547—1855年），基本线路是西起河南省兰考县三义寨（右岸）和东坝头（左岸），向东偏南经兰考和民权两县，沿商丘、虞城和山东省东明、曹县、单县3县边境入安徽省砀山县境，再向东南进入苏北境内，经徐州、盐城、淮安、宿迁、滨海等市县入黄海，即今之明清故道。故道蜿蜒于豫、鲁、皖、苏4省，经8个地级市25个县（市、区）、444个乡镇，全长738公里，其主体在苏北境内，约占黄河故道总长度的2/3。

黄河故道沿线地区历史积淀厚重，是华夏文明的重要发祥地之一，中原文化和东夷文化的融合与碰撞，对中华文明的发展作出了重大贡献。主要衍生于此地区的道家、儒家思想，已成为中华文化的主要内核。在历史的长河中，这一地区因处于战略要冲的位置，连南接北，面东靠西，历史上是兵家必争之地。从葵丘会盟、泓水之战，到陈胜、吴广的揭竿而起，从决定楚汉命运的垓下之战到抗日战争的徐州会战、解放战争的淮海战役，这里上演了一幕幕生动壮烈的活剧。值得一提的是，春秋时期葵丘会盟的一个重要议题，即是解决国与国之间的"水祸"问题。

黄河故道沿线地区亦多为革命老区，当年几百万群众推着小车支前，为淮海战役的胜利起到了重要作用。这里的人民为抗日战争的胜利和新中国的诞生作出了巨大贡献和牺牲。

新中国成立后特别是改革开放以来，党和政府带领广大干部群众对黄河故道进行了卓有成效的综合整治和开发，取得了初步进展和成效，故道行水蓄水能力不断提高，沿线农田改造工作成效显著，农业综合生产能力和农民群众生活水平有了很大的提高，为故道综合整治和开发奠定了良好基础。但从目前总体发展水平看，黄河故道沿线地区交通、基础设施乃至经济社会发展仍然薄弱，"无风三尺沙，黄土埋庄稼，只见青苗不打粮"，仍然是沿线大多数地方的真实写照，成为豫、鲁、苏、皖区域全面建成小康社会和生态文明建设最薄弱的"洼地"、"短板"与"瓶颈"。

一、意义和价值

在刚刚闭幕的十二届全国人大三次会议上，李克强同志在江苏代表团审议政府工作报告时指出，"由于历史上黄河改道等客观因素，以徐州为中心的淮海地区，包括苏北、鲁西南、豫东、皖北这块地区，一直都是相对比较贫困的地区，也是革命老区，我们确实应该给予高度重视。"当前，我国即将迎来"十三五"这一在我国发展史上具有特殊重要意义的时期，加快明清黄河故道沿线综合整治开发，不仅能加快促进革命老区脱贫致富，还具有特别重要的战略意义和较大的经济价值及社会价值。

（一）这是理顺黄淮平原水系，增强故道行水调水功能，使废黄河流域焕发新活力的需要

黄河故道流域狭长，自西向东呈条带状，河道多为高滩悬河，一般高出

关于加快明清黄河故道综合整治和开发的建议

附近地面3—6米,有些地段甚至高达8米,行水量极其有限,二坝之上地表径流由大沙河汇入南四湖,除徐州黄河故道段有一定地表径流汇入外,几无径流下泄。因此,故道流域及沿线地区常年干旱少水,特别是工农业生产和人民群众生活严重缺水。其实,位于黄淮平原的黄河故道的周边水系和重大水利工程较多,故道综合整治开发的首要意义在于理顺黄淮平原中故道周边水系,增强故道行水功能。从周边水系看,黄河故道地跨黄淮平原淮河水系和沂沭泗水系,是这两大水系的分水岭。淮河水系和沂沭泗水系通过京杭大运河、淮沭新河和徐洪河贯通。故道周边还有洪泽湖、微山湖、骆马湖、徐沙河、徐洪河、大运河等。从周边重大水利工程看,南水北调东中线工程从汉水与其最大支流丹江交汇处的丹江口水库引水,自流供水给黄淮海平原大部分地区和20多座大中城市。2014年12月12日,南水北调中线已正式通水。规划中的西线工程在青藏高原上,由长江上游向黄河上游补水。整治黄河故道就是要积极推动将黄河故道流域整治纳入黄河流域、淮河治理、沂沭泗水系整治开发和国家南水北调等重大水利工程建设之中,进一步打通苏北黄河故道与黄河流域的梗阻,在汛期引蓄黄河多余之水,既可分减黄河洪水压力,又可将一时多余的水储于黄河故道以备旱时之用;同时,与洪泽湖、微山湖、骆马湖、徐沙河、徐洪河、大运河等周边水系实现沟通,真正让黄河故道的水"活"起来,做到"有水源、行水通",使废黄河流域焕发出新活力。

(二)这是大规模土地整理,新增大片耕地,打造我国新粮仓的需要

故道沿线土地资源丰富,沿线4省25个县(市、区)有土地5400万亩,尚有2000多万亩中低产田、林地、果园和荒地,这部分土地资源利用率和产出率较低,通过改造可以建成1500万亩标准农田和500万亩生态特色农业基地,同时可新增80万亩左右稀缺的耕地资源,开发潜力和价值巨大。2000年,黄河故道地区作为我国重要的耕地后备资源区域,被列入《全国土地开发整理规划(2001—2010)》确定的重点区域,但故道地区土地沙化、盐碱化严重,沿线交通条件较差,基础设施薄弱,土地整理非常困难,极大地制约着故道区域可持续发展。因此,加快黄河故道综合整治和开发,加大水利基础设施建设，深挖中泓、拓宽中泓，打通黄河故道上的"肠梗阻"，大力整修故道大堤和开挖疏浚河槽，规划建设大面积湿地、水库等措施，充分发挥黄河故道的洪水调节功能和蓄水保水能力。此举可谓"一石三鸟"：一是可以缓解故道沿线地区日趋严重的"水荒"。利用地势高于周围地区的黄河故道蓄水，既可节省大量提灌设备和动力，实施水流输送以及管灌、喷灌、滴灌、渗灌等节水措施，又可避免较大程度的水污染，充分满足故道沿线地区的工农业用水和城市居民生活用水。二是可以增加滩区的有效灌溉面积，为滩区旱改水创造条件，保障粮食生产旱涝保收。旱改水是改造中低产田，进而提高其经济效益、抵御滩区旱灾的根本途径，故道地区睢宁、铜山等地滩区农业开发项目的运作实践表明，将甘薯、玉米、大豆等秋季旱作改为水稻种植，每公顷可增产粮食3000公斤以上。三是可以改善滩区生态环境，减轻旱涝灾害危害程度。由于苏北夏秋季节降雨强度一般较大，加之滩涂区地貌表土浮松，植被覆盖较差，滩区的水土流失现象十分严重。水土流失既带走了大量土地养分，又造成一些水库的淤积，治理故道河槽，建立以黄河故道中泓为轴心的滩区灌排体系，不仅可以有效地控制降雨所形成的径流形态，拦截泥沙和径流，而且也可为治理滩区水土流失的农业生物措施营造良好的实施条件。以徐州为例，通过上述水利基础设施综合开发，经过3—5年努力可基本实现防洪标准50年一遇，排涝标准10年一遇，实现村村通公路；开发治理面积260万亩，新增复垦整理土地面积10万亩，市区整理建设用地3000亩；新增水稻面积30万亩，拓宽疏浚中泓200公里，新增蓄水能力1亿立方米。

（三）这是加快扶贫开发，使沿线近2000万革命老区群众脱贫致富，全面建成小康社会的需要

目前，故道沿线地区集中了4省大部分经济薄弱村和贫困人口，涉及沿线近2000万群众。以江苏为例，在全省认定的12个帮扶攻坚重点县（区）中，8个属于黄河故道沿线的县（区），沿线地区农民年纯收入尚不足8500元。沿线乡镇中，近4成乡（镇）为省级重点扶贫乡（镇），村级经济年收入低于10万元的村占该地区行政村总数的45%，其中1/6的村年收入不足

1万元。仅徐州一市即集中了2个省级主要扶贫重点县、全市的1/3经济薄弱村和1/4贫困人口，成为徐州市一条"贫困带"。充分利用故道自然和地理优势，加快故道地区综合开发，是故道沿线近2000万农民群众脱贫致富的当务之急。故道地区处于暖温带与北亚热带的交界处，属北暖温带季风气候区，光照和热量资源充裕，林木植被茂盛，耕地、园林、林地、滩地等在内的土地资源丰富，蕴藏着巨大的开发潜力和利用价值，加快故道综合治理，推进沿线现代农业示范区建设，可以有效增加4省发展的环境容量，拓宽农业和农村发展途径，从根本上改变落后面貌，实现"洼地"崛起。故道地区农业深度开发潜力有中低产田改造、低产园地改造和低产林业改造三部分，农业广度开发潜力则有荒滩区开发和荒芜水面开发两大类。仅江苏境内黄河故道沿线除已利用的302万亩土地和水面外，尚有316万亩中低产田、中低产林果地、中低产养殖水面、荒地荒水等具备可开发利用潜力，这些河滩坡地经过适当治理，就可以大大增加其经济价值。以徐州市黄河故道为例，这里的耕地有55%为中低产田，与邻区田地相比，粮食单产每公顷低750—1500公斤，棉花单产每公顷低228—375公斤。徐州市滩区土地利用不充分，可开发的荒地有6000多公顷，荒芜水面也有4000多公顷。加快综合开发，到2020年，区域人均GDP增幅有望高于苏北平均水平，达到5.5万元左右；建成高标准农田150万亩，农业劳动生产率达到4.5万元；农民纯收入高于全市平均水平，更高水平建成小康社会。从扶贫效果看，徐州通过项目带动，用4年左右时间，即可逐步改变沿线发展滞后现状，实现115个经济薄弱村、22万贫困人口全部脱贫。

（四）这是加快生态建设和文化建设，把故道建成横贯黄淮平原生态走廊和历史文化长廊的需要

从生态方面看，通过加快治理和开发，把黄河故道建设成横贯黄淮平原的生态走廊，是中央、省市和沿线近3000万群众的共同愿望。实施黄河故道沿线生态建设工程，加快两侧100米宽的"绿色生态走廊"建设和黄河故道区域生态林、经济林和农田林网建设，加强沿线生态保护，强化沿线河湖截污及面源污染控制，全面提升沿线生态环境，可以有效改善黄河故道沿线生态环境状况，优化人居环境，打造百姓生活较为富裕、社会安定和谐、生态环境健康的幸福家园。以徐州为例，经过3—5年生态整治修复，故道沿线可以新增绿色面积10万亩，其中市区新增绿化面积4000亩，森林覆盖率达到33%，生态环境达到功能保护区标准，沿线村庄环境整治全部达标，生活垃圾定点存放清运率达到100%，为农业、文化、旅游等产业提供有力支撑，产生巨大的生态环境价值。

从人文方面看，黄河故道地区历史悠久，古代文化与现代文明积淀厚重，沿线有汉皇祖陵、刘邦故居、阎尔梅墓、皂河乾隆行宫、青莲岗文化遗址、码头古镇等许多古文化遗存，具有较大开发价值。这些丰富的人文底蕴是发展观光旅游、休闲农业的现实基础和优越条件。依托自然生态与文化资源，实施黄河故道沿线特色旅游业综合开发，强化重点旅游景区建设，提高旅游公共服务水平，完善相关配套设施，故道文化旅游价值将得到极大开发，将推动特色旅游业快速发展，形成较全面的文化旅游发展体系和模式。以徐州为例，通过依托沿线深厚的汉代与三国历史文化积淀、良好的自然景观，进一步优化旅游产品结构，着力打造包括生态休闲、农业与乡村体验和文化体验等于一体的特色旅游产品体系。总之，黄河故道农业综合开发有着重大的经济意义、社会意义、政治意义，不仅具有重大现实意义，而且具有深远历史意义。

到2020年可增加精品文化旅游景区20个，建成国家3A级及以上旅游景区10个，显现黄河故道文化旅游长廊建设效应，增加旅游业收入10亿元，使旅游业成为故道沿线重要的经济增长点和支柱产业。

二、机遇和基础

新中国成立后，故道行水蓄水能力不断提高，沿线农田改造工作成效显著，农业综合生产能力和农民群众生活水平有了很大的提高，为故道综合整治和开发奠定了良好基础。当前，黄河故道沿线综合开发面临中央和省的多重政策的利好，今后一个时期，黄河故道流域整治和开发将迎来重要新机遇。

(一)面临新机遇

1.有利的政策环境。在流域整治方面,水利改革近年来一直是国家推行的重点工作之一。中央提出力争今后10年全社会水利年平均投入比2010年高出一倍,即未来10年的水利投资将达到4万亿元。据此估算,到"十三五"末期,水利投资有望达到3万亿元上下。2013年中央一号文件就农村水利工作作出重要部署。2014年1月,水利部提出到2020年,在重要领域和关键环节改革上取得决定性成果。这为黄河故道整治和开发迎来了机遇。

在农业开发方面,党和政府始终把解决好"三农"问题作为工作的重中之重,不断加大强农惠农富农政策力度。2004年以来,中央一号文件连续11年聚焦"三农"。党的十八大明确提出,城乡发展一体化是解决"三农"问题的根本途径,城市基础设施不断向农村延伸、财政投入不断向农村倾斜,黄河故道地区参与区域合作空间将更加广阔,这将为黄河故道地区综合开发注入新活力。

2.国家正加快重大水利工程建设。今年和"十三五"期间,我国将分步建设172项重大水利工程,包括重大农业节水、重大引调水、重点水源、江河湖泊治理骨干工程,大型灌区建设等方面的重大水利工程。2014年中央预算内投资安排的是4576亿元,比2013年增加了200亿元,2015年有望继续增加财政投入。2014年12月12日,南水北调中线一期工程正式通水,标志着东、中线一期工程建设目标全面实现。这些都为黄河故道水系治理带来特殊的历史发展机遇。

(二)基础具备

经过各地多年来的治理和开发,故道开发取得了多方面积极进展,已具备广泛和深度综合整治和开发的基础和条件。

1.沿线农业发展迅速、扶贫开发取得初步成效。对黄河故道沿线综合开发始于20世纪七八十年代,之前更侧重除害而轻兴利。20世纪80年代末90年代初,故道沿线政府相继出台一系列关于开发治理黄河故道的远景规划。1987年2月,睢宁县委、县政府提出"开发利用废黄河,建设十万亩商品粮基地"的号召；同年 7 月，泗阳县制订了《废黄河中泓治理、内滩开发的总体规划》；1991 年 12 月，徐州市就其所辖县、区的黄河故道治理制订了《废黄河治理（徐州段）工程规划》；同年，涟水县委、县政府提出在黄河故道内建设百里林带、百里果园、百里鱼塘的"三百工程"设想。

近年来，黄河故道沿线各级政府在治理的基础上加大了综合开发的力度。江苏省及时颁布了《江苏省黄河故道农业综合开发和农村经济发展规划（2012—2020 年）》，并下发了《关于加快黄河故道地区农业综合开发促进农业农村经济发展的意见》，加快黄河故道现代农业特色走廊建设。徐州市快速落实省委省政府的规划，坚持以水利、交通、农业、生态、文化旅游、扶贫"六位一体"为核心，加快推进中泓贯通、道路畅通、土地整治、农业提升、生态建设、环境整治、文化旅游、扶贫开发"八大工程"，走在黄河故道综合开发的前列。宿迁市则通过编制规划致力于观光文化走廊和现代农业特色走廊建设。盐城市以实施农业现代化工程为主线，以促进农民增收致富为中心，以集约高效综合开发为重点，加快黄河故道现代农业综合开发。淮安市以农业综合开发项目为依托，加快黄河故道的综合开发。河南省商丘市则以引黄及调蓄工程建设为支撑，加快无公害水产品养殖基地和生态林业建设，加快旅游资源开发。开封市则因地制宜加快特色农业开发、生态旅游等领域的开发。山东省菏泽市近年来致力于将黄河故道建设成优质高效、大型现代化生态农业示范基地、绿色农产品生产加工出口基地和生态农业旅游基地，加大综合治理开发力度。安徽省宿州市则加大土地资源整治力度，致力于水果、粮食、畜禽、建工等农业产业化开发，发展特色优势农产品，打造全国著名水果基地，推进城乡一体化建设。

2.行水、蓄水能力不断提高，农田改造成效显著，交通基础设施大为改观。一是黄河故道分段治理、梯级控制、分段分洪的水利基础设施建设格局基本形成。经多年治理，水库建设和水资源配置、河道疏浚和中泓贯通、堤坝加固和农田整治等工作并举，围绕黄河故道的水资源供需体系基本成形，黄河故道行水、蓄水能力不断提高，成效显著，除防险工段外，基本达到防御废黄河自身洪涝 20 年一遇标准。二是沿线农田改造工作成效显著，农业生产条件有效改善，农业综合生产能力提高。近年来，黄河故道沿线政府在整治沿线水环境的基础上，因地制宜，变害为利。三是交通基础设施有了很大改观，基本与经济社会发展水平相适应。

3. 农业、农产品加工及旅游业发展迅速。一是立足当地农业生产条件，在政府的引导和推动下，一批无公害水产品养殖基地、特色水果基地、生态林业基地、畜禽养殖基地、现代生态农业示范基地建设起来，快速提高了农业生产效率，提高了农产品附加值，加快了农民致富步伐。二是立足本地产业发展情况，推进农产品深加工，迈开了第二产业发展步伐。立足本地农产品生产实际，有些地区已经出现小规模的农产品深加工产业，绿色农产品生产加工出口基地开始出现。三是立足当地丰富的旅游资源，迈开了第三产业发展步伐。在政府的推动下，一些地方开始打造生态农业旅游基地，发展旅游业，推进城乡一体化建设进程。

4. 沿线居民生产生活水平得到较大改善。一是制定规划，提升沿线村庄发展水平，大力推进城乡一体化。2014年，根据《2014年度村庄整治工作目标责任书》，徐州市计划对4103个村庄进行整治，计划用3年的时间对黄河故道沿线459个行政村（1764个自然村）进行整治，普遍改变沿线村庄环境面貌。二是多渠道、多方位引导各类资金和资源向黄河故道地区积聚，推动省、市、县、镇各级公共资源、公共服务向黄河故道沿线村庄延伸，安排一定比例的财政资金用于提升村庄基础条件，改善农村人居环境质量，促进城乡一体化。2013年，徐州市按照县（市）以不低于上年一般预算收入1%的标准安排村庄环境整治配给资金，编制了黄河故道沿线村庄整治规划和技术指导手册，完成了黄河故道沿线503个村庄的整治任务，其中10个村庄达到三星级"康居乡村"标准。

5. 沿线地区治水、改土、造林等综合配套开发工程和项目进展顺利。近两年，徐州市完成中泓疏通工程125公里，建成二级公路72公里，中泓沿线绿化5000余亩，"一带九区十四园"和4个物流加工园建设已经全面启动，并初具雏形。仅农业综合开发各类项目就投资3.47亿元，建设30万亩高标准农田，全面启动和参与了9个示范区和14个高标准示范区的建设。淮安市计划3年投资48亿元用于黄河故道综合开发的七大类工程270多个项目。

淮安市已启动六大类工程128个项目，3年计划投资162亿元。宿迁市则基本完成了"印象黄河"城区段改造治理工程。盐城市则实施了以农业现代化为主线的综合开发，改善了农田基础设施49.8万亩，其中设施农业达到16.9万亩，占耕地面积的15.9%，推广新品种27个、新技术11项，开展科技培训5.6万人次，创建了"公司＋基地＋农户"的产销协作发展模式，开发建设响水古云梯关黄河故道旅游集聚区，构建"以沿海高速为主骨架、四纵四横"的干线公路网，与全省高速公路网联通，构建了高标准的防洪除涝水利体系。

2006年以来，开封市实施了一系列治水、改土、造林等综合配套开发工程，发展了一批特色农业，实施了一批立足湿地的景观、生态、休闲和旅游项目，收到了明显的经济和社会效益。

商丘市实施了一系列水库除险加固工程，建立了一系列无公害水产养殖基地，建设了一系列黄河故道防护林带，并带动了林果生产，借机推进以优质的环境资源和人文历史资源为基础的旅游资源开发。

菏泽市则实施了一系列现代生态农业工程，加快推进优质高效、大型现代化生态农业示范基地、绿色农产品生产加工出口基地和生态农业旅游基地建设，收到良好的经济、社会和生态效益。

安徽省宿州市则实施了一系列土地整治工程，加大水果、粮食、畜禽和建工等农业产业化开发力度，发展特色优势农产品，打造全国名优水果基地，推进城乡一体化。

三、困难和问题

尽管对黄河故道的综合整治和开发取得了积极进展，但受一系列因素的影响，故道整治和开发只闻"楼梯响"，未见"人下来"。主要原因是面临许多困难和问题。

(一)产权不明确,规划不统一,开发不科学

由于历史的原因,黄河故道水库、堤防、河道被市、县、乡、村分割管理,不是作为一个整体系统来治理。所以,黄河故道产权不明确、缺乏统一规划,开发也不科学。这导致各地无序开发,胡乱开发。过水通道被分段拦截,水库水面被块块分割,库区被大量围堤侵占,水面面积和蓄水能力大幅减少,故道防洪功能减弱,水源地和湿地功能急速萎缩和退化,历史水文化遗产遭受严重破坏等现象普遍,危害严重。

(二)故道遭受侵占和破坏情况已非常严重

一是水库库区被侵占严重。故道沿线水库的库区内建有大量鱼池,也有占用库区种植,还有占用库区修建旅游设施,侵占面积占总面积的30%—40%左右。有的水库情况更为严重,库区被围大片果园,周围筑有生产堤,并用混凝土护坡,砌有砖围墙,致使蓄水能力大幅降低。

二是主河道被挤占。水库以外的故道子河问题更多,突出的典型有:任意围堰改造鱼塘,最严重的地方将过水主干通道水面宽度由原来的1公里挤占至现在的五六十米,有一些群众竟直接靠在危险工段围堤造塘;修建旅游设施,兴建时没有进行河道行洪能力论证;故道河床和库区经历几十年,自然淤积情况相当严重,工程老化失修问题普遍存在。

三是大堤遭人为破坏。故道大堤大部分险工段处于失控状态,一些集体或个人在大堤上乱垦乱种、取土筑坟,不仅削弱了故道大堤的抗洪能力,也是对历史遗产的严重破坏。

(三)沿线基础设施薄弱

一是交通基础设施极其薄弱。故道沿线区域道路通达率低,缺少贯通性主干道,故道沿线蜿蜒曲折,且沿线分布多处湿地等生态保护区及滩地等地质条件不良路段,区域路网密度、高等级公路密度水平均较低。滩地内道路少、等级低,且破损严重,运输网络没有深入区域内部,运输车辆难以通行,机耕道路也无法满足5吨以上农用运输车通行。乡村道路和生产性道路硬化率不足30%。严重制约了农业生产和农副产品流通。一些道路长期受大型载重车辆倾轧,破损严重。

二是水利基础设施老化落后。原黄河堤防工程几乎荡然无存。明清时期修建的防洪工程体系已经不多见，即使有，也多残破不全。故道大多数地区为高出平原的低矮沙岗，两侧地势低洼，全线中泓未能疏浚，部分区段淤积严重，造成水系呈现"肠梗阻"状态。

三是故道防洪能力降低。河道断面偏小、淤积严重，排水能力不足，防洪除涝标准低。按照《水利水电工程等级划分及洪水标准》的规定，黄河故道水库的主要建筑物洪水标准重现期，设计应为 50 年一遇、校核应为 200 年一遇，而故道水库实际设计为 20 年一遇、校核为 50 年一遇。故道水库库容在减少 35% 的情况下，实际防洪能力仅为 10 年一遇左右，其子河由于淤积严重，防洪能力更低，有的河段防洪能力已不足五年一遇。在故道水库库容被围垦占压的情况下，分流洪水的能力大幅降低，再加上堤顶高度不足，抗滑系数不满足规范要求，存在较大防洪安全隐患；洪水出路不足，险工隐患多，历史上曾多次出险。沿线防洪供水工程大部分设施建于 20 世纪，设备陈旧，老化失修。堤防工程存在险工隐患。部分水库淤塞严重，蓄水能力已不足设计库容的 60%。与河网配套的节制建筑物数量不足，泵站装机容量小。

四是农田改造难度大。故道全线高程落差达 40 多米，沿线土地大多由泥沙堆积而成，土壤有机质含量低，含盐含碱量较高，水土流失严重，土壤保水保肥能力差，多为中低产田。由于全线高程落差达 40 多米，改造难度较大，农田土地平整度较差，田块不规整，农田三沟缺级 25% 以上，田间道路不畅通，硬化率不足 20%，农业机械作业难以进行。

（四）水利建设压力巨大

一是故道中泓难以畅通，无法顺利行水蓄水，不能满足沿线经济发展需要。故道全长 738 公里，中泓流经豫鲁苏皖 4 个省，部分河段虽然实施了主槽中泓的疏浚开挖并相应修建了一些闸坝、水库，但由于相对忽略了引水、蓄水等配套工程的建设和投入，结果部分工程无水可蓄。由于蓄水能力大大降低，一些上游水库正常水位可蓄水量仅为 3000 多万立方米左右，调蓄能力严重不足，而且位于下游的水库在蓄水、分水时存在多种不确定因素，不能按设计能力引蓄水量。由于种种原因，故道被截为数段，每一小段内也有流通不畅的现象。黄河故道蓄水输沙的功能日益削弱，昔日流经千里的蓄水大动脉，如今面临着断流的危险，造成目前故道沿线供水能力远不能满足沿线生活、工业、农业、水产和环境用水需要，由于工程的引水能力和调蓄能力极不相称，引黄供水工程整体效益难以发挥。

二是滩区水资源利用率低。故道大部分区域为滩区，滩区地表水资源本来就相对较少，加之故道中泓调蓄能力较差，平原水库很少，滩区拦蓄降雨径流的能力不强，因而滩区内的雨水利用率很低，缺水严重。滩区浅表含水层不厚，地下水可采量十分有限，加之目前滩区井灌水利设施很不完善，因而开发利用地下水的能力较差。滩区用水尤其是夏季用水，不得不主要依赖外水补给，围绕水的占用问题，群众之间和地区之间的矛盾较为突出。

三是水利工程建设严重滞后。相关水利设施陈旧，年久失修遭到废弃，或有水引不出去，工程的作用难以充分发挥，河滩淤积严重，大部分两岸堤防遭到自然和人为的破坏，蓄水严重不足。滩区水利建设各自为政，缺乏统一协调的全局规划，各个行政区划内的滩区水利建设也很不平衡。

（五）沿线产业发展水平低

一是生产方式落后，产业化水平不高。黄河故道沿线基本上是自然经济，农业还是以农户一家一户为主体进行着传统而封闭的劳作，生产经营组织化、产业化程度不高。农产品品种过于单一，农民收入过度依赖某种农产品。二、三产业发展滞后，农民增收难度大。由于生产分散，先进的生产组织难以孕育发展，生产停留在小农经济水平难以自拔，无法形成规模经济。交通、水利设施落后限制了产业资本的积累，限制了与外界的经济联系发展，进一步阻碍了产业升级；而旅游资源配套设施的匮乏，也限制了拥有丰厚资源产业的发展。

二是部分故道水产养殖发展无序，管理困难。目前，故道水产养殖主要分两种情况：一是利用水库水面围网养殖；二是库区筑堰成池，大量侵占库区和水面。库区养殖全部为群众自发养殖，技术水平较低，并且混乱无序，随意性大，远不符合市场经济实施"品牌战略"推动产业升级的需要，并且个别养殖户大量投放饵料，造成水体氨氮、总磷超标，是造成水质恶化、水体藻类暴发的主要原因之一。

（六）故道及沿线生态环境治理及修复困难多

一是生态环境脆弱，土壤退化严重。黄河故道整体生态环境脆弱，导致黄河故道滩区洪、涝、渍、旱、沙、碱等灾害频繁发生。

二是严重缺水。黄河故道整体上属干旱缺水区，年平均降水量仅900毫米左右，人均占有水量不足500立方米，旱灾发生率甚高，城乡"水荒"愈演愈烈。

三是土壤污染等环境问题集中显现。由于产业结构不合理，当地居民收入过度依赖对生态资源的掠夺开发。故道沿岸生态环境总体上仍没有迈过高污染、高风险阶段，重金属、持久性有机物和土壤污染等环境问题集中显现，重要生态功能区未能得到有效保护，湿地退化，生态多样性遭到破坏。由于生产技术落后，当地普遍存在秸秆焚烧现象、过度依赖化肥农药现象，导致土壤有机质积累速度减慢，造成大气污染、水污染和环境破坏。

四是水土流失和农村饮水安全问题突出。由于基础设施落后，造成故道高岗水土流失问题和湿地保护区退化问题严重。农村环境基础设施建设滞后，农村生活污染和农业面源污染尚未得到有效治理，农村饮水安全和农产品安全存在许多隐患。

（七）沿线扶贫开发任务艰巨

当前，故道沿线经济发展滞后，村庄面貌落后，沿线城乡一体化普遍受到当地财政收入水平的限制，整治和开发资金缺口大，严重限制了扶贫开发和城乡统筹的推进。

（八）四省协调不畅，影响治理效率

故道治理由于行政划分而导致沿线综合开发条块分割现象明显，不同省份的沿线区域都根据本省的规划进行各自的综合开发，跨省的协调很少，严重限制了综合开发整体效益的扩大。

四、原则和目标

（一）基本原则

黄河故道及沿线的深度整治和综合开发，要根据这一地区特点，充分发挥黄河故道行水、蓄水、交通、产业、生态、文化等主要功能，坚持以下原则。

一是坚持全面规划，合理布局。着眼于振兴黄河故道及沿线整个地带，进行深度整治。高起点开展综合开发，搞好全面规划设计，突出整体性，强化战略性，注重合理性，规划应与国家主体功能区规划、"十三五"建设规划、新型城镇化规划等国家规划相衔接，明确故道综合开发的整体布局。紧紧围绕黄河故道地区水利、交通、农业、生态、文化旅游、扶贫的目标定位，科学确定开发范围和建设内容，合理进行产业布局。坚持以人为本，一切为了故道区的群众，一切依靠故道区的群众，充分考虑群众的承受能力，要充分考虑群众的利益，让群众在项目开发过程中得到发展。

二是坚持发挥优势，突出重点。结合故道地区的资源禀赋和发展优势，突出重点，注重以人为本，科学发展。根据中国经济发展进入新阶段的趋势和要求，着力进行经济结构调整和发展方式转变，把有限的资源和精力投入在能对黄河故道地区未来发展起到关键作用的领域和方面，集中力量打造黄河故道现代产业特色走廊。

三是坚持因地制宜，彰显特色。充分考虑黄河故道地区的不同地理环境、资源禀赋、产业结构、区位特点等，合理确定开发功能和方向。紧紧围绕黄河故道综合开发的目标定位，科学确定开发范围和建设内容，合理布局现代农业园区、商贸物流区和文化景观区，宜农则农、宜林则林、宜商则商、宜游则游，逐步形成具有地方特色的优势主导产业。

四是坚持政府主导，市场运作。按照合理发挥政府与市场作用的要求，优化资源配置，着力提高资源配置效率。各级政府集中精力抓全局性、战略性重大项目和工程，可以由市场调节的经济活动，都要充分发挥市场作用，为企业创造更好的营商环境。政府根据深度开发的总体要求，向黄河故道开发倾斜，广泛动员社会力量积极参与，形成共同推进开发的强大合力。加大本级财政的投入力度，发挥财政资金的引导作用。制定激励政策，创新市场化运作机制，鼓励和吸引民间资本、外来资本等各类资金投入黄河故道综合开发。

五是坚持统筹协调，全面推进。统筹处理好黄河故道综合开发与生态保护、城乡协调、产业发展与民生改善的关系。坚持黄河故道综合开发与生态资源保护相结合，依据全国主体功能区规划的要求，禁止发展有污染的工业，限制发展养殖业，严格控制污染，加强植树造林和水土保持，保护和发展好黄河故道独特的生态优势。促进农村可持续开发，逐步缩小城乡差距，促进城乡协调发展。探索和推动4省在政府层面建立黄河故道综合开发协调联动机制，建设专门工作机构，促进横向协作与联合，推动省际毗邻故道区域综合开发的合作。重点发展特色农业、生态农业，实施全国新增千亿斤粮食生产能力规划项目等各类涉农项目集中治理和开发，对各类涉农项目的资金来源和资金用途做到通盘考虑，谋划好项目布局。

（二）总体目标

黄河故道综合整治开发的总体目标应是：经过"十三五"以至更长时间的整治与开发，实现故道"行水通"、"蓄水足"，把故道沿线地区建成我国新粮仓、横贯黄淮平原的生态走廊和历史文化长廊、四省边界绿色发展的新兴增长区和百姓富裕、生态健康的美丽家园，使沿线近2000万革命老区农民群众脱贫奔小康，实现"洼地"全面崛起。具体来说，达到以下几个方面目标：

全面综合开发走出新路子，经济实力大幅提升。集产业发展、资源利用、生态保护、百姓致富于一体的综合开发模式日渐完善，以现代农业和特色旅游业为主导的产业特色全面彰显，地区经济持续健康较快发展，经济实力和自我发展能力明显增强。到2020年，区域人均GDP增幅高于苏北平均水平，达到5.5万元。

基础设施体系不断完善，行水蓄水和抗灾减灾能力显著增强。中泓贯通工程、道路畅通工程、土地整治工程和理顺水系工程得到推进。中泓贯通工程启动，大幅提高黄河故道行水蓄水和防洪排涝能力。公路提档升级，构建沿线交通路网，形成便捷快速的交通网络。土地整理加快，增加滩区的有效灌溉面积。理顺故道周边水系，启动干河治理工程，疏浚河道。农田水利基础设施不断完善，区域农业生产条件大幅改善。

现代农业迈上新台阶，综合生产能力持续提高。土地整治步伐加快，高效农业特色区域形成。优质粮食产业、经济林果产业、特色蔬菜产业、优质苗木产业、特色水产产业、规模畜禽产业、生态休闲产业以及农产品加工物流产业等现代农业产业形成规模。到2020年，建成高标准农田150万亩，农业劳动生产率大幅提高。

特色旅游产业发展壮大，地域生态特色彰显。沿线特色旅游资源得到深入挖掘，打造黄河故道主题旅游品牌。实施黄河故道沿线生态建设工程，两侧100米宽的绿色生态走廊建设加快，黄河故道区域生态林、经济林和农田林网建设加快，沿线生态，特别是沿线河湖截污及面源污染控制取得显著成果，沿线生态环境得到全面提升。到2020年，增加精品文化旅游景区20个，建成国家3A级及以上旅游景区10个，使旅游业成为故道沿线重要的经济增长点和支柱产业。

社会建设全面加强，人民生活大幅改善。把故道社会建设、促进社会公平正义放在更加重要的位置，社会治理能力和水平明显提高。故道人民生活质量和水平全面提升，总体实现基本公共服务均等化。人民受教育程度明显提高，就业更加充分，健全社会保障体系，收入分配差距逐步缩小。

五、任务和举措

黄河故道及沿线综合开发，要以生态建设为引领，水利治理为突破，以生态型产业为支撑，以保障和改善民生为目的，形成人水关系和谐、经济快速发展、城乡统筹协调、民生持续改善的良好局面。特别要着重抓好以下六个方面的重点任务。

（一）加快实施中泓工程

加快实施中泓贯通工程，通过扩挖中泓、河道整治、堤防加固、涵闸泵站建设和农田水利设施建设等措施，全面恢复黄河故道行水功能，增强区域防洪排涝能力，提升区域水资源开发利用和管理水平，为黄河故道综合开发提供安全保障。

1.加快实施中泓拓浚。根据沿线滩面平均高程、水位，中泓除徐州市、宿迁市已治理段、淮安段外，大多不满足10年一遇排涝要求，需进行拓浚。规划拓浚中泓216.02公里，其中徐州境内123.5公里（境内未治理段85.5公里、新黄大沟22.5公里、城区段清淤4.0公里、安徽段清淤11.5公里），宿迁境内92.52公里。

2.加快推进河道整治。加强中泓疏浚、清水通道及分洪通道建设，形成畅通干流水系网络。实施黄河故道中泓疏浚和水库清淤清障，提高干流蓄水行水能力。全线打通故黄河和大沙河中泓，加强滩地清淤清障，实施退滩还水。

3.加快推进堤防加固建设。高标准规划与建设河堤与水库坝体，分段规划建设防洪堤及中泓两侧子堤，加固堤防薄弱段、缺口段及中泓两侧子堤。

4.加快推进涵闸泵站建设。完善与梯级设施相配套的节制闸、引提水泵站建设，增强梯级控制能力，拦蓄地表径流，增大河道蓄水量。完善闸站等引提水工程，提高为高亢地区的补水能力，保障黄河故道地区综合开发的水资源需求。

5.加快推进农田水利设施建设。发展设施农业，减少农田水分蒸发。推广粮草、林粮间作技术，加大水源涵养量。加快推广地膜、草纤维膜、秸秆、土面保墒剂覆盖等地表防蒸发措施，通过有机质添加、壤土或黏土混合、保水剂施用等方式改善沙质土壤，优化土壤结构，提高土壤保水能力。

（二）加快水资源利用与水利设施建设

水利工程是关系黄河故道是否能够开发成功的最重要工程。

1.复活故道，打通黄河故道与黄河的梗阻。黄河故道开发的首要意义在于让故道"复活",有水源、能行水是前提,水利规划是龙头。大力整修故道大堤和开挖疏浚河槽,恢复故道泱泱大河的历史风貌,从黄河流域、沂沭泗水系和国家南水北调等重大水利工程的视角,通过与黄河故道流域各省、市的有效对接,谋划黄河故道行水方案。比如,在故道上游尝试找到新的水源,保证不断流;利用南水北调的机遇,为黄河故道带来生机;实现黄河故道与微山湖、骆马湖、徐沙河、徐洪河、大运河等周边水系的沟通。对盐碱、沙地确定治理目标并进行综合治理。

2. 整治河道,集特色农业、旅游与生态于一体,发展节水农业。考虑黄河供水区用水以农业引黄灌溉为主,目前节水的突破点应放在用水量大、浪费大和节水潜力大的引黄渠灌区。建议加大投入,进行渠道衬砌和渠系配套、发展地埋低压管道蓄水与井渠双灌,配合土地平整、小畦灌溉、地面覆盖等节水技术,提高灌溉水利用率。突出旅游和生态导向,实现河道功能的开发利用,避免单纯的工程型整治技术。在保证水利功能基础上,实现河道整治的景观化、游憩化,既完善河道基础功能,又推动旅游产业发展,推动河道整治与旅游开发形成一种良性互动,形成一个良性循环系统。

3. 加紧整修现有黄河故道大堤。黄河"善决、善淤、善徙",然而,现存的黄河故道两岸大堤正在遭到迅速的蚕食与破坏。要加紧整治黄河故道大堤,要为将来可能发生的泄洪做准备。结合黄河故道的开发利用,落实其作为黄河未来辅助流路的地位是很有必要的,这是因为如今的黄河下游大堤与明清故道的高度已不显著。

4. 大幅增加故道蓄水总量,多种渠道提高黄河故道的蓄水保水能力。要充分发挥黄河故道的洪水调节功能和蓄水功能。在汛期引蓄黄河多余之水,既可分减黄河洪水压力,又可将一时多余的水储于黄河故道以备旱时之用。

(三)加快水路通道和沿线公路体系建设

1. 加大财政投入,重点建设一条贯穿整个黄河故道区域的高等级公路。尽管鲁豫苏皖增加了专项投资,但与需求相比远远不够,由于投资力度不够带来的另一个问题就是投资标准不高,而基础设施标准不高让逐利的社会资本却步，使得黄河故道这块洼地更"洼"，因此，要建设一条贯穿整个黄河故道区域的高等级公路，为沿线生产和生活提供保障。

2.建设水路通道和沿线交通网络。充分利用铁路、公路、水路、航空，打造多元、立体的现代交通体系。

第一，作为对贯穿黄河故道主要公路的补充，还要因地制宜，开发各种公路和桥梁项目，形成放射型与环网结合的四通八达的公路网络。

第二，力争部分河段具备通航条件，利用水运便利。

第三，交通网建设。沿黄河故道中泓两侧规划建设区域交通路网，实现两侧道路与高速、国省道、县乡公路、镇村公路及沿线主要旅游区的全面互联互通，完善沿线公路网络，有效改善黄河故道地区交通出行状况。

第四，争取开通国内和国际航空线路，为商贸物流、观光旅游的综合支撑起保障作用。

（四）加快生态环境治理

1.加强生态功能区保护，逐步恢复生态功能

——加强生态功能区建设。规划故道重要生态功能保护区并划定生态红线，形成点上开发、面上保护的区域发展空间结构。重点推动重要生态保护区建设、湿地保护与修复、生态脆弱区修复、高风险土壤场地修复、矿山整治与修复、城市绿地建设、村镇绿化建设、生态防护林建设等工程，有效保护自然保护区、风景名胜区、国家重点公园、森林公园、地质遗迹保护区（地质公园）、山体资源特殊保护区、饮用水源保护区、重要湿地、重要渔业水域、清水通道、蓄滞洪区、水源涵养区、生态公益林和特殊生态产业区等重要生态功能区，控制生态空间开发强度，扩大受保护地区面积。

——加强湿地的恢复与保护。保护故道沿线的自然湿地，逐步修复退化湿地，充分发挥湿地调节气候、涵养水源、调蓄洪水、生态净化、保护生物多样性等环境调节功能并提高生态效益。合理控制黄河故道湿地资源开发力度，科学制订开发规划，建立和完善生态监测体系，保证湿地功能的发挥，防止盲目、无序开发对湿地资源的破坏，实现生态、社会与经济的可持续发展。

关于加快明清黄河故道综合整治和开发的建议

——加大生态湿地建设力度。大力建设湿地保护区域湿地公园，扩大湿地保护面积，促进恢复湿地自然生态和陆地生态系统。全面开展农业湿地建设，促进农业湿地与生态缓冲带和湖滨带自然湿地相融合，形成水生、湿生、陆生生态系统并存的生态系统。加大河流、湖泊等水体的保护力度，遏制水面率不断下降趋势。加强沿海滩涂湿地保护，推动建设湿地农业综合利用示范区。打造生态修复和观光旅游体系，构建具有生物多样性、强水质净化能力和优美景观效果的湿地生态系统。

——加大开展环评力度。黄河故道农业综合开发项目应与区域环境保护规划相衔接，并开展规划环评工作。开发项目应符合环境保护法律法规要求，并按照要求开展环评工作。

2. 维护生态多样性，加强生物多样性保护

——建设动植物保护体系。实施珍稀濒危野生动植物保护与特有物种保护工程，建立野生蔬菜、果树、桑等野生种质资源保护点和野生药用生物保护基地。加大水生生物养护力度，重点保护珍稀水生物种及其栖息繁衍场所。建立农业有害生物和重大动物疫病预警体系，提高农作物及林木重大病虫害防控和动物防疫与监测水平。

——加强生物物种资源保护。加强生物多样性保护示范区建设，建设以自然保护区为主体，以森林公园、湿地公园、地质公园为辅的保护地网络体系，扩大自然保护区核心区面积，积极开展森林公园、风景名胜区、郊野公园、水产种质资源和农业野生植物原生境保护区建设。收集和保存农作物、畜禽、水生、中医药等种质资源，建立黄河故道生物物种种质资源和基因库，建立重要经济鱼类低温种质库，加强畜禽资源基因库、保护区和保种场建设，加强生物多样性数据和信息共享能力，维护重点区域的生物多样性。

——构建生物安全防范体系。加强外来入侵物种、转基因生物风险管理。建立外来入侵物种监测预警及风险管理机制，加强外来入侵物种的防范和控制。科学评估转基因生物对生态环境和生物多样性的潜在风险，强化转基因作物环境释放的安全监管。开展微生物资源的保护与开发利用，加大进出口环保用微生物的环境安全监管力度。

3. 推进农村环境综合治理

配合黄河故道综合开发，加强沿线农村环境综合治理。统筹推进农村环境连片整治，积极开展农村生活污染和农业面源污染治理，培育一批生态文明示范村，形成环境优美、生态宜居、乡情浓郁、特色鲜明的乡村面貌，全面提升农村生态文明建设水平。

——完善农村生活垃圾收运体系。积极推进"组保洁、村收集、镇转运、县处理"的农村生活垃圾收运处理模式，推动村庄生活垃圾分类收集、源头削减、资源利用。支持有条件的中心村组建专业化保洁队伍，加快村庄日常保洁和垃圾清运制度建设，实现村庄保洁常态化。

——加快农村生活污水处理设施建设。在农村集中居住区利用厌氧发酵和好氧降解工程技术，将农村小城镇和集中居住区的粪便、生活污水进行集中净化处理，严格控制生活水污染，实现生活用水的良性循环。加快无害化卫生户厕改造步伐，完善村庄排水体系，有条件的村庄实行雨污分流。认真实施国家地下水污染防治规划，对区域饮用水及地下水进行有序管理，保障南水北调的水质。

——大力推进农业清洁生产，积极发展循环农业。加快建设沼气工程，重点解决规模化畜禽养殖场的粪便污染问题，开展在化肥施用、农药使用、提高病虫防控效果、减少农药使用量、兽用抗菌药物（抗生素）使用等方面的农业面源污染防治工作，减少农业投入品使用量和污染物排放量，坚持"种养结合"，"生产、生活、生态"三位一体，标本兼治，整体推进。

——加强秸秆禁烧和综合利用。大力推广秸秆机械化还田技术，开展小麦、水稻等农作物秸秆机械化还田与综合利用技术的研究与试验示范，鼓励利用秸秆生物气化（沼气）、热解气化、固化成型及炭化等技术发展生物质能，扶持发展秸秆综合利用项目，采取基料化、饲料化、肥料化、工业原料化等多种形式利用秸秆，提高秸秆综合利用率。进一步完善秸秆收贮体系，提高秸秆能源化利用比例。培育一批秸秆直接还田的村镇县，加大对秸秆发电、秸秆加工成型燃料、环保型墙体材料、中密度板、草编织等秸秆加工企业的扶持力度，加强对秸秆做食用菌基料、生产食用菌的栽培技术转化培训。

——加大农村河塘疏浚力度。全面清理河道沟塘有害水生植物、垃圾杂物和漂浮物，疏浚淤积河道沟塘，突出整治污水塘、臭水沟，拆除障碍物，疏通水系，提高引排和自净能力。推进河网生态化改造，加强农区自然湿地保护，提高水系自净能力。推进农村河塘轮浚机制建设，实现农村河塘疏浚整治和管理养护经常化、制度化。努力打造"水清、岸绿、景美"的农村水环境，逐步恢复河塘景观功能和生态功能。

（五）加快农业综合开发

紧密结合黄河故道地区实际，加大农业综合开发力度，突出抓好中低产田改造、高效设施农业建设、现代农业示范区建设等项目，打造"千里黄河故道现代农业特色走廊"，共同争取将黄河故道列入国家农业综合开发重点项目区。

1. 改造中低产田，建设高标准农田。加快中低产田改造，建设一批高标准农田。加强沟、渠、路、涵、闸、站、井、电等以农田排灌体系为重点的基础配套设施建设，实现"排灌通畅、田地平整、土壤肥沃、路林配套"，提高农田综合生产能力与综合效益。大力开展科技推广和农业技术培训，加强农业机械实地检验、培训考试、宣传教育等配套服务，重点开展测土配方施肥、设施栽培、病虫害综合防治、节水灌溉等生产技术培训，提升农民的农技水平。

2. 加快发展高效设施农业，提高农业产业化水平。提高黄河故道地区高效种植业面积占耕地面积的比重和农业机械化水平，重点做大做强高效设施农业基地和特色农业，大力推广设施园艺业、规模养殖业、高效林果业、农产品初加工机械化技术，引导设施农业规模化经营。组织实施农机深松整地作业，提升耕地质量。

提高农业产业化水平。大力实施龙头带动战略，加快培育一批规模大、科技含量高、带动能力强的农业产业化龙头企业。进一步提高产业集中度，努力形成一批万亩以上产业集群、千亩以上示范园区、五百亩以上重点基地。加快农产品加工产业集聚园区建设，重点发展粮食、果品、蔬菜、肉类和水产品加工业，不断提升农业附加值，打造区域性农产品加工基地。转变农业发展方式，推动形成产加销一条龙、贸工农一体化的经营机制。大力发展连锁配送、网络销售等新型流通业态，建设以现代物流业为重点的市场服务体系。

3. 加快现代农业示范区建设，巩固提升示范水平。加大现代农业示范区的投入，积极建设国家级现代农业园区。围绕优质粮、菜、果、水产四大主导产业，重点打造黄河故道沿线现代农业示范带及以优质粮食、林果苗木、优质蔬菜、水产养殖为特色的农业生产示范区。扩大农业生产基地建设，积极开展无公害农产品、绿色食品、有机食品认证和品牌创建，不断提高"三品"基地占耕地的比重。各市（县、区）在黄河故道区域可集中打造1至2个万亩以上的设施农业、园区农业、观光农业或生态农业基地。

（六）加快发展特色旅游

1. 打造旅游中心城市群。旅游中心城市群是指确定线性文化遗产线性区域内相对较大的城市，一般来说要具备以下条件：交通便利、基础设施齐备、旅游人口容量较大，具有较强的旅游承载能力。有学者设定了"卅"字形的三纵一横轴线线路图，即京九铁路、京沪铁路和新开发的沿海通道3条纵轴线与陇海铁路连成的东西横轴线，成为黄河故道旅游中心城市群。

2. 构建黄河故道地区旅游资源开发带。根据黄河故道地区旅游资源分布的特点，考虑到本地区旅游资源的分布情况和交通条件，在本区构建黄河故道地区黄河文化旅游带、生态旅游带、黄运综合旅游带、河口海滩旅游带等旅游资源开发带。精心规划建设一批文化景观区、物质文化展示区以及非物质文化、民俗文化互动参与区，形成历史文化与现实场景相结合的文化品牌。

六、政策和保障

黄河故道地区深度整治和综合开发是一项巨大的系统工程，涉及区域范围广，整治开发难度大，任务十分艰巨。为确保实现目标任务，造福黄河故道沿线群众，加快故道沿线地区建设更高水平小康社会，必须在政策措施、体制改革创新、组织制度保障等方面给予强有力的支持。

（一）切实把黄河故道地区整治和综合开发列入国家"十三五"规划和国家水利、农业、旅游、城市群等专项规划中

建议把黄河故道地区开发列入国家"十三五"规划、国家新一轮淮河治理规划、国家新一轮交通改造提升规划、国家土地清理规划和国家耕地综合保护和开发规划等。由国家统一组织实施苏鲁豫皖黄河故道综合开发，国家发改委牵头组织编制《黄河故道地区综合开发规划》，明确优先支持发展的关键节点和重点区域，把徐州作为黄河故道地区综合开发的中心城市，制定黄河故道治理的相关标准，在开发时序、基础设施建设、生态修复标准及产业发展定位上提出统一要求，从国家层面优先安排实施重大项目，加大对故道沿线交通、水利、扶贫、农业、教育、医疗和社会保障等方面的投入，实施故道沿线高等级公路建设、沿线水系疏通整治，高标准农田建设等一系列重大工程。

（二）优先安排国家、省市重大项目，加大财税优惠力度和资金支持

1. 加大水利基础设施投资。习近平总书记提出了"节水优先、空间均衡、系统治理、两手发力"的新时期水利工作方针，强调要按照"确有需要、生态安全、可以持续"的原则，建设一批重大水利工程。故道河床高出地面威胁两岸地区特别是沿线徐州、菏泽、商丘、宿迁、淮安市区和泗阳、涟水、滨海等地的防洪安全；故道地区雨季降水较集中，导致洪涝灾害频发。如何通过水利基础设施投资留住雨水、跨区域调水，实现水资源的时间和空间的均匀分布，是破解该地区农业综合开发战略瓶颈的关键。为了打造有安全保障的国家"新粮仓"，要加大水利基础设施建设投入力度，进一步改善农业基础设施条件，把雨季丰沛的雨水留住，把两大水系里的水适当调往故道地区，实现水资源"时间、空间均衡"，提高水资源利用效率，维护黄河故道地区的生态安全，实现旱能灌、涝能排及可持续发展，保障粮食生产旱涝保收，打造我国"新粮仓"，保障粮食战略安全。

2. 国家积极支持黄河故道综合开发。将故道开发列入国家农业综合开发

重点项目区。争取国家有关部门对故道地区的农业综合开发、农田水利建设、土地复垦整理开发、高标准农田建设等项目的资金投入。跟踪国家财政对于故道沿线发展的支持政策，积极申请国家专项扶持资金。国家财政投入主要用于基础设施建设和产业发展、项目招商、技术推广和人才培训等扶持和补贴，保证黄河故道发展投入总量持续增加。与此同时，还应在国家和省级项目中，优先安排有利于解决群众生产生活中迫切需要的水利、交通、镇村建设、能源、环境保护等方面的项目和资金，安排有利于增强故道地区自我发展能力的农产品加工、流通以及旅游等方面项目和资金，切实提高资金使用效益，对国家明确的项目优先予以安排，拟定项目实施计划，明确项目建设进度安排。

3. 加大财政资金支持力度。

一是加强财政资金投入。一方面结合黄河故道农村经济发展要求，对现有投资要按照"渠道不乱、用途不变、优势互补、形成合力"的原则，进一步整合发改、财政、农业、水利、林业、渔业、交通、国土、农业开发等各类项目资金，切块用于支持黄河故道沿线农村经济发展。另一方面要建立一定规模的省级黄河故道农村经济发展专项资金，用于扶持一些公益性质、带动农民增收、改善区域内生产、生活条件作用显著的重点工程和示范项目。政府土地出让收益、耕地占用税等新增收入用于黄河故道沿线农业和农村发展的比重大幅度提高。

二是优化财政支农结构。按照"总量持续增加、比例稳步提高"的要求，确保各级财政对黄河故道发展的投入增长幅度高于财政经常性收入增长速度，预算内固定资产投资逐步向黄河故道经济发展倾斜。各级财政和涉农部门每年的增量资金部分，要确保对黄河故道农村经济发展实行重点倾斜。

4. 强化黄河故道深度整治和综合开发投融资保障机制。

一是增加农业贷款规模。利用财政贴息等方式鼓励银行对黄河故道发展信贷给予大力支持。积极培育和支持区域内农业产业化龙头企业通过规范改制上市融资，鼓励和支持农业产业化龙头企业发行公司债券、短期融资券和中期票据等，鼓励和引导涉农中小企业发行集合债券。鼓励和支持创业投资基金投资涉农企业和农民专业化合作组织。

二是拓宽资金来源渠道。黄河故道地区的市、县政府要发挥主观能动性，坚持不等不靠，强化自我投入自主开发意识，调动各方面积极性，广泛吸纳各方面资金来源。强化财政资金投入导向作用，加大开放力度，降低社会资本进入门槛。充分利用省级项目政策优势，通过土地流转、"先建后补"、科技扶持、市场主体独立申报项目等措施，积极鼓励和引导社会资本投入黄河故道农村经济发展，逐步形成以财政资金为引导、社会资金为主体，政府持续加大投入、农民自主增加投入、社会力量积极参与投入的多元化投入机制。

（三）加快土地清理和综合整治

土地清理整治是黄河故道综合开发的中心任务，应根据故道沿线产业发展需求，加快推进土地综合整治，统筹安排各产业用地，实现土地资源综合利用效益最大化，实现经济社会发展与节约集约用地的"双赢"，在保障耕地规模、提高耕地质量、保护生态用地的前提下，不断提高土地资源节约集约利用水平。

加快农田整理，推进土地综合整治。加快实施故道地区旱改水、基本农田整理和万顷农田建设，积极疏浚拓宽故道地区大、中、小河沟，加快田间桥、涵、闸、管网等建筑物配套，全面完善农田排灌系统，加强农田林网建设，合理调整农田种植结构，提高土地植被覆盖率。有序推进村镇周边地区废弃地的复垦，加强采煤坍塌地、盐碱地、沙地等后备土地资源的开发与综合利用。

以改善农地生产条件为核心，保障规模质量双提升。加强黄河故道两岸荒滩和低滩洼地的开发利用，增加有效耕地面积，加大荒地、废河道、沙地、裸地等未利用土地开发力度，提高土地利用率，以村庄布局调整为契机，加快废弃居民点和工矿用地的复垦，加强农田水利设施、田间河道和林网的综合整治，提高农地规模利用水平。

以生态环境保护为前提，确保生态用地不减少。积极开展防护林建设，禁止毁林开荒、乱砍滥伐；加强各类重要生态功能区建设与保护，特别是水源地及其涵养区、重要水面、山体和湿地，确保生态用地适度增长，有效保障经济林果用地、镇村绿地等其他生态型用地供应，构建绿色发展的生态屏障。

以保障发展为重点，保证合理建设用地需求。优先保障综合开发过程中的水利、交通、能源等重大基础设施用地需求，保障综合开发的基础条件，按照新农村建设要求，满足村庄生产生活必需的公共服务和环境保护设施用地，根据各地区功能导向和特殊发展需求，差别化配置旅游服务、农产品加工等产业用地。

（四）成立黄河故道综合开发协调机构

黄河故道沿线涉及苏鲁豫皖4省、8个地级市、25个县市区，故道深度整治和综合开发情况复杂、难度大、综合性强，涉及部门也多，做好统筹协调工作至关重要。因此，建议成立黄河故道深度整治和综合开发委员会，由国务院和有关省市相关负责人参加，包括国家发改委、水利部相关领导，也包括江苏、河南、山东、安徽4省8市相关部门负责人，机构下设办公室。由于江苏徐州是整个故道开发的关键节点和中心城市，并积累了丰富的经验，办公室可设在徐州市。协调机构定期召开工作会议，负责研究解决故道开发实施过程中的重大问题，协调各级政府及各部门之间的关系，监督、检查各市、县（市、区）政府及相关职能部门履行职责情况。

具体而言，委员会负责组织实施国家发改委制定的《黄河故道地区综合开发规划》，结合各省市制定的各专项规划，科学制定水利建设、道路基础设施、农田改造等年度实施计划，统筹协调故道综合开发过程中经济发展、人口、土地、资源、环境之间的关系，将规划目标和任务进行分解，明确责任部门，落实责任人员，制定具体实施措施，适时组织开展对规划实施情况的评估分析。在规划实施过程中，委员会重视主要工程的可行性研究与论证工作，进一步论证工程建设的必要性、可行性和建设规模，注重建设项目的技术经济、环境影响、移民安置、土地利用等方面的可行性论证，做好与有关规划的协调和衔接，扎实做好建设项目的前期工作，为工程顺利实施奠定基础。

（五）创造黄河故道综合开发良好的舆论环境

黄河故道开发事关故道沿线地区能否建成全面小康社会，应加强黄河故道地区综合开发的舆论宣传，增强各级政府的战略意识和紧迫感、责任感，积极发动、组织、引导广大干部群众参与水利建设和故道地区综合开发活动，把支持水利建设和故道地区综合开发变成自觉行动。建立和完善公众参与制度，涉及群众利益的项目，应充分听取群众的意见，及时公布建设内容，扩大公民知情权、参与权和监督权，保障群众合法权益，争取更多的理解、支持和配合，充分调动社会积极因素，创造规划实施的必要条件和良好环境。加强公共参与机制，加大宣传力度，增强故道沿线县（市、区）干部群众对黄河故道综合开发利用的理解，形成人人关心故道综合开发的良好社会氛围，建立健全公众参与、专家论证和政府决策相结合的行政决策机制，实行科学民主决策。

【背景与效果】

2011年春节假期、2012年"五一"放假期间，魏礼群在回乡探亲过程中，考察了位于睢宁县姚集镇的黄河故道。感触至深的是，这里仍然是个很贫困的地方。于是向当地陪同人员提出，应加大黄河故道的整治开发力度。2014年，江苏徐州市政府委托中国国际经济交流中心承担《明清黄河故道综合整治和开发研究》课题。本课题由魏礼群为牵头人，张大卫为课题组组长，陈文玲为副组长；课题组主要成员有戴桂英、田青、王军等。课题组成员多次深入河南兰考至江苏徐州地区的明清黄河故道沿线作实地调研，察看黄河故道流域状况和两岸经济社会发展情况，了解当地干部群众的意见。本文即为这次调查研究形成的综合报告，2015年3月31日报送国务院。国务院主要领导和其他几位领导以及国家发改委主要领导都作了重要批示。之后，在国家发改委的协调、支持下，将"明清黄河故道综合整治和开发"这个重大项目列入国家"十三五"发展规划。这个重大课题研究成果已转化为国家重要决策和实际工作部署。近几年明清黄河故道综合整治开发取得了显著成效。这是在日常生活中发现调查研究选题并取得重大成果的典型案例。

关于加快渤海海峡跨海通道重大工程论证的几点建议

（2015年1月20日）

党中央决定今年研究制定"十三五"规划建议和"十三五"规划，这将是一个实现我们党第一个百年奋斗目标，并为迈向第二个百年宏伟目标的中长期规划。研究制定"十三五"规划需要以战略眼光、战略思维对实现"两个一百年"奋斗目标作出重大战略布局和重大战略部署。其中，有必要谋划和确定一批对实现中国梦具有全局性、长远性、关键性作用的重特大工程。为此，我们建议采取切实行动、组织有关力量，加快渤海海峡跨海通道这一特别重大工程的论证工作。

从1993年以来，我们一直坚持对《渤海海峡跨海通道研究》这个特别重大课题的研究工作，与社会有关方面一道，形成了一大批研究成果。2013年9月，中国国际经济交流中心和中国行政体制改革研究会联合召开"渤海海峡跨海通道建设研讨会"，国务院领导在报送的研讨会建议上作出批示，要求有关方面认真做好渤海海峡跨海通道前期论证工作。2014年下半年以来，我们课题组部分成员再次实地考察了与渤海海峡跨海通道直接相关的城市和岛屿，与当地党委、政府领导以及有关部门和沿线干部群众进行广泛交谈，并在北京与国家发改委等部门和单位的有关同志进行座谈。综合各方面的意见认为，做好这项世界性的特别重大工程的论证，必须进一步采取切实措施，加大工作力度。为此，提出以下具体建议：

关于加快渤海海峡跨海通道重大工程论证的几点建议

一、加快渤海海峡跨海通道重大工程论证的重要性和必要性

（一）加快工程论证事关重大工程方案的优选和确定

经过各方持续的努力，这个特大项目研究工作不断深化，取得了一大批重要成果。总的看来，在工程建设的必要性、可行性方面基本形成共识。这项特大工程有着十分重大的战略意义、经济意义、政治意义、社会意义。工程方案从最初课题组提出的"南桥北隧"方案到海军工程设计院提出的"伏贴式隧道桥"方案，从三部委战略规划研究小组提出的工程技术方案到中国工程院专家咨询组提出的工程技术方案，已有多个可供选择的方案。特别是2009年以来，按照党和国家领导人的批示要求，国家发改委、交通运输部、原铁道部联合成立了渤海海峡跨海通道论证领导小组和战略规划研究小组，多次到实地考察调研，广泛听取意见。与此同时，中国工程院设立重点咨询项目，组织20多位院士和专家现场考察，加深论证。他们先后分别完成并向国务院上报了《渤海海峡跨海通道战略规划研究报告》。研究与咨询结论一致认为：尚未发现影响通道建设的颠覆性因素；共同选择了全隧道高铁"背驮运输"方案。该方案兼顾了公路、铁路运输需求，技术先进成熟，具有投资少、速度快、安全性好、效益高、投资主体和组织施工便于落实等优点。在此基础上，启动开展基础性实测等深入论证工作，是进一步比选确定工程技术方案的迫切需要。

（二）加快工程论证涉及为国家制定"十三五"规划和长远发展战略提供科学决策依据

"十二五"规划期间，山东、辽宁两省已经将"加快渤海海峡跨海通道研究和推进工作"列入省级规划之中。2011年国务院正式批复的《山东半岛蓝色经济区发展规划》《全国海洋功能区划》和2014年《国务院关于近期支持东北振兴若干重大政策举措的意见》都明确提出：加快推进渤海海峡跨海通道工程前期工作。由此可见，实施渤海海峡跨海通道工程已经上升为国家

战略，只有加快论证工作步伐，才能为研究制定"十三五"规划和长远发展战略提供科学决策的依据，并积极创造条件，争取早日开工建设。"十三五"规划期间，适逢"两个一百年"奋斗目标的衔接期，2020年我国将全面建成小康社会，并开始向第三步战略目标（跨入世界中等发达国家行列）迈进；2021年是建党100周年，在这个时间节点上，全国人民对未来充满新希望，对党和国家充满新期待，国际社会也十分关注。该工程前期准备工作量浩大，深入论证和勘测设计周期较长，只有及早完成论证工作，才能早日启动这个特别重大的战略工程。

（三）加快工程论证是落实几任党和国家领导人的批示和顺应民意之举

该工程研究自1993年开始进行。当年邓小平发表南方谈话。江泽民在党的十四大报告中提出"加速广东、福建、海南、环渤海湾的开放和开发"的战略构想。国务院领导作出"要集中力量，千方百计打通几条战略大通道"的指示。在这个大背景下，原国家计委政策研究室和烟台市政府以及有关单位联合成立了渤海海峡跨海通道研究课题组。20多年来，许多党和国家领导同志对这一特大工程研究予以高度重视和支持，李鹏、朱镕基、温家宝和李克强四任总理，张高丽、李德生、邹家华、吴官正、曾培炎、宋健、钱伟长、费孝通、芮杏文、成思危、万鄂湘、齐续春等十几位党和国家领导同志，先后作出数十次重要批示和指示。国家有关部委及山东省、辽宁省党政主要领导同志也积极支持，多次作出批示。东北和华东等与跨海通道直接相关地区的干部群众翘首以盼，心情十分迫切。自2008年以来，全国人大代表、政协委员连续六年在"两会"上提交议案、提案。启动渤海海峡跨海通道规划与建设，已成为国内外关注度很高的热点。只有加快论证，才能及早科学决策，及早实施。

二、加快渤海海峡跨海通道重大工程论证的几个重点方面

渤海海峡跨海通道工程建设条件和环境比较复杂，虽然项目的提出和研究已有20多年，取得了一系列重大研究成果，但完整的、持续的、实质

性的工程准备工作尚未全面进行。只有加快深入论证，不仅进一步论证确定其重要性、必要性和紧迫性，还要进一步论证确定其科学性、合理性、可行性，才能为国家科学决策提供可靠依据。我们认为，亟待就以下几个重点方面展开深入科学论证：

（一）工程方案比选论证

包括：①论证铁路公路分建、合建隧道方案；②铁路公路分建、合建桥梁方案；③铁路公路桥隧结合方案；④工程规模、登陆点选择、工程分期建设方案等。

（二）建设条件论证

包括：①气象条件；②海底地形地貌勘测；③海洋水文；④工程地质、水文地质及地震条件；⑤通航技术要求及海事安全；⑥环境生态和海岛保护；⑦国防安全等。

（三）关键技术和难点论证

隧道与桥梁技术包括：①高水压下长距离钻爆法、掘进机法可行性研究；②超长隧道通风、防灾及救援系统研究；③超大直径隧道设计、施工关键技术研究；④超大跨径桥梁结构体系、横断面等设计、施工关键技术研究；⑤海洋环境下桥梁大型深水基础设计、施工关键技术研究等；⑥隧道与桥梁技术优劣比较。工程难点包括：①老铁山段水最深处施工方案技术比选；②高水压下断层破碎带施工技术等。

（四）工程投融资及回报论证

包括：工程建设投资、融资模式，工程建设风险、工程投资回报率、回报周期，项目收费运营模式等。初步测算，该工程尽管总量投资巨大，但分摊到每个年份投资压力并不大。特别是前期工作主要是勘测设计、评估论证及其他准备工作阶段，每年投入几亿元即可。大规模投资从开工至形成投资高峰，我们的国力完全可以承受，并且还可以考虑多元社会投资。值得注意的是，方案选择不同，造价和回报也将相应变化。

（五）交通流量预测论证

包括铁路交通流量预测、公路交通流量预测，跨海通道运量设计研究等。根据国家发改委综合运输研究所等单位初步研究分析，按照客运2%、货运1%的年均增长速度预测，到2030年跨渤海海峡货运流量将达到1.7亿吨，客运流量4000万人次左右。自2025年开始，现有交通设施将严重制约该区域客、货运输交通。目前，渤海海峡北部的辽东半岛、南部的山东半岛以及环渤海的"后方"高速公路、铁路网已基本形成，因此，建设渤海海峡跨海通道对于东北、华东及环渤海地区的互联互通具有"着一棋子活全局"的效应。

特别值得注意的是，综合课题组20多年的研究成果结论，渤海海峡跨海通道的战略意义绝不仅仅表现在交通方面，在对其论证评价时，既要算直接效益的小账，更要算综合效益的大账；既要算局部利益的小账，更要算国家全局利益的大账；既要算近期利益的小账，更要算长远利益的大账。如果拘泥于某一方面、某一单位、某一时段的小账，将会产生错失良机的后果。

三、加快渤海海峡跨海通道重大工程论证需要采取的措施

渤海海峡跨海通道重大工程建设涉及面广，影响面大，需要听取不同方面、不同专家的意见。这样世界级的特大工程，有一些不同意见是正常的现象，对不同意见和建议应采取认真对待、逐一分析论证无疑是必要的，但决不能由于有些不同意见而采取束之高阁、拖延深入论证的做法。为了加快论证工作，建议采取以下措施。

（一）加强工程论证的组织领导

加强国家层面的统一组织协调和支持力度，为"十三五"规划期间及后续十年顺利推进创造良好条件。建议由国务院有关领导挂帅，成立渤海海峡跨海通道建设工作领导小组，吸收国家有关部委、有关省市及军队和专家等有关方面人员参加。设立专门工作机构，加强统筹谋划和组织协调。

（二）对工程论证进行责任分工

在以前研究的基础上，协调有关部门、科研机构、高等院校、工程技术单位等，整合工程、交通、设计、海洋、生态、安全、环境、经济、社会、

法律及军事等各领域专家学者、工程设计等方面人才，针对重大工程技术特别是重点海域的关键性技术，将论证项目分解成若干个重点专题，落实责任单位，明确工作任务，限定完成时间，确保工作质量和进度，尽快拿出论证结果。

（三）落实论证、评估和勘测设计经费

建议在国家财政预算中设立专项经费，加强对通道论证研究的经费投入，为通道前期工作深入开展提供支持。渤海海峡跨海通道两端的山东、辽宁省和烟台、大连两市以及贯通的江苏、上海、浙江等省市，可本着利益共享、风险共担的原则，共同支持渤海海峡跨海通道的研究与建设。先期论证经费可以由国家重大专项基金、铁路总公司、山东省、辽宁省、烟台市、大连市联合解决。

（四）落实筹建业主和多元化投资方案

借鉴国内外类似重大工程建设成功经验。世界著名的跨海工程有英法海峡隧道工程、日本青函隧道工程、东京湾海底公路隧道、丹麦大贝尔特海峡工程、厄勒海峡跨海通道等。我国近几年也先后在沿海杭州湾、胶州湾、舟山群岛、港珠澳以及陆地崇山峻岭实施了一大批长大距离的桥隧工程。认真研究和借鉴这些重大工程论证和建设的经验，尽快落实项目业主，实行法人责任制，由法人组织实施。

该工程前期准备工作量浩大，深入论证和勘测设计周期较长。建议切实抓紧推进论证工作，尽快进入工程预可研阶段，在此基础上，力争"十三五"规划期间完成工程可行性研究、勘测设计和工程前期准备工作，"十四五"规划期间开工建设，可望在"十五五"规划期间竣工运营。

【背景与效果】

"渤海海峡跨海通道研究"，是魏礼群早在原国家计委工作时的1993年就开始组织研究的一项特别重大课题。1994年3月20日，"渤海海峡跨海通道研究"特大项目研究课题组正式成立，魏礼群担任研究项目总负责人,并成立综合研究报告组、工程技术研究报告组、综合运力研究报告组、政策措施研究报告组、兴建时机及步骤研究报告组。五个专题组分别承担研究任务,包括研究铁路轮渡和桥隧通道工程。国家计委(发改委)、国家科委、海军工程设计研究院、山东省计委、辽宁省计委、烟台市政府及市计委、大连市计委等单位人员参与项目研究工作。30年来,课题组坚持不懈地深化研究,陆续向党中央、全国人大、国务院、全国政协的领导人报送渤海海峡跨海通道研究进展情况的报告,受到多位党和国家领导人的高度重视,多次予以批示,有力地推动了项目进展。其中,2004年11月烟台到大连铁路轮流项目全面开工建设,2006年11月正式投入运营。2014年,中国行政体制改革研究会行政改革研究基金资助立项《加快渤海海峡跨海通道重大工程研究论证》的课题,由魏礼群担任课题组组长,戴桂英、柳新华、刘良忠为副组长。本文系是向中央领导报送的课题研究成果,得到党中央主要领导和多位国务院领导重要批示,直接推动了这个重大项目论证工作。

关于加快青年诚信体系建设的建议

（2015年5月）

为深入贯彻落实《中共中央关于加强和改进党的群团工作的意见》和习近平总书记关于共青团工作的系列指示精神，我们认为加快青年信用体系建设至关重要。最近，我们课题组分别征求了国家发改委、共青团中央和清华大学、北京师范大学等部门、高校，以及金融机构、大数据公司和专家学者的意见，并深入北京、广东等青年志愿者服务平台建设较好的地区进行实地调研，开展问卷调查，形成如下报告和建议。

一、加快青年信用体系建设意义重大

我国是青年人口大国，广大青年的健康成长成才关系着国家经济社会发展全局和中华民族伟大复兴中国梦的实现。而加强青年信用体系建设，对于贯彻党中央的战略部署，引导、推动青年健康成长成才和发挥重要作用具有重大意义。

（一）加快推进青年信用体系建设，是贯彻落实党中央、国务院建设社会信用体系战略部署的关键

党中央、国务院高度重视社会信用体系建设。党的十八届四中全会明确提出，要"加强社会诚信建设，健全公民和组织守法信用记录，完善守法诚信褒奖机制和违法失信行为惩戒机制"。国务院已颁发《社会信用体系建设规划纲要（2014—2020年）》，全面部署了加快建设社会信用体系。青年是当代社会的主力军,是国家的未来,青年时期也是人生观、价值观形成的关键时期,青年诚信,则人生诚信、社会诚信。因此,青年信用体系建设是社会信用体系建设的重要关键性工程。以加快青年信用体系建设为突破口,借助青年的关键性、成长性和延展性,有利于逐步建立全民诚信体系和全国统一的信用体系。这是贯彻和落实党中央战略部署、建设"信用中国"的重要环节。

(二)加快推进青年信用体系建设,是推动青年践行社会主义核心价值观的重要举措

青年群体思想活跃、创造力强,但容易受外界影响。近些年来,青年群殴、抢劫、杀人甚至参加暴乱等事件频发,反映了部分青年价值观错乱、是非不清、政治立场不坚定等问题。习近平总书记强调,青年的价值取向决定了未来整个社会的价值取向。加强社会道德建设,青年是关键,青年讲诚信、讲道德将会形成强大的社会力量和带动作用,促进全社会自觉遵守心中的道德律令。青年信用体系建设通过不间断地记录青年的正面与负面信息、评价青年的诚信状况,引导青年注重品行、自我约束,有利于促进青年自觉践行社会主义核心价值观。

(三)加快推进青年信用体系建设,是增强团组织凝聚力和影响力的重要抓手

《中共中央关于加强和改进党的群团工作的意见》强调,新形势下群团工作只能加强,不能削弱;只能改进提高,不能停滞不前。习近平总书记也提出,共青团工作必须解决好"提高团的吸引力和凝聚力、扩大团的工作有效覆盖面"两大战略性课题。建设青年信用体系,通过整合大量资源,帮助青年在求学、就业、创业、婚恋、融资、消费等方面获得信息,吸引更多优秀青年加入团组织和志愿者队伍,增强团组织和志愿者组织的凝聚力和影响力,扩大有效覆盖面。共青团还可以通过青年信用体系,实时了解青年的动态和需求,这有利于增强共青团工作的主动性、创造性,特别是有利于解决流动团员管理、网络舆情监督、团组织服务青年能力不足等难题。

（四）加快推进青年信用体系建设，可以为青年就业创业、促进青年成长成才提供重要平台

青年是最富有创造力和潜力的劳动者，也是最容易被市场风险和社会压力击垮的脆弱者。近年来，我国就业形势日趋复杂严峻，仅2015年城镇新成长劳动力就有1500万人左右，包括高校毕业生和农村富余劳动力在内的青年成为劳动力市场的压力主体。课题组调查统计显示，赡（抚）养负担、就业住房贷款等（占比约77%）生活压力是击碎青年梦想的主要原因，而继续教育、技术培训、创业指导、融资等（占比约40%）成为青年亟须社会帮助与指引的主要需求。加快青年信用体系建设，通过信息搜集与积累，分析青年的能力、品行、性格与职业潜力等特点，在青年最需要帮助时提供精准、有效的服务，可以成为青年成长成才、实现梦想的平台。

二、加快青年信用体系建设的总体思路和主要内容

（一）青年信用体系建设的总体思路

总体思路是：充分发挥共青团和青年志愿者的组织体系优势，汇集团员和志愿者身份、志愿服务、特长等方面信息，基于互联网和大数据思维与技术手段，汇集和交换青年消费、行为和社交等大数据信息，运用信用评价模型，多维度、动态化地记录与描绘青年的信用状况，并应用到青年就业、创业、婚恋、消费、融资等方面，建立兼具正面激励和负面惩戒的社会信用体系，为青年成长成才提供帮助，并以此为基础建立团组织与青年互动的互联网平台。

（二）青年信用体系建设的主要内容

青年信用体系建设主要包括三个部分：一是信息库建设，利用互联网和大数据思维和手段，开发、收集和挖掘各类相关数据，构建海量、动态、智能的青年信用基础信息库；二是评估系统建设，通过构建科学的评价标准与指标，建立青年信用状况评估体系；三是应用系统建设，开发各种信用应用产品，对青年在求学、就业、创业、婚恋、融资、消费等方面提供支持。总

体上，青年信用体系建设需要满足社会的多样化需求，更重要的是满足社会的大需求。在当前"大众创业、万众创新"的时代背景下，要把服务青年创新创业作为青年信用体系建设工作的重点。

（三）青年信用体系建设的三个关键环节

一是通过各种渠道进行宣传推广，动员和吸引青年主动注册成为青年信用体系用户；二是整合企业及社会资源开发信用应用产品，基于用户的信用评估得分，为用户提供满足其切实需求的信用服务，在信用服务的过程中沉淀更多信用信息，并利用自身不断积累的信息获取更多外部信用信息；三是在信用服务过程中，验证信用评估模型，并结合更多的信用信息补充和改进信用评估模型。青年信用体系建设过程中必须确保以上三个环节相互促进，从而形成良性循环发展，覆盖青年人群并逐步扩展到全社会人群的社会信用体系。

三、加快青年信用体系建设的可行性

（一）信息电子化和大数据技术飞速发展，为青年信用体系建设提供了可靠的技术支撑

一方面，随着移动互联网的普及，青年所产生的电子数据越来越多，仅共青团就拥有 8900 多万团员的基础信息和 6000 多万青年志愿者的信息，将其归集整理后便可形成初步的基础信息库。另一方面，大数据技术已经成熟，能够对散落的信息碎片进行收集、筛选和分析，提炼出与信用有关的信息，勾画出完整的"信用画像"，为青年信用评价提供全面、准确的数据支持。信息电子化和大数据技术的运用还可以使开发的应用产品更具针对性，提高青年信用体系建设的实践应用性。

（二）深入人心的"互联网+"思维，为青年信用体系建设全面整合信用信息奠定了有效基础

目前，国内信用市场多存在"信息孤岛"、重复建设等问题。但随着"互联网+"思维的深入人心，打破孤岛、实现信息共建共享的趋势已不可逆转。青年信用体系建设顺应此形势，以人为本，通连目前我国社会信用体系建设中的碎片信息，一方面通过主动对接其他社会化信用体系服务系统，连接各个"信息孤岛"，实现信息互通，最终建立覆盖整个社会人群的社会信用体系；另一方面，与现有各类信息系统开展合作，进行数据交换，并反哺合作信息系统，促进合作信息系统自我演进。因此，青年信用体系建设，不但能避免新"信息孤岛"的出现，还能顺势整合现有资源，减少重复建设，提高社会信用体系的建设效率。

（三）社会资本积极参与协同共治，可以为青年信用体系建设提供资金保障

目前，我国征信机构提供的服务种类比较有限，尤其是针对个人信用的服务，因此，符合群体特点的信用产品开发需求旺盛、潜力巨大。同时，自2014年国务院出台《关于创新重点领域投融资机制鼓励社会投资的指导意见》后，众多社会资本纷纷瞄准信息等基础设施行业，蓄势待发。青年信用体系建设，既瞄准青年信用这一未来市场的"主力股"，又引领大数据产业发展，并致力于推动上下游机构合作共建，对社会资本有极强的吸引力。事实也证实，社会资本参与共治的愿望强烈。据调查了解，北京亦庄国投、中信信托、建信信托、熊猫金控、中金数据等多家有实力的投资、金融机构都表达了投资的意向。

（四）一些地方已对青年志愿者服务平台做了积极探索，为青年信用体系建设积累了重要经验

近些年，广东省大部分地市均已建立青年志愿者服务平台，实现网上青年志愿者注册、活动公告、活动计时等功能，注册志愿者有660万余人。深圳市青年志愿者服务平台建立了覆盖110万青年志愿者的身份信息、志愿活动的数据库。北京市青年"志愿云"系统已在北京、贵州、海南等13个省区市投入使用，在"志愿云"注册的志愿者已超过800万人，其中北京市实名注册志愿者超过250万人，该系统是全国唯一一个与公安部身份证信息中心联网验证的志愿者系统，包括志愿服务记录与查询、志愿服务记录异地转移接续、志愿服务组织在线管理、志愿服务需求发布和项目对接、数据统计分析等功能。这些生动的实践探索为广泛开展青年信用体系建设提供了重要经验。

四、加快青年信用体系建设的具体建议

（一）加强顶层设计，纳入国家"十三五"规划重大专项

青年信用体系建设是一项基础性、全局性、系统性的宏大工程，必须做好顶层设计，建议按照"中央统筹、分步推进、试点先行、市场运行"的原则，由共青团中央牵头，会同国家发改委、工信部、公安部、教育部、人社部以及各金融部门等，有计划、有步骤地推进。一是将青年信用体系建设纳入国家"十三五"规划重大专项以及全国社会信用体系建设重点工作；二是制定出台《关于建设青年信用体系的指导意见》和《青年信用体系规划》，立足解决整体性、长期性、基本性问题，制定科学、明确的目标和任务；三是选择基础较好的省市（如北京和广东），对重点人群（如青年志愿者）先行试点，在试点的基础上，逐步建成覆盖全社会的信用体系，并逐步实现信用数据向社会开放；四是深化研究与评估工作，由有关部门或智库按年度发布《中国青年信用发展报告》，持续评估青年信用体系建设的成效。

（二）突出建设特色，积极拓展信用应用渠道，兼顾公益性和效益性

坚持政府推动与市场运作相结合，既不能完全依靠市场化作用，也不能完全依靠政府作用，而要实现政府推动和市场化运作相结合的具有中国信用体系建设特色的模式。一方面，要充分发挥政府在收集可靠信息与市场在应用产品开发方面的优势，挖掘信用在各方面的市场需求，积极拓展信用的应用空间，并通过持续的创新创造引领市场的信用消费需求，创造出更大的市场空间。另一方面，要积极创新运营模式，兼顾公益性和效益性。运用公共资源的市场价值，结合社会资源，通过市场化开发取得盈利，支撑必需的公益性服务。研究制定政策，吸引、支持、鼓励投资机构和金融企业参与青年信用体系建设，找准公益和效益的平衡点，保证青年信用体系公益性目的和持续运作能力。

（三）重视配套建设，全方位、多视角地推进

一是拓宽数据来源，加强信用信息的科学分类和管理。能否获得可持续、高质量的数据是影响青年信用体系建设成果的关键因素。在青年志愿者数据基础上，需要通过开发贷款、交通运输、旅游、创业等方面的关联数据，收集加工互联网大数据，参与信用信息共建共享平台来获得丰富的政务数据，以有组织和市场化相结合的方式获取社会征信数据等手段保证丰富的数据来源。还要依照相关的法律法规，做好信用信息分级分类管理，合理合法地使用和发布信息。二是大力开展诚信宣传工作，实施中国青年诚信行动计划，在主流媒体做公益广告，并依托共青团基层组织，发动各省区市、部门进行协同宣传，引导青年关注信用，培养信用意识。三是建立高校诚信教育联盟，在高校、企业等青年聚集地区开设相关课程，通过强化教育内化青年的信用意识和信用自觉。

【背景与效果】

2015年初，共青团中央委托北京师范大学中国社会管理研究院承担"青年信用体系建设研究"重大课题，魏礼群担任课题首席专家，赵秋雁为课题组组长，主要成员有刘钢、谢琼、陈鹏等。经过课题组的大量调研，于2015年5月撰写出《关于加快青年诚信体系建设的建议》，5月28日报送党中央、国务院有关领导，获得中央领导的重视作出了批示，直接推动了我国青年信用体系建设工作。其相关内容被写进《国务院关于建立完善守信联合激励和失信联合惩戒制度，加快推进社会诚信建设指导意见》（国发〔2016〕33号），并为《青年信用体系建设规划（2016—2020）》的起草提供了重要参考；共青团中央被纳入国务院社会信用体系建设部际联席会议成员单位。这项研究成果荣获北京市第十四届哲学社会科学优秀成果二等奖。

关于加快社科类科研经费管理制度改革的建议*

（2016年3月25日）

一段时间以来，我国社会科学研究经费管理问题受到社会广泛关注。一方面，现行科研经费管理制度越来越严重束缚科研人员的积极性，影响了科研活力和经费使用效率；另一方面，"科研硕鼠"现象频频曝光，国家大量财政资金被滥用和侵吞。深化科研经费管理制度改革势在必行、刻不容缓。近期，中国行政体制改革研究会成立专门课题组，通过访谈、座谈会等方式对这个问题开展了深入的调查研究。现将有关情况报告如下。

一、现行社科类科研经费管理制度存在的"三难"问题

我国现行社科类科研经费管理制度形成于计划经济时期，当时科研经费以国家财政投入为主，科研人员多为事业单位工作人员，管理职责从上到下层层分解，坚持专款专用、预算管理、合规审计等原则和做法。随着科研经费来源多样化、科研人员身份多样化及其收入构成的变化，这种管理模式和制度暴露出多方面问题。突出表现为"三难"：

一是科研经费使用难。首先，经费预算科目导致科研经费使用难。目前的科研经费预算科目实行列举式，只允许设立有限的几个科目，包括资料、设备、会议、调研、劳务、国际交流合作、管理等，一些与课题研究相关而没有预算科目的开支被排除在使用范围之外。如购买科研设备后支付的设备管理费、维修费、运营费，为学习运用新的研究手段或软件而需要支付的培

---

* 本文系中国行政体制改革研究会基金课题研究报告。

训费，结合课题研究需要培养相关专业博士、博士后的费用等，一般都不能列入科研课题预算科目。其次，预算执行缺乏灵活性导致科研经费使用难。科研人员在申请项目时必须对经费使用的科目、额度和时间做出计划，这些计划很难做到精准。在项目进行过程中，实际发生的费用常常与预算计划不符，需要调整预算，但管理部门认为不能随意变通，即使调整也需要经过复杂的审批程序。再次，把科研经费作为行政经费管理导致科研经费使用难。如课题研究中用于会议、调研、国际交流等方面的费用，一些单位将其视同于"三公经费"，实行严格的审批。有些国际合作交流、会议活动虽已列入项目预算，但主管单位为控制"三公经费"总额而不予批准；预算中的设备、资料等购置因效率低下的审批被拖延。

二是科研经费报销难。科研人员普遍反映报销难。有专家反映，"报点账没有七次八次报不回来"。每到年底，一些高校往往出现深夜排长队报销的现象。之所以如此：其一，近年来，有关部门新出台了一些关于科研经费使用的限制规定，科研人员学习和适应需要一个过程。其二，一些单位将国家近年来为加强行政经费管理而出台的规定套用到科研经费管理中，导致很多发票无法入账。比如，对可通过现金方式结算的经费支出限额越来越低，从1000元降为500元，进而降到200元以下。一些在边远地区发生的费用因当地条件所限必须用现金支付，若超过200元便无法报销。再如，很多单位根据《中央和国家机关差旅费管理办法》规定，去外地调研、开会的交通、住宿发票必须构成封闭的循环，如果调研行程中的某一区间因当地提供了交通工具或搭乘了"顺风车"而没有车票，或者因当地提供了住宿或住在亲友家而没有住宿发票，则整个行程的所有费用都无法报销。有的科研人员反映，课题研究实际发生费用在10万元以上，但最后只报销了2万—3万元。其三，一些单位对科研经费的报销制定了复杂繁琐的程序和标准，提出不合理的要求。例如，购买硒鼓、墨粉、打印纸等都需要走政府采购程序，购买图书资料、文具需要列明详细清单，通过支票方式、转账方式支付有关费用需要经过层层审批。有的对报销时间、表格填写和票据粘贴方式等做出严苛的限定。

三是科研人员智力价值体现难。国家社科及自然科学基金管理制度规定，劳务费只能发给参与项目的研究生、非课题组成员或无工资收入人员，有工资收入的课题组成员不能领取劳务费，而且劳务费总额不能超过课题经费的10%。很多单位对于非国家社科基金和自然科学基金资助的课题也按此类规定执行。这就导致一种奇怪的现象：项目辅助人员、课题组以外人员能获得报酬，而承担课题研究的主要人员反而没有报酬，科研人员的智力价值和劳动付出得不到体现。一些人被迫采取变通的办法获取报酬，如找发票报销，与其他单位人员"合作"，互给对方发放"劳务费"。但这些做法不合规，经不起审计。

二、社科类科研经费管理问题带来的种种危害

现行社科类科研经费管理制度存在的诸多问题带来了多方面危害。

一是挫伤科研人员的积极性。由于智力投入得不到合理回报，申请下来的经费花不出去，花出去的钱报销不回来，而且还得被迫去学规章、学会计，要承担违规违法的风险，很多科研人员有"吃力不讨好"的抱怨，有"到处找票""忙于贴票"的厌烦，有花了钱却没法报销的愤慨，还有被"当贼防"的委屈，他们形容申请科研经费是"今天你要他的钱，明天他要你的命"，因而不愿申请科研项目。据了解，近几年申报国家课题的研究人员数量逐步萎缩。以国家社科基金规划年度项目申报情况为例，尽管基金对单个项目资助额度持续增加，一般项目从原来的8万元增加到目前的20万元，重点项目从原来的15万元增加到35万元，但近三年来，申报项目的人数连续下降，从2013年的28678人下降到2015年的27916人。科研人员对开展横向合作课题研究的积极性也普遍不高。例如，湖北省15所高校横向科研项目数量从2012年的6111项下降至2014年的5729项，合同资助总金额从17.67亿元降到15.56亿元。其他很多高校和科研机构的情况也是如此。

二是影响科研成果的质量。在现行管理制度下，那些已有正高级职称的资深科研人员不愿做科研，而年轻的学者因为需要晋升职称不得不申报科研

项目，这就造成做科研项目的人员出现中低层化趋势，多数为具有初级、中级和副高级职称的人员。加上现行科研成果评审制度不够规范和严格，导致科研成果质量水平下降。

三是制约我国智库发展。党中央从推进我国经济社会发展和治理现代化的大局出发对建设中国特色新型智库作出重大部署，激发了建设智库的热潮。但现行科研经费管理制度对智库发展形成很大制约。智库研究人员大多数是社科领域研究人员。对于体制内的官方智库而言，由于现行经费管理制度存在的问题，一方面，研究人员缺乏开展研究的积极性；另一方面，除了财政拨款，智库几乎不可能通过开展研究、提供咨询服务获得可用来支持自身建设和发展的资金。对于社会智库而言，情况更为严峻。社会智库一般得不到财政拨款，我国基金会组织又不够发达，通过做科研项目、提供咨询服务是社会智库获得生存和发展所需资金的主要渠道，但现行社科经费管理制度的各种规定，使得社会智库开展研究几乎没有"利润"空间，因而多数社会智库很难生存下去，更谈不上发展壮大。

四是冲击主流意识形态。在我国科研经费管理制度存在"三难"等问题、科研人员积极性不高的情况下，国外基金乘虚而入。美、英、日等国家资助机构主要关注研究成果，只要成果质量达到要求、预算总额不超，往往就可验收结项，对经费是怎么花一般不多管。而且国外资助的项目经费预算中人员费用较高，如英国国家拨款的科研项目，人员成本可占经费支出的50%以上，最高允许60%；美国科研经费中人员费用占50%—65%；一些基金会资助的项目人员费用占比更高，可达到70%。因此，我国一些研究人员更愿意承担国外资金支持的项目。使用国外资金开展研究，所研究的内容必然是资助机构关注的重点，研究成果也容易受到国外思潮和意识形态影响，甚至难免为国外资助者的利益说话。这将对我国主流意识形态产生冲击，甚至危及我国国家利益。

三、加快社科类研究经费管理制度改革的几点建议

为充分调动科研人员的积极性，提高国家科研经费的使用效率，迫切需要改革完善社科类研究经费管理制度。为此，提出以下建议。

（一）明确科研经费管理改革的原则

针对目前存在的突出问题，改革完善社科类科研经费管理应坚持三条原则：一是激励与约束相结合，要尊重科研工作规律和科研人员的智力劳动，对从事具有创造性、智力密集型劳动的科研人员给予合理的报酬，体现其智力价值，以激发广大科研工作者的积极性，释放科研活力和生产力；同时，对于国家财政投入的科研经费的分配和使用，要通过创新、简便的方式强化监督，防止浪费和滥用。二是实行分类管理，要根据项目性质、经费来源的不同对项目进行分类，采用不同的管理办法。社科类科研项目大体上可分为两类，一类是国家或上级部门下达的带有工作任务性质的科研项目，即纵向课题；另一类是有关政府部门、企事业单位、社会组织委托科研单位或人员开展的咨询服务性科研项目，即横向课题。对于这两类项目，经费管理上要区别对待。三是坚持结果导向，科研管理要从重视过程向重视结果转变，减少对科研活动过程和经费支出细节的干预，加强对科研成果质量和价值的评审。

（二）提高科研经费中体现智力价值部分的比例

科研经费既要为科研工作的开展提供必要的财力保障，也要对科研人员的智力投入给予合理的报酬和激励。社科类项目和自然科学类项目不同，后者涉及大量的仪器仪表等设备采购，项目经费总额往往较大，劳务费、咨询费等所占比例即使较低，其绝对数额也很高；而社科类项目需要购买的设备很少，项目经费总额一般较低，劳务费、咨询费等人员费用所占比例如果过低，将无法体现科研人员的智力投入和价值。因此，对于国家社科基金项目这样的纵向课题，一是提高人员报酬占总经费比例的限额，根据一些科研人员的经验，借鉴其他国家做法，可将这一比例上限定为 50% 左右。二是修

改对于劳务费发放对象的限制性规定。除没有工资收入的课题组成员可发放劳务费外，对有工资收入的在编科研人员，在完成基本工作量的前提下，可根据科研工作量和贡献大小，发放相应的劳务报酬或奖励。

（三）实行后期资助和绩效奖励制度

为更好地调动科研人员积极性，同时提高科研成果质量，要将经费资助与科研成果质量挂钩。一是实行后期资助制度，在加强对科研成果评审的基础上，对优秀的科研成果另行给予后期资助。二是在项目总预算中增设绩效奖励经费，对产生高质量科研成果的团队和人员予以奖励。奖励费可占经费总额的20%左右，在严格的课题结项评审之后视成果质量决定是否拨付。

（四）改革完善经费预算编制和管理

一是放宽编列预算科目的限制，增强灵活性。可建立"禁止报销的费用科目"负面清单，把预算中难以全部列出、不在负面清单之内的科目纳入"其他科目类别"。同时建立"限定报销比例的科目"清单，对清单之内的科目（如工作餐费、劳务费等）限定比例，对不在清单之内的科目，由课题组确定支出比例。二是赋予项目负责人调整预算的自主权。只要不超过项目预算总额、不是上述两个清单之内的科目，其他科目的额度和支出进度，可由项目负责人根据需要进行调整，调整方案由事前审批改为事后备案。

（五）转变对横向课题的管理方式

目前我国社科类科研课题来源呈多元化格局。由有关政府部门、企事业单位、社会组织委托科研单位或人员开展的横向课题远远多于纵向课题。对于这类课题，不应套用纵向课题的管理办法，更不应套用行政经费管理办法。科研单位和人员开展这类课题研究是依据双方签订的合同为委托方提供咨询服务，本质上是一种市场交易行为，应按购买服务的方式进行管理。应与购买其他商品一样，只要承担科研课题的人员提供的成果质量达到要求，只要不违纪违法，经费使用应完全由课题负责人自主决定。

（六）强化对科研成果的严格评审

在推进经费管理制度改革的同时，必须加强对科研成果的评审，严把质量关，以提高科研经费的使用效率，使科研工作真正产生效益。一要建立

"双盲"的成果评审机制,在项目完成后,从专家库中随机抽选相关领域专家组成匿名评审组对匿名课题组的科研成果进行评审。二要建立规范的评审程序和科学的评价标准。三要把评审结果作为项目后期经费拨付和奖励的依据。

(七) 推进科研经费报销便利化

一是精简经费报销环节,优化报销程序,减少审批层次,可推广一些高校、科研机构的做法,实行财务报销一窗式集中办理、标准化服务,以提高效率。二是采用信息技术手段简化报销手续,鼓励和支持建立财务报销电子平台,认可电子支付记录作为报销凭证。三是对于一些零散的、难以获得发票记录的费用支出,建立简便的认定机制,只要认定是合理支出,就应予以报销。

(八) 建立健全对科研经费使用的制约监督机制

为预防和打击"科研硕鼠",保障科研经费使用的正当性、规范性和效率,必须加强对经费使用的制约和监督。一是加强财务审计,对于纵向课题和使用财政资金的横向课题,要进行年度财务审计和结项后的审计。二是明确项目负责人为第一责任人,对科研课题经费的使用全权负责,并承担法律责任。三是建立科研人员诚信体系,搭建"双公开"信息平台,即公开发布其成果被评为优秀的科研单位和人员的信息,公开曝光经费使用严重违规的科研单位和人员的信息,并将之列入黑名单。

【背景与效果】

我国社会科学研究经费管理问题曾经受到社会广泛关注。2015年5月,魏礼群参加2015年度国家社科基金项目评审会议,并主持应用经济学科组专家评审工作。会议上,许多知名专家要求国家改革社科类科研经费管理制度,建议向中央领导反映专家们的意见。会议后,魏礼群向主管国家社会科学工作的中央领导汇报专家们的意见和建议。这位领导同意调查研究这方面问题。随后,魏礼群牵头组织课题组,通过个别访谈和座谈会等方式,对这方面问题作了深入调查研究,2016年3月形成了《关于加快社科类科研经费管理制度改革的建议》,报送党中央领导后,获得重要批示。按照中央领导批示,财政部、全国社科规划领导小组联合修订发布了《国家社会科学基金管理办法》(财教〔2016〕304号)。在修订这个文件过程中,有关人员还专门听取、吸收课题组的意见。这个调研报告对推动相关文件的修订起到了积极重要作用。

关于深入推进青年诚信建设创新工程的建议*

（2017年3月30日）

青年诚信建设是一项党政关心、社会关注、青年关切的重大工程，党中央、国务院高度重视和大力支持。2015年6月，中央领导对北京师范大学中国社会管理研究院（社会治理智库）报送的"关于加快青年信用体系建设的建议"作出重要批示，有力地推进了青年诚信体系建设的创新实践，在共青团中央、国家发改委、中国人民银行等单位的参与和支持下，取得了重要进展和良好效果。现根据近两年实践情况提出深入推进青年诚信建设创新发展的建议。

一、主要工作进展、效果和影响

2015年7月以来，由团中央牵头，会同国家发改委、中国人民银行等，以优化政策环境、建设信息系统、推动试点应用和落实资金保障为工作着力点，按照"中央统筹、分步实施、试点先行、社会参与"的原则，青年信用体系建设取得了重要进展。

（一）纳入国家重大战略决策，完善相关政策环境

一是由共青团中央、国家发展改革委、中国人民银行联合研究制定并发布《青年信用体系建设规划（2016—2020年）》（中青联发〔2016〕12号），

---

* 本文系北京师范大学中国社会管理研究院课题研究报告。课题首席专家为魏礼群，课题组组长为赵秋雁，主要成员有刘钢、谢琼、陈鹏等。

作为系统推进青年群体诚信建设的总蓝图。二是青年信用体系建设列入国务院重要文件。《国务院关于建立完善守信联合激励和失信联合惩戒制度加快推进社会诚信建设的指导意见》(国发〔2016〕33号)明确提出:"树立优秀青年志愿者等诚信典型"、"推动青年志愿者信用信息系统等项目建设"等。这既是落实《中共中央关于加强和改进党的群团工作的意见》的创新内容,也是落实中央全面深化改革领导小组办公室对社会信用体系建设规划纲要落实情况督导意见的重要举措。三是共青团中央、国家发展改革委、中国人民银行等51部门共同发布《关于实施优秀青年志愿者守信联合激励加快推进青年信用体系建设的行动计划》(发改财金〔2016〕2012号),这是国内首个针对自然人、联合激励部门最多且政府企业社会组织多元主体参与的合作备忘录,是推动联合惩戒机制建设具有重要标志性意义的重大探索。四是《普通高等学校学生管理规定》特别强调,"要开展诚信教育,建立对失信行为的约束和惩戒机制"。《2017年普通高等学校招生工作规定》增加优惠政策:同等条件下优先录取经守信联合激励系统认定获得5A青年志愿者的考生。五是进一步健全领导工作机制。经国务院批复同意,共青团中央加入社会信用体系建设部际联席会议,且与国家发展改革委、中国人民银行联合成立青年信用体系建设领导小组,统筹推进建设工作。

(二)加大数据采集、共享和应用力度,稳步推进信息系统建设

一方面,按照分三步建设的思路,已建成并运行青年信用体系的先导工程——"志愿中国"信息系统,归集整理5400万名志愿者相关信息;正在建设全国信用信息共享平台"二期"项目"青年守信联合激励系统"。另一方面,青年信用信息应用稳步推进,中国青年创新创业板正式开板。以"诚信双创"为重点,将信用评估作为创业企业和项目挂牌交易的前置审查环节,提升诚信创业项目、企业挂牌融资成功率和便捷度。

(三)扩大开展试点工作,推动青年诚信建设实践创新

北京、天津、江苏、浙江、福建、湖北、广东、宁夏和四川成都9个试点地区在完善工作机制、建设志愿服务信息系统、出台守信正向激励措施、开展诚信宣传等方面取得积极进展。日前,内蒙古、河南、重庆、四川、陕西、甘肃和新疆生产建设兵团7个地区申报第二批试点已获批复同意。

（四）广泛动员社会力量参与，落实建设资金保障

中国青年志愿者协会、中国青年创业就业基金会等社会组织发起成立"中国青年信用发展专项基金"，进行基础性、公益性投入；共青团中央与紫光集团签署成立战略合作关系，参照PPP模式推进青年信用体系建设。

（五）加强诚信文化宣传，正向引导社会舆论

举办中国青年诚信行动启动仪式，部署青年诚信宣传教育活动；开展"信用中国"进大学校园活动，弘扬诚信文化、普及信用知识、推进信用应用；建立媒体联动机制，依托中央电视台、中国青年报等，进行多方面、多渠道宣传报道，营造良好的社会舆论氛围。

（六）深化青年信用体系研究，推动诚信理论创新

青年信用体系建设领导小组委托北京师范大学、清华大学、中国人民大学等开展有关研究，服务党政决策，推动学术创新，指导实践应用。其中，北京师范大学研究和组织申报的"青年信用体系建设研究"，荣获北京市第十四届哲学社会科学优秀成果二等奖。此外，还围绕青年信用体系建设的基础理论、重要政策和关键问题等相关研究，面向全社会公开征集《青年志愿者信用信息应用研究》等研究课题33个。

二、存在的问题和产生原因

最近，我们组织力量分别征求了国家发改委、共青团中央等部门和北京师范大学等高校专家学者的意见，并深入北京、广东、浙江、陕西等试点地区进行了实地调研，一些方面反映，青年信用体系建设虽然取得了重要进展，但仍面临一系列亟待解决的问题。

（一）"重信用讲诚信"的氛围还不浓厚，不少青年诚信意识淡薄

主要成因有：一是青年诚信教育缺失，重专业知识教育，弱诚信教育现象还比较普遍；二是青年诚信宣传比较薄弱，典型案例挖掘还不够；三是青年诚信文化作品创作比较少；四是全社会信用体系正在建设中，对青年守信者激励和失信者惩处的成效有待显现。

（二）信用数据分散、标准不一、共享不足，存在大量"信息孤岛"

主要原因：一是青年信用信息数据标准、采集标准、分类管理标准尚待完善；二是缺乏贯穿青年成长发展全过程、全领域信息采集制度；三是还未建立有效的信息归集和共享机制。

（三）财政支持力度不够，青年信用体系建设资金不足

要实现政府推动和市场化运作相结合的具有中国信用体系建设特色的模式，既要发挥市场作用，更要重视政府推动。当前，在中央层面，尚无青年信用体系建设专项财政安排；在地方层面，较多地方对青年信用体系建设重视还不够，没有提供相应财政支持。

（四）个人征信相关的制度障碍有待突破

个人信用是社会信用体系的核心和基础，亟待完善的个人征信相关制度包括信用数据知识产权保护、个人征信服务资质审批、个人信息保护等。

三、深入推进青年诚信建设创新工程的建议

加强诚信社会建设特别是青年诚信建设，对于贯彻党的十八大以来治国理政新理念新思想新战略，引导、推动青年健康成长成才和发挥重要作用具有重大意义。应在近两年已有良好势头的基础上，深入推进青年诚信建设创新发展，为此，提出如下建议。

（一）进一步完善顶层创新设计，加强组织领导和政策支持

一是建议中央有关部门从全面建设诚信社会的战略高度，将青年诚信建设作为重大创新工程，纳入社会主义核心价值观教育和社会治理体系现代化建设的基础工程，大力推进青年诚信体系建设创新，将青年信用体系工作持续纳入社会信用体系建设工作重点；二是建议社会信用体系建设部际联席会议及相关各级部门协调推动做好对青年诚信建设创新工程的政策支撑、资源保障、激励机制和信息共享工作；三是建议在各级政府分别设立财政专项资金，加大投入力度，为推进"志愿中国"信息系统、青年守信联合激励系统等青年

信用信息平台建设提供支撑；四是建议人民银行尽快审批与公布个人征信服务资质机构。

（二）进一步完善数据归集机制，加强信用数据基础建设

开展诚信激励、失信惩戒，信息是基础。一是建议从学生时代开始，依托学校党团组织建立青少年信用档案，完善青年信用信息采集机制，采集基础信息、教育培训信息、奖惩信息等各类信息；二是尽快建立青年信用信息系统与社会信用信息共享平台共享交换青年信用信息的机制，加强教育、社保、婚姻等核心信息共享交换，丰富青年信用信息维度；三是依托"志愿中国"信息系统，继续强化青年信用基础信息、志愿服务信息的归集力度；依托"青年守信联合激励系统"，通过在教育、就业、创业、金融、租赁、出行等方面实施激励，丰富信用信息来源。

（三）进一步推动诚信基础理论和标准规范研究，突破关键难题

一是建议依托高水平智库机构和高校、科研机构，大力开展青年信用体系建设理论研究，形成一批具有较高学术水平的成果；二是建议联合相关部门研究制定青年信用信息采集标准、分类规范，建立青年信用信息共享交换目录；三是建议有关部门或智库按年度发布《中国青年信用发展报告》，持续评估青年信用体系建设的成效。

（四）进一步倡导诚信文化，加强宣传教育工作

一是建议将诚信教育纳入国民教育体系，研究制定《开展青年诚信教育的五年规划》，让诚信教育进教材、进课堂、进头脑，形成学校、家庭、社会"三位一体"的诚信教育格局；二是建议宣传主管部门组织动员主流媒体，加大公益广告投放力度，大力开展青年诚信建设宣传活动；三是建议中央宣传部、中央网信办、教育部、共青团中央等有关部门适时举办主题鲜明的宣教活动，如组织开展"诚信点亮中国"暨"信用中国"全国巡回接力活动，普及诚信知识，弘扬诚信文化，营造诚信风气；四是建议把诚信教育纳入高校思想政治工作的重要内容，并普遍建立信用档案，引导青年珍惜信用记录，推动形成以诚实守信为荣的诚信观念和自觉行动。

关于深入推进青年诚信建设创新工程的建议

【背景与效果】

为系统总结青年信用体系建设成果，进一步深入推进青年诚信建设工程，魏礼群带领课题组对青年信用体系建设问题进行了跟踪研究。2017年3月30日，以魏礼群为首席专家的课题组撰写和报送了《关于深入推进青年诚信建设创新工程的建议》。这个研究报告获得党中央、国务院领导批示后，进一步推动了青年信用体系建设。

关于新时代坚持和发展"枫桥经验"的建议

(2018年6月26日)

今年,是毛泽东同志批示学习推广"枫桥经验"55周年和习近平同志指示坚持和发展"枫桥经验"15周年。为了深入学习研究"枫桥经验"的深刻内涵、全面了解枫桥镇近年来社会治理的新进展新经验、深刻挖掘"枫桥经验"对新时代社会治理的指导意义,2016年以来,北京师范大学社会治理智库在开展"百村社会治理调查"活动中,对浙江"枫桥经验"进行了重点调查。近日,北京师范大学中国教育与社会发展研究院会同浙江省诸暨市人民政府联合举办了以"乡村振兴与社会治理"为主题的研讨会。13个省(区、市)26个乡镇的与会代表、北京师范大学"百村社会治理调查项目"的全体成员参加了研讨会,集中研讨了近年"枫桥经验"的研究成果。国务院研究室原主任、北京师范大学中国社会管理研究院院长魏礼群发表了题为"深入学习和研究'枫桥经验',提升新时代乡村社会治理现代化水平"的主旨演讲,与会代表实地考察了"枫桥经验"的发源地枫桥镇及派出所等单位,从理论与实践结合上对"枫桥经验"作了进一步深入而热烈的研讨。

与会人员对"枫桥经验"的时代意义、丰富内涵形成了六点共识和七点启示,并对新时代坚持发展"枫桥经验"提出五点建议。

一、深化对"枫桥经验"丰富内涵的再认识

"枫桥经验"是半个多世纪以来政法战线上的旗帜,近十多年特别是党

的十八大以来，枫桥干部群众认真贯彻习近平总书记关于坚持和发展"枫桥经验"的重要指示，在新的历史条件下积极推进社会治理创新，成为新时代加强和创新社会治理的典范。"枫桥经验"的有效性和可推广性是多方面的，其中最重要最宝贵的经验有六个方面。

（一）坚持加强和完善党的领导是"枫桥经验"的政治灵魂

"枫桥经验"之所以保持长盛不衰的生命力，根本就在于把党的领导落实到基层，使党组织成为基层社会治理的"主心骨"。尤其是近年来，枫桥镇各级党组织自觉加强党的全面领导，提升了基层党组织的领导力。选优配强村"两委"班子，特别是村党支部书记这个"带头人"，党支部书记和村主任分别担任治保、调解委员会主任，压实村级治理的党政引领责任；开拓社会组织党建新领域，做到基层党组织全覆盖；通过乡镇干部驻村连心，机关干部"返乡走亲"，党员干部结对联户交心，好党员亮业绩评分，使每个党员发挥模范作用，使每个党支部成为战斗堡垒。

（二）坚持重视和做好群众工作是"枫桥经验"的根本法宝

"枫桥经验"历久弥新，关键在于始终贯彻党的群众路线，坚持从群众中来、到群众中去，一切为了群众，一切相信群众，充分发动群众，坚决依靠群众。根据不同时期社会发展变化，适时创新群众工作内容和方法。近些年来，枫桥镇成立各类社会组织223家，参与人数达1.8万余人，平均每3个枫桥人就有1人参加了社会组织。同时，成立社会组织服务中心、孵化中心和志愿服务中心，建立社会组织发展公益基金，实施公益创投项目，探索政府购买服务的路径。通过这些措施，充分发挥了社会组织在基层治理中的作用。乡贤参事会、枫桥大妈等有影响力的社会组织参与到基层治理和志愿服务中，充分发挥了人民群众参与社会治理的积极性与创造精神。枫桥干部说："千难万难，依靠群众就不难。"

（三）坚持预防和化解矛盾是"枫桥经验"的思想精髓

"枫桥经验"，特别注重预防和化解矛盾，充分依靠社区的力量，做到与民共解矛盾纠纷、共查安全隐患、共创平安环境，实现了"小事不出村、大事不出镇、矛盾不上交、就地化解"。在实际工作中就是"哪里有矛盾，哪里就有调解组织；哪里有纠纷，哪里就有调解工作"。近些年成立了调解志愿者协会等民间调解组织，把调解工作做到最基层。网格化管理员成了"基层不安定因素的侦察兵，民间纠纷的和事佬，突发事件中的信息特快员"。"枫桥经验"通过抓源头、抓苗头、抓基础，把矛盾化解在基层，把问题解决在当地，把隐患消除在萌芽状态，从而实现了社会稳定和谐平安。

（四）坚持尊重和维护人民权益是"枫桥经验"的核心要义

依理服人，实现捕人少、治安好，这是"枫桥经验"最初、最成功的做法。多年来，在维护社会稳定中，充分尊重和维护群众的基本权利和权益，坚持在维权中做好稳定工作，实现维权与维稳的有机统一。从这个意义来说，"枫桥经验"尤为可贵之处在于，始终把人民群众的利益放在最高位置，坚持维稳的实质就是维权，维权就是维护人民群众的切身利益，抓源头、建制度、求长效是治本之举。

（五）坚持注重和加强平安建设是"枫桥经验"的重大创新

"平安"是一个比"治安"人民性更突出、内涵更丰富的范畴。平安，既是全体人民幸福安康的基本要求，也是改革发展的重要目的。平安的时代定位，涉及对风险、威胁、紧急事件、危机、灾害、灾难等一系列不安全现实的深刻理解，涉及对安全、和谐、稳定等一系列价值判断的认知提升。"枫桥经验"将平安建设贯穿于社会治理的全过程、全领域、全环节，通过平安建设来编织安全网，使得社会平安成为人民群众的重要民生福祉。近年来，枫桥人将"枫桥经验"由"社会治安综合治理"转型升级为"基层社会治理"，创造了"四前工作法"、网格化管理、组团式服务"、矛盾纠纷"大调解"机制等典型做法，开创了人民群众住得安稳、行得安全、过得安宁的平安景象。

（六）坚持与时代同步伐是"枫桥经验"的鲜明风格

根据时代的发展变化，不断创新社会治理内涵与模式，使"枫桥经验"在实践中逐步升华。由一般的自治活动到灵活多样的社区协商民主；由单一调解矛盾到多元主体调解转变；由条块分割管理到"四个平台"治理升级；由传统管控向"互联网+"社会治理，全面提升了社会治理的专业化、社会化、智能化水平。这些都展示了与时俱进、引领创新的时代风格。

二、坚持和发展"枫桥经验"的重要启示

与时俱进的"枫桥经验",充分彰显了中国特色乡村社会治理的本质要求和前进方向,给进一步加强和创新社会治理以多方面的重要启示。

(一)必须切实创新社会治理的基本理念

正确的社会治理理念是实施有效治理的前提和基础。这里最为重要的就是,要真正实现从传统社会管控向现代社会治理的转变,坚持系统治理、依法治理、源头治理、综合治理,实现治理主体从"单一主体"向"多元主体"的转变,治理环节从"事后处置"向"源头治理"的转变,治理方式由"被动应付"到"主动应对"的转变,治理手段从单一行政手段向法律、经济、道德等多种手段综合运用的转变,真正促进政府治理和社会自我调节、居民自治良性互动。

(二)必须坚持以人民为中心的根本立场

加强和创新社会治理必须坚持以人民为主体的地位。一要坚持一切为了群众,自觉把以人民为中心作为看问题、想对策、抓落实的出发点和落脚点,回应人民群众对美好生活的向往。二要坚持一切依靠群众,充分发挥人民群众的主体作用,这样才能更有效地破解当前基层社会治理中的各种疑难杂症。三要坚持一切服务群众,不断提升政府办事办证服务便捷化和城乡公共服务均等化水平,打造人民满意的服务型政府。只有切实坚持以人民为中心,推广"枫桥经验"才能拥有更加坚实的社会基础。

(三)必须构建共建共治共享的社会治理格局

要坚持走中国特色社会主义社会治理之路,以良法善治为目标,以社会协同为路径,以改革创新为动力,推进体制创新、制度创新,构建在党的全面领导下政府和社会多元主体共建共治共享的社会治理新格局,打造人人有责、人人尽责的命运共同体,提高社会治理社会化、法治化、智能化和专业化水平。

(四)必须健全"三治融合"的社会治理体系

"三治融合",即自治、法治、德治相融合的乡村治理体系,是加强乡村社会治理的重大创新。要完善村民自治制度,发展基层民主,全面加强法治,推进法治乡村建设,提高基层干部依法办事的水平,引导广大农民群众自觉守法用法,用法律维护自身权益。充分发挥村规民约作用。大力推进思想道德建设和精神文明建设,传播先进文化,弘扬优秀传统文化,唱响主旋律,形成新风尚。同时,要做到自治、法治、德治"三治"相融合、相促进。

(五)必须传承和弘扬乡村传统特色文化

乡村振兴和乡村治理,离不开文化的引领和滋养。要突出乡村特色、地方特色和民族特色。我国农村传统文化的氛围较为浓厚,传统的精神和价值观念、民俗礼仪、风土人情、生活方式等文化要素传承较好,各种物质文化遗产和非物质文化遗产非常丰富。在推进乡村社会治理中,必须坚持从各地乡村实际出发,立足乡情、乡风、乡俗、乡愿,遵循乡村发展规律,保护好古村落、古村镇特色风貌,增强当地村民对自身文化的认同感、归属感,让传统美德扎根村民心灵深处。

(六)必须坚持社会治理与其他治理相互结合

社会治理创新是一项长期复杂的系统工程,不是单项推进就可以一蹴而就的,而必须与经济治理、文化治理、生态治理紧密结合,相互促进、相辅相成,实现乡村治理的整体性提升。对于乡村社会而言,基层社会治理的创新,离不开基本的生产条件、基础设施、生态环境的支撑。与此同时,农村社会的和谐稳定、主体多元、活力充沛,也会为乡村的经济、文化、生态建设提供良好的条件和保障。这就要求在乡村社会治理中牢固树立整体观、系统观、协同观。

(七)必须充分运用现代信息技术

信息时代下的中国已经形成了规模巨大、构成复杂、形态多元的网络社会,其复杂性、风险性前所未有,不稳定、不确定性因素难以完全预料,这使得社会治理难度加大。同时,信息技术的快速发展也为有效的社会治理提供了技术支撑。必须高度重视运用现代信息技术,打造"互联网+"社会治理模式，把精细化、标准化、智能化、专业化贯穿于社会治理全过程，把体制机制变革与现代科技应用深度融合起来，有效利用大数据、云计算、物联网、人工智能等信息化手段，不断提高社会治理的质量、效率和效能。

三、新时代坚持和发展"枫桥经验"的几点建议

"枫桥经验"为新时代乡村社会治理提供了样本。深入学习、研究、宣传和推广"枫桥经验"，对于实施乡村振兴战略、全面提高乡村社会治理现代化水平具有重大意义。在实际工作中，需要着力把握以下五个方面。

（一）坚持和发展"枫桥经验"，要学深悟透习近平总书记关于社会治理的重要论述

习近平总书记关于社会治理的重要论述，是马克思主义在当代中国最新理论成果的重要部分，具有深邃的时代内容和思想内涵，具有重大的政治意义、理论意义、实践意义和方法论意义。这些论述围绕社会建设与社会治理，形成了一个系统完整、逻辑严密、相互贯通的科学理论体系，为社会治理体系与治理能力现代化提供了科学理论指导和行动指南。应明确提出，在全党、全社会形成全面深入学习习近平总书记关于社会治理重要论述热潮的要求，要在学深悟透上下功夫，准确把握思想精髓，学以致用；要在纷繁复杂的社会治理实践中，坚持正确的政治方向，创新社会治理理念，丰富社会治理内涵，完善社会治理体系，形成社会治理新格局，提升解决实际问题的能力。

（二）坚持和发展"枫桥经验"，要与全面实施乡村振兴战略结合起来

治理有效是全面实施乡村振兴战略的重要组成部分。实现乡村振兴，必须推进"五位一体"总体布局，全面提高农村现代化水平，发展农村生产力，改善人民生活，提高文明程度和治理水平，实现经济、政治、文化、社会、生态等各领域全面繁荣和发展。社会治理是社会建设的重要组成部分，社会建设的现代化必然要求社会治理的现代化。同时，治理有效必然要求生产关系和上层建筑相关环节的完善，社会治理才能更好促进生产力发展，使

农村更加和谐安定、富有活力而有序运行，为农村全面振兴和繁荣提供制度保障。

（三）坚持和发展"枫桥经验"，要强调从各地实际情况出发

"枫桥经验"具有强烈的实践性和普遍的真理性，全国乡村都应认真学习、效仿。但不能把这个经验当作惟一模式，不能生搬硬套、机械复制。枫桥创造的是经验，不是公式，是活的灵魂，不是僵硬模式，要提倡各地根据实际情况探索新路径，创造新经验。只有把"枫桥经验"与各地实际情况紧密结合起来才更具普遍意义，才能更为有效、更具有活力。

（四）坚持和发展"枫桥经验"，要根据时代和实践发展不断完善创新

"枫桥经验"历经改革开放前后两个时期，经久不衰的根本之道在于，这一经验是与时俱进的，是开放发展的。时代在前进，社会在发展，"枫桥经验"不可能一成不变，应该创造更多符合时代要求的新做法新经验，在实践中不断丰富内容、完善制度、创新方法。这样，"枫桥经验"才能保持旺盛的生命力和强大的影响力、辐射力。

（五）坚持和发展"枫桥经验"，要着力加强基层党组织建设

我国乡村社会领域正在并将继续发生深刻的变革。面对广泛而深刻的社会革命，必须始终坚持和全面加强党的领导，充分发挥这一中国特色社会主义制度的最大优势。学习"枫桥经验"，推进乡村社会治理现代化，必须加强党的自身建设。要加强党的政治领导，以学习、研究、宣传与推广"枫桥经验"为契机，增强农村党组织和党员干部政治意识、大局意识、核心意识与先锋意识，真正形成乡村社会治理的坚强核心。要加强基层党组织建设，推进服务型组织建设水平，努力使基层党组织成为服务群众、凝聚人心、主动作为的战斗堡垒。要不断提升党组织的领导能力。乡村振兴战略的推进，对党的组织领导能力提出了更高要求，不仅要求有更高的学习发展能力、政治领导能力、改革创新能力、科学发展能力、依法办事能力，也需要更多的专业知识，更强的专业化水平。在全国范围内深入开展学习"枫桥经验"，宣传中国特色乡村社会治理的新思路新理念新办法，有助于提高新时代党领导农村工作的能力和水平，使党的领导作用真正落实落细，从而有效提升社会治理现代化水平。

【背景与效果】

2018年,为纪念毛泽东同志批示学习推广"枫桥经验"55周年和习近平同志指示坚持和发展"枫桥经验"15周年,魏礼群组织北京师范大学中国社会管理研究院在开展"百村社会治理调查"中对浙江"枫桥经验"进行重点调研。在此基础上,北京师范大学中国教育与社会发展研究院会同浙江省诸暨市政府联合举办了以"乡村振兴与社会治理"为主题的研讨会。本文系此次研讨会后向党中央领导报送的《建议》。党中央主要领导和党中央、国务院多位领导作出重要批示,对进一步深化"枫桥经验"的学习、宣传和推广,更好推动新时代基层社会治理创新发挥了重要作用。

关于"十四五"时期推动淮海经济区协同发展的建议

（2020年2月）

为贯彻落实中共中央、国务院《关于建立更加有效的区域协调发展新机制的意见》和国务院批复的《淮河生态经济带发展规划》，中央党校（国家行政学院）主管的中国行政体制改革研究会联合多家智库组成课题组，围绕"十四五"时期淮海经济区协同发展战略开展深入研究，组织专家研讨会，多次深入相关城市和地区进行调查研究，与当地党委、政府、企业和研究机构开展广泛交流和论证，形成了总报告和专题报告等一批研究成果，提出了"十四五"时期推动淮海经济区协同发展的建议。

淮海经济区地处苏鲁豫皖四省交界，是我国改革开放初期最早开展跨省域合作的地区之一，范围曾经包括18个地级城市；2018年国务院批复的《淮河生态经济带发展规划》中明确为10个城市，包括江苏省徐州市、连云港市、宿迁市，山东省济宁市、临沂市、菏泽市、枣庄市，河南省商丘市，安徽省宿州市、淮北市。2018年，淮海经济区面积9.6万平方公里，常住人口6706万人，地区生产总值约3.2万亿元，占全国比重分别为1%、5%和3%左右。淮海经济区主体功能明显，战略地位十分重要，在全国区域经济布局中具有很多特殊性和典型性。30多年来，从中央部门到地方省市、从著名经济学家到实际工作者一直呼吁和推动淮海经济区协同化、一体化发展；在全国"两会"上，人大代表和政协委员连年提出议案和提案，强烈要求国家支持淮海经济区加快发展。目前淮海经济区正处在协同化、一体化发展的关键时期，迫切需要国家从高层加强战略统筹、全面规划，加快推动区域整体协同发展，提高区域治理现代化能力和水平。

一、淮海经济区特殊的战略地位

淮海地区历来都是影响中国历史发展的战略要地。新中国成立以来，党和政府高度重视淮海地区的发展，历任党和国家领导人都多次到淮海经济区考察调研，作出战略谋划和重要指示。2017年12月，习近平总书记在党的十九大后首次地方视察就到徐州，强调要紧扣新时代要求，遵循客观规律，推动区域协调发展。

课题组认为，"十四五"时期，在国际国内新的形势和开启全面建设社会主义现代化国家新征程的大背景下，应重新审视和高度重视淮海经济区的特殊战略地位。

一是特殊的地缘区位。淮海经济区处于我国南北分界和东中部结合地带，连接华东、华北和中原地区，黄河和淮河流域在此汇合并与大运河交织，是中原地区最近的东部出海口和新亚欧大陆桥经济走廊的东端起点，在我国地理版图中的位置非常重要。淮海经济区占据着我国重要的交通区位，贯通南北的京沪、京九铁路与横穿东西的陇海兰新铁路穿区而过，京沪、京台、连霍等多条高速公路纵横交错，京杭大运河、淮河主要航道在这里汇集并通江达海，是重要的战略通道和交通枢纽。淮海经济区联结着国家重大区域战略，北临京津冀协同发展和山东半岛城市群，南接长三角一体化发展和淮河生态经济带，东连沿海经济带，西襟黄河生态经济带和中原城市群，是优化区域战略布局的"棋眼"。

二是特殊的资源禀赋。淮海经济区属于温带大陆性季风性气候，山水相连，河流湖泊水系发达，土地平展肥沃，生物丰富多样，生态系统稳定。淮海经济区是多类型叠加地区。这里是我国重要的粮食主产区，农、牧、渔业资源潜力巨大。这里也是我国重要的老工业基地和资源型地区，矿产储量丰富、品种繁多，传统工业基础比较雄厚，曾经作为华东地区重要的煤炭能源基地。这里还是省际交界的偏远地区，因资源而兴，也因资源而困，成为人口、农业和矿产资源富集的发展"洼地"。经过多年探索努力，已初步形成以城市群为主要形态的增长动力源，区内城市在转型发展、协同发展方面各有建树，呈现出良好发展态势，还可以迈出更大步伐。

三是特殊的历史记忆。淮海地区历史上演绎了许多恢弘的重大事件，彰显了带动和影响全局的战略地位。作为著名的古战场，楚汉在此争霸，诞生了大汉帝国，开启了中华民族雄踞东方的千年历史。这里是我党领导的抗日战争和解放战争的重要战场，是为新中国诞生做出过重大贡献的革命根据地。我党在这里建立了抗日根据地，打通了八路军和新四军的联系，开创了华东抗战的新局面。作为解放战争的主战场，著名的孟良崮战役、刘邓大军千里跃进大别山、淮海战役均在此地展开，为建立新中国奠定了胜利基础。可以预见，淮海经济区依其独特的历史传统，仍将对全面建设社会主义现代化强国发挥影响全局的重要作用。

四是特殊的文化积淀。淮海经济区拥有的国家历史文化名城名镇众多，孕育和影响了中华民族数千年文明史。商丘是商都起源地，有"殷商之源"之称，商人商品商业的商文明在此诞生和传延。济宁是儒家文化发源地，传承两千多年，塑造了中华民族的文化特质。徐州是刘邦故里、项羽故都，"汉源文化"特质突出，形成汉族汉字汉语等中华文化标识。京杭大运河流经并留下了丰富的文化遗产，被誉为"贯穿了大半个中华文明"。这里的革命老区，铸就了军民水乳交融、生死与共的沂蒙精神，谱写了依靠人民、一往无前、决战决胜的淮海精神，是党和国家的宝贵精神财富。丰富厚重的优秀传统文化和红色文化将淮海人民紧密联系在一起，也为建设淮海经济区、推动区域协同发展提供了不竭的精神动力。

二、新时代推动淮海经济区协同发展具有重大战略意义

淮海经济区特殊的战略地位，决定着这一区域在国家整体发展格局中可以发挥特殊重要的作用。加快推动区域协同发展，是淮海经济区全面振兴之

要，也是服务国家大局之需。

一是有利于助推国家重大区域战略的实施，促进全国整体协调和高质量发展。淮海经济区是国家区域战略的接力、交汇和支撑地区，在优化区域布局中能够发挥多方面重要作用。推动淮海经济区协同发展，可以连接南北重大区域布局，承接京津冀协同发展与长三角一体化发展的辐射、传递、溢出作用；可以依托新亚欧大陆桥，促进东、中、西部地区发展融会贯通；可以实现"一带一路"东端崛起并向西太平洋地区延伸，促进全面对外开放；可以更好地贯彻落实淮河、大运河、黄河等重要流域规划，带动淮河生态经济带发展、引领大运河文化高地建设和促进"黄河拥淮"串联对接。总之，可以有效助力国家重大区域布局和战略实施，实现国家区域战略的纵深发展和效益溢出；也可以成为国家在新时代重大区域发展战略的重要区域。

二是有利于加快淮海地区中心城市和城市群建设，形成新时代全国持续发展和高质量发展的新动力源。淮海经济区是中东部地区发展的一大块"洼地"，有着扩大内需的巨大潜力，同时又由于大中小城镇密集，资源、产业和基础设施较好，推动淮海经济区协同发展，可以充分发挥各城市比较优势，形成聚集效应和协同优势，做大做强以徐州为中心的淮海城市群，成为带动区域协调发展的新动力源。这对于促进东部沿海地区城市群、东中西沿陇海线城市群均衡发展，优化全国城市群和区域经济新布局，具有重大意义。

三是有利于探索跨多省际边缘地区协同发展新机制，提高区域治理现代化能力和水平。淮海经济区四省边界犬牙交错，行政分割和市场壁垒问题相当突出，10个城市远离省级行政中心和经济中心，边缘化倾向明显，具有因行政区划制约发展的典型特征，又面临多类型地区叠加的发展难题。推动这个区域协同发展，有利于探索破除行政区划和市场障碍，形成多层次、多样化的区域联动，建立统一规划、统一管理、合作共建、利益共享的新机制，走出一条跨多省际边缘地区协同发展新路，为全国类似地区创造经验，提供示范。

四是有利于加快东部"洼地"崛起，解决区域发展不平衡问题。淮海经济区在我国东部地区是突出的发展"洼地",区域各城市在四省内部的发展水平相对滞后,发展动力不足。受行政区划所限,难以避免城市间低水平、同质化竞争。推动区域协同发展,就是要理顺区内城市定位和产业分工,构建新结构,培育新动能,完善新机制,探索具有区域主体功能特色突出的高质量发展新路。这有利于加快苏北、鲁西南、豫东、皖北振兴,促进东中部地区和四省内部发展更加协调,加快推动解决区域发展不平衡问题,逐步实现各地区共同富裕。

"十四五"时期推动淮海经济区协同发展有良好基础和条件。从发展基础看,淮海经济区人口、经济总量相当于我国一个较大省份,但工业化和城镇化低于全国平均水平,仍处在快速发展时期。淮海经济区区位优势突出,交通设施完备、生态环境本底良好,自然资源、人力资源丰富,发展潜力巨大。产业门类比较齐全,配套协作能力较强,沿东陇海、京沪铁路已经初步形成两大产业聚集带。工程机械、食品加工等优势产业逐步发展壮大,新材料、新能源、新医药等新兴产业迅速成长,信息物流、电子商务等新业态新模式蓬勃兴起,特色高效农业影响力和知名度不断扩大,这些产业完全可以加快发展,不断向中高端水平迈进。从合作条件看,淮海经济区10市地域一体、文化一脉、人缘相亲、语言相同,社会公众具有天然的认同感和较高的融合度。30多年来,淮海经济区各城市积极开展区域合作,不断拓展合作内容,创新合作形式,积累了丰富的合作发展经验。目前,区域协同发展的共识已经形成,交流合作、协调共进的机制初步建立,在基础设施互联互通、产业发展优势互补、公共服务共建共享、生态环保联防联控等方面已经迈出重要步伐,形成了协同发展的浓厚氛围和深厚的社会基础,广大干部群众强烈要求加快这一区域协同化、一体化发展步伐。"十四五"时期是淮海经济区协同化、一体化发展的关键时期,只要加强顶层设计、统筹区域规划、强化战略支撑,推进区域治理体系和能力现代化,增强中心城市和城市群发展能力,就能够激活蛰伏的发展潜能,推动淮海经济区迈上高质量协同发展的新台阶。

三、新时代推动淮海经济区协同发展总体思路

推动淮海经济区协同发展，要以习近平新时代中国特色社会主义思想为指导，面向第二个百年奋斗目标，贯彻落实党中央、国务院关于推动区域协调发展的战略部署，坚持新发展理念，深化供给侧结构性改革，推动高质量协同发展，建立区域现代化经济体系和治理体系，主动对接、融入和服务国家区域发展战略布局，着力推动形成优势互补高质量发展的区域布局，着力推动淮海城市群成为区域发展新动力源，着力探索省际边缘地区和多类型叠加地区协同发展新路，着力提高区域治理现代化能力和水平，开辟区域高起点协同、高水平开放、高质量发展的新局面。到2025年，重点领域协同发展取得实质性突破，基本建立协同发展体制机制，形成整体联动协同发展新格局，区域综合实力得到明显提高；到2035年，协同化、一体化发展达到较高水平，现代化经济体系和城市群基本建成，实现区域一体化发展。

推动淮海经济区协同发展，应遵循区域发展规律，发挥比较优势，从国家整体战略和新的区域经济布局需要出发，明确如下战略定位。

一是形成区域经济高质量发展的新动力源。着眼于区域协同和高质量发展，显著增强经济实力、科技实力，提高资源要素集聚整合配置能力，加强区域战略通道、重要平台建设，呼应对接周边重点区域发展，在沟通和助力国家区域战略、推动形成优势互补高质量发展的区域经济布局中发挥重要作用。充分释放扩大需求潜力，深化供给侧结构性改革，推进老工业基地、资源型城市和农业主产区转型发展，促进新旧动能转换，构建现代化区域经济体系。以推进新型城镇化为抓手，按照区域协同、城乡融合的要求，推动大中小城市、特色小城镇、美丽乡村协调发展、融合发展，加快建设连接沿海经济带和新欧亚大陆桥的淮海城市群，推动"洼地"崛起，成为区域发展的新动力源。

二是打造跨多省际边缘地区协同发展创新示范区。针对多个省际交界地区特点，充分发挥区域比较优势，围绕战略规划、政策标准和工作推动等层

面进行协同创新,探索推动东中部、省内和区内协同发展、创新发展。着力破除制约区域协同发展的体制机制障碍,打破行政壁垒和利益藩篱,完善区域统一市场体系和治理体系,围绕建立区域合作发展机制、共享分配机制和利益补偿机制开展先行先试、制度设计和实践探索,在交通设施互联互通、产业发展协作协同、社会文化共建共享、生态环境联防联控等重点领域率先突破,带动多层次、多样化的区域协同发展,不断创造和积累经验,打造跨多省际边缘地区协同发展创新示范区样板。

三是构建国家现代化综合交通枢纽和战略大通道。充分发挥淮海经济区区位优势、通道交织优势,统筹协调陆海空多种运输方式,建设全方位、综合性交通枢纽和联通型、中转式商贸物流基地。着力提升陆桥、沿海、京沪、京台"三纵一横"四大国家级综合运输通道能力,进一步拓展接轨京津冀、长三角、粤港澳大湾区和紧密联系周边省市的通道,强化国家级运输通道在淮海经济区的联通和延伸,发挥强国战略大通道作用。通过增强交通枢纽和战略通道功能,将华东、华北和中原地区紧紧连为一体,畅通广阔中原腹地与最近最直接的东部出海口的连接,进而实现与沿海地区和西太平洋地区的贯通,充分释放淮海经济区作为国家战略要地的潜能。

四是建设全方位对外开放新门户。围绕国家"一带一路"总体部署,依托新亚欧大陆桥东端诸多节点城市,构筑淮海经济区更深层次、更高水平、更宽领域、陆海联动的双向开放体系,支撑和服务国家进一步扩大对外开放的战略布局。统筹发挥区位优越、交通便利、产业多元、文化深厚、生态良好等有利条件,增强发展要素流动和集聚功能,打造"一带一路"自贸联动试验区、可持续发展国际合作区、优秀传统文化和革命文化对外展示区等开放交流平台,成为"一带一路"与东部沿海交汇的新型开放门户区。

五是构筑生态文明和文化兴盛新高地。全面贯彻落实国家淮河流域生态经济带和大运河保护传承利用规划,建立健全跨省区生态建设和环境保护协同机制,彰显江河湖海连片、自然人文交相辉映的生态环境魅力。整合盘活用好域内各类文化资源,将大运河、淮河、黄河故道及相关湖泊和出海口承载的文化打造成相互关联的流域文化,将殷商之源、孔孟之乡、汉代发祥地和革命老区文化打造成特色鲜明的世界级区域文化品牌和世界级旅游目的地。通过协同推进生态文明和区域文化建设，将淮海经济区打造成为承古开今的璀璨文化区、山水秀丽的绿色生态区和享誉中外、具有世界竞争力的旅游区、旅游圈。

推动淮海经济区域协同发展，可以按照总体思路和战略定位，构建"一核、两轴、三带、四极、多片"的空间总体布局。一是以徐州为中心，枣庄、淮北（以及宿州萧县）为两翼，强化三市同城化发展，构建淮海城市群的核心都市圈。二是以区内东西交通主干线为依托，建设陇海、鲁南两条横向发展轴。三是以区内沿海、沿河、沿路城市为依托，建设连接两大发展轴、南北走向的东部、中部、西部三个经济带。四是以连云港、商丘、济宁、宿州为东西南北四个极点城市，强化极点城市的省内连接功能和对外辐射作用，发展成为淮海经济区的次区域中心城市。五是以徐州市为中心，以核心圈与极点城市交通干线为棱，以两轴三带交会城市为节点，构建多个发展片区，形成点线面结合的内聚（做大中心城市）外联（呼应国家区域发展战略）的空间结构。

推动淮海经济区协同发展，要着力推进淮海地区中心城市和城市群建设。构建区域协同联动发展新格局，重点围绕强化区域中心城市功能，推进徐州、枣庄、淮北三市跨省联动、一体化发展。以西部经济带为主体，开辟一个由分属苏鲁豫皖四省的丰县、单县、虞城县、砀山县等组成的跨省界协同发展综合改革实验区。充分利用国家设立自贸区的战略机遇和政策优势，加快江苏自贸区连云港片区建设，探索建立自贸区协同创新实验区。鼓励各城市依托轴带、沿线环湖，开展多样化次区域合作，建设多样化发展片区。发挥各城市比较优势，优化城市群内部结构和各城市功能定位，促进各类要素合理流动和高效集聚，加强城市创新能力建设，构建区域协同发展的动力系统，增强城市经济实力和人口承载能力，建设区域性城市群。

推动淮海经济区协同发展，要着力推动重点领域率先突破。着眼于提高中心城市、城市群协同发展水平和支撑保障能力，建设和完善基础设施网络，构建功能完备、安全高效的交通、能源、信息、水利等区域基础设施体系。协同推进创新产业体系建设，推动区域产业基础再造和产业结构升级，促进新兴产业和接续产业发展，促进新型工业化和信息化融合发展，促进产业链和产业群集聚发展。协同推进公共服务共建共享，加强公共服务重点领域改革创新和制度对接，促进区域基本公共服务便利化和均等化，不断提高社会建设水平。协同推进文化旅游业发展，通过资源整合、信息共享、联通互动，打造统一的区域文旅品牌，繁荣区域文旅市场，提升区域的凝聚力和吸引力。协同推进生态文明建设，完善联防联控机制，强化生态环境共保共治，促进可持续发展。

推动淮海经济区协同发展，要着力探索建立区域协同发展新机制。要在改革创新上下功夫、做文章，打一场体制机制创新的攻坚战。建立区域战略统筹和规划协同机制，制定统一的区域协同发展战略，编制区域总体发展规划和重点领域专项规划，确保在战略规划层面协调配合、协同一致。提高区域政策统一性、规则一致性和执行协同性，营造无障碍的政策环境，确立区域普遍遵循的市场规则。将区域协同发展有效的经验做法等以法律法规的形式明确下来，为推动区域协同发展提供政策支持和法治保障。积极推进放管服改革，打破各种市场壁垒和体制机制障碍，加快建设淮海经济区统一大市场体系，全面对接国际高标准市场规则体系，合力打造稳定、公平、透明、可预期营商环境。建立产业跨区域转移利益共享、公共服务项目建设成本分担、环境保护补偿、跨地区利益纠纷调处等机制，促进生产要素自由流动和有效配置。建立以市场为基础、政府引导、企业和社会多方参与的多层次、多样化协同发展推动机制。

四、对策建议

（一）将推动淮海经济区协同发展纳入国家"十四五"规划

将推动淮海经济区协同发展纳入国家区域战略统筹，加大支持力度。

（二）支持徐州大都市圈建设

徐州是淮海经济区的大城市，要加大对徐州进一步做大做强的支持力度，不断提高综合承载能力和大城市功能，使之成为我国新欧亚大陆桥上与西安、郑州并行的三大都市圈之一。按照国家规划对淮海经济区中心城市的定位，支持徐州进一步扩容提能，有效解决不是行政中心和首位度不高的问题，强化区域中心城市定位和功能，提高对淮海经济区乃至更宽地区的辐射带动能力。

（三）支持淮海经济区开展跨多省际边缘地区协同发展改革试点

按照建立更加有效的区域协调发展新机制的要求，支持四省遵循区域发展规律，针对跨多省际边缘地区特点，探索区域协同发展共建共治共享新机制。允许这一地区围绕深化区域治理改革、创新城市群一体化制度和推进县域协同发展开展先行先试，配套制定和实施改革试点方案，加强改革举措系统集成，为国家各类跨省际边缘区域提供高质量协同发展经验和示范。

（四）加大专项规划和政策支持

在国家有关部门涉及老工业基地改造、资源型城市转型、农业主产区扶持、革命老区建设等"十四五"专项规划中加大支持力度。在涉及区域一体化发展的重大基础设施建设、可持续发展重大工程等方面给予淮海经济区相关城市一定的政策倾斜。支持淮海经济区主动融入国家自由贸易区战略，开展电子商务、大数据等应用试点和教育、医疗、健康发展试点。增加对区域农业发展、公共服务、文化建设和生态保护等领域的财政转移支付。支持淮海经济区开展工矿废弃地复垦利用和采煤塌陷区整治利用，解决历史遗留问题。

（五）加强省级协调推进

淮海经济区协同发展跨越省界，仅仅依靠各相关城市党政领导的推动是不够的，必须提高统筹协调层次。应在国家的总体指导下，尽快建立苏鲁豫皖四个省级推动淮海经济区协同发展协调机制，研究制定统一的中长期规划和行动方案，将淮海经济区协同发展提升到国家和省级推动的新阶段。

【背景与效果】

2019年4月,为了贯彻落实党中央、国务院有关文件精神,编制好"十四五"规划,徐州市委、市政府委托中国行政体制改革研究会承担《淮海经济区协同发展战略研究》。魏礼群作为课题组负责人、首席专家,由中国行政体制改革研究会、北京师范大学中国社会管理研究院专家、教研人员组成课题组,历经近一年时间,多次深入淮海经济区10个城市调查研究,多方面听取各级干部和群众、企事业单位负责人的意见和建议,在反复讨论研究的基础上,形成总报告《淮海经济区协同发展研究》和15个专题研究报告,并概括提炼成一个决策咨询报告:《关于"十四五"时期推动淮海经济区协同发展的建议》。课题研究成果得到徐州市委、市政府和相关专家的充分肯定,给予好评。这份决策咨询报告上报国务院后,受到国务院主要领导和多位国务院副总理的重要批示,国家发改委主要负责人也给予明确、具体批示。国家发改委相关领导和司局高度重视,并以国家发改委名义向国务院领导写出报告,回应了课题组提出的"发展思路"和"对策建议"。江苏省领导也十分重视,要求落实国务院领导批示和决策咨询报告建议。

推动县域高质量发展的生动范例

——《浙江嘉善县域科学发展示范点发展改革方案》实施情况评估与建议

（2021年4月22日）

习近平总书记对浙江嘉善县发展一直十分关心和高度重视，2009年9月全党开展学习实践科学发展观活动时就把嘉善县作为联系点，并要求把联系点建成县域科学发展示范点。2013年2月，国家发改委制定了《浙江嘉善县域科学发展示范点建设方案》；2016年4月，习近平总书记在示范点建设第一阶段任务完成后的第三方评估专报上作出重要批示，要求"进一步总结嘉善经验，继续制定新的发展改革目标，争取全面建成小康社会新成绩"。按照习近平总书记批示，2017年2月国家发改委又制定《浙江嘉善县域科学发展示范点发展改革方案》（以下简称《发展改革方案》），明确到2020年努力把嘉善建设成为全面小康标杆县和县域践行新发展理念的示范点。为客观评估和系统总结嘉善示范点建设第二阶段的新实践、新成绩和新经验，在新发展阶段继续将示范点建设引向深入，受浙江省发改委委托，中国行政体制改革研究会牵头组织中央党校（国家行政学院）、国务院发展研究中心、北京师范大学等智库单位的专家学者，在多次深入实际调研的基础上，对《发展改革方案》的实施进展和成效进行了评估。近日，经中宣部全国哲学社会科学工作办公室批准，中国行政体制改革研究会在浙江嘉善举办"决胜全面建成小康社会：嘉善经验与启示"学术论坛，来自多个国家高端智库和知名高校的专家学者、相关实际部门和地方的负责人对嘉善的实践经验进行了研讨。专家们一致认为，嘉善示范点第二阶段的主要任务已经完成，践行新发展理念、推动高质量发展取得了显著成效，不少好的做法和经验已在浙江省乃至全国进行了交流和推广，对解决县域高质量发展中面临的共性问题发挥了很好的示范作用；同时，示范点建设也存在一些值得重视和有待深入研究解决的问题。

一、主要做法和成效

近4年来，嘉善县坚持以习近平新时代中国特色社会主义思想为指导，全面贯彻落实新发展理念，自觉走高质量发展之路，聚焦《发展改革方案》提出的建设"四区一园"（产业升级引领区、城乡统筹先行区、生态文明样板区、开放合作先导区和民生幸福新家园）目标任务，实施一系列发展改革新举措，取得显著新成绩：县域综合实力快速提升，发展质量快速提升，城乡融合快速提升，生态文明快速提升，开放合作快速提升，民生福祉快速提升。总的看，走出了一条创新集聚、发展方式转变之路，走出了一条城乡统筹、融合发展之路，走出了一条生态优先、绿色发展之路，走出了一条接轨上海、开放合作之路，走出了一条民生改善、推进共富之路，为我国县域践行新发展理念、推动高质量发展提供了生动范例。

（一）着力强化创新驱动发展，县域高质量发展形成新优势

一是高标准建设创新载体。全面推进创新资源集聚，建设面向海外归国人才的归谷科技产业园、上海人才创业园、设在上海和荷兰的"科创飞地"、祥符荡科创绿谷、中新嘉善现代产业园等一批研发基地、孵化中心、转化平台，进一步整合创新载体，全县累计培育科技企业孵化器5家、众创空间6家、星创天地19家，成功创建了国家知识产权试点县、国家科技成果转移转化示范县、国家可持续发展创新示范区。

二是高规格培育创新主体。出台"科技新政"、"独角兽"企业培育等政策，实施科技型企业"双倍增"行动计划，完善"微成长、小升高、高壮大"梯次培育机制，推进产学研合作，引导创新要素向企业集聚。全县高新

技术企业数量实现三年翻两番，累计认定省科技型中小企业数量实现三年翻番，累计培育各级企业研发中心数量实现五年翻番。实施招才引智工程，持续推进"精英引领""菁英汇善""祥符英才"等计划，设立海外引才工作站、高校引才联系点、"引才大使"，打造引育留用最佳人才生态。全县累计引育"国家千人计划"和"浙江省千人计划"专家158名、领军人才105名。

三是高要求推动创新赋能。围绕优化产业结构、转型提档，持续打出"机器换人"、数字化改造、企业上云等组合拳，实现传统产业转型升级，形成一批智能制造示范样板工程。大力发展智能传感器、生命健康、新能源等新兴产业。2020年规上工业中高新技术产业、战略性新兴产业增加值占比分别达到73.47%、59.12%，数字经济核心产业增加值增长87.2%，占GDP的13.6%。大力发展信息技术、科学研究、金融服务等现代服务业；培育发展创意农业、"互联网+农业"等新业态；建成"农安嘉善"智慧监管系统，成为全国农产品质量安全县。

四是高水平营造创新环境。实施全域土地综合整治，深化亩均论英雄改革，完善工业企业亩均绩效ABCD分类评价机制，实现资源要素差异化配置。建立土地使用权、排污权、用能权等要素综合交易平台。增强金融服务支撑，深化国家级产融合作试点、省级金融创新示范县试点建设，推动区域性股权市场试点改革，成立政策性融资担保公司和转贷公司，引导金融机构服务实体经济发展。

（二）着力全面推进乡村振兴，城乡一体融合发展呈现新局面

一是完善城乡融合发展规划体系。在全省率先编制县级国土空间总体规划并成为省级规划，优化县域城乡一体化空间格局。构建"多规合一"规划体系，做到"一张蓝图"管全域、"一个平台"管实施、"一套机制"管落地，建立空间规划"一张图"监督系统，实现国土空间规划管理全域信息化覆盖。

二是大力实施乡村建设行动。深入推进农村基础设施、基本公共服务与城镇无差别融合，率先实体化运营乡村振兴学院，高起点布局数字乡村、数字农业建设，推进农业信息进村入户，实现5G基站建设镇域全覆盖、益农信息社村级全覆盖。

三是加速推进城乡融合发展工程。深入推进新型城镇化，进一步发挥城镇的龙头带动效应。分类实施农房集聚改造，中心城镇人口集聚度、产业集中度、功能完善度不断增强。5年来建成城乡一体新社区63个，农房集聚率达到53%。2019年，全县城镇化率提升到64.5%，列全国城乡统筹百佳县市第4位。

四是健全城乡融合发展制度机制。推动全域农田高质量流转，2020年农田流转率达到86.6%。通过提取部分土地出让金收益等办法，率先建立乡村振兴专项基金。挂牌出让嘉兴市首宗农村集体经营性建设用地。深入开展农村集体资产清产核资工作，制定农村集体资产股权有偿退出、村级集体经济组织赎回及继承、转让、赠予等流转办法，为维护农民对集体资产的权益提供制度保障。

（三）着力打造生态文明样板区，江南精致水乡花园展示新景象

一是开展美丽县城、美丽城镇、美丽乡村和美丽通道"四美"联动建设。环境全域秀美村达标率达到100%，成为浙江省生态文明建设示范县、国家园林县城、浙江省森林城市、浙江省"绿水青山就是金山银山"样本，在全省率先实现国家级生态镇全覆盖。2020年，位列中国最具绿意百佳县第14位。

二是深入实施环境综合治理。持续深化治水、治气、治废"三大革命"。2020年，全县地表Ⅲ类水占比由2015年的28.6%提高达到100%，空气优良率从75.3%提高达到90.7%，基本实现固废垃圾资源化、无害化处置，全县2/3的镇（街道）被列为"省级样板镇"。

三是建立生态环境管理长效机制。科学编制生态保护红线、环境质量底线、资源利用上线，制定实施环境准入负面清单。健全资源有偿使用、主要污染物初始排污权有偿使用和交易制度，建立一体化示范区生态共保机制，完善环境监管机制。

四是全面推动绿色发展转型。创建省级循环经济示范县，建成一批循环经济示范重点项目。利用本地氢能源产业，建设运行全省首座氢电综合供能服务站,率先开通运营氢燃料电池公交线,2020年全县清洁能源及新能源公交车占比达82.1%。获评国家生态文明建设示范县、国家全域旅游示范区等国家级荣誉。

(四)着力深度融入上海和长三角,开放合作达到新高度

一是深度接轨上海。积极推进以上海为重点的区域合作、以上海为窗口的国际合作。深入推进产业融合、民生共享和机制合作,构建研发在上海、转化在嘉善的产业协作体系。推动100余家企业与上海知名院校开展产学研合作。与上海交通设施实现无缝对接,在教育、医疗、养老等领域资源共享,实现公交卡、医保卡、市民卡等"一卡通",两地同城效应进一步彰显。推进在发展规划、政务服务、施工标准、市场规则、城市管理等领域对标接轨上海,建立跨省联勤联动问题处置等合作机制,复制上海自贸区通关便利化、保税监管等20项制度。

二是深度融入长三角一体化发展。全面推进与长三角区域基础设施互联互通,打造长三角主要城市半小时互达、示范区主要节点半小时互达交通圈。与上海青浦区、苏州昆山和吴江签署一体化发展合作备忘录,共同编制完成长三角生态绿色一体化发展示范区总体方案、发展行动方案,构建了县域统筹、区域联动、互相衔接、协同管理的示范区规划体系,推进规划管理、生态保护、公共服务、土地管理等8个方面一体化制度创新,22项一体化制度创新经验在国家层面得到推广。

三是深度拓展对外经贸合作。积极参与"一带一路"建设,出台加大企业参展、出口信保等政策,扩大国际经贸合作。以中荷(嘉善)产业园为载体拓展欧洲市场,设立嘉善驻欧洲办事处、国际创新中心。近5年,累计实际利用外资24.6亿美元,连续19年位列浙江省利用外资"十强县",进出口总额年均增长16%,形成小县大开放、小县大外资发展格局。

(五)着力提高人民生活品质,共享共富迈出新步伐

一是构建高质量就业保障体系。实施城乡一体的积极就业政策,深化大众创业促进机制改革,出台创业担保贷款、创业社保补贴等"创十条"政策,建立大学生创业学院、创客空间等载体,每年发放各类就业创业补贴达千万元。近5年城镇登记失业率都保持在1.75%的较低水平。

二是促进富民增收和缩小收入差距。实施城乡居民收入倍增计划,修订收入分配和社会保障体制改革实施方案,健全资本、技术、专利、管理等要素市场报酬机制。积极拓宽农民增收渠道,促进农村居民收入增长速度快于城镇居民。2020年城乡居民收入比缩小至1.6:1,在全国处于收入差距较小水平。

三是构建优质公平公共服务体系。加大对公共服务投入,县财政支出用于民生的占比保持在75%以上。普及15年基础教育,推进义务教育学校教师流动、县管校聘等改革试点,被评为全国首批义务教育发展基本均衡县。城乡一体社会养老保险、医疗保险实现全覆盖,率先出台长期护理保险制度,推动困难残疾人生活补贴与重度残疾人护理补贴全覆盖。创新开展县域数字医共体建设,获评国家医共体信息化建设创新奖,启用长三角首个5G智慧健康屋,率先实现"医后付"公立医院全覆盖。建成以居家为基础、社区为依托、机构为补充、医养相结合的多层次养老服务体系,嘉善县被确定为全国智慧健康养老应用示范基地。

(六)着力推进全面深化改革,县域治理现代化提到新水平

示范点建设至今,嘉善共实施省级及以上改革试点任务143项,已完成试点任务58项,正在实施或深化的改革任务85项,基本构建起践行新发展理念、推动高质量发展要求的体制机制。推进土地、科技、人才等资源要素市场化改革,突破发展瓶颈。推进规划管理、投资管理、要素流动等领域制度改革创新,拓宽发展格局。深入推进"放管服"改革,"最多跑一次"实现率和群众满意率列全市第一、全省前列。"一支队伍管执法"改革在省级以上会议作经验交流。推行"村务民主决策公决",加强基层民主建设,提升村民自治水平。深入挖掘本地传统文化元素,培育和弘扬以"地嘉人善、敬业争先"为核心内涵的"善文化"。"善文化"被中央文明办列为培育和践行社会主义核心价值观的重点工程。全面建成县、镇、村三级公共法律服务实体平台,精准开展法制宣传教育。打造以智能化、信息化、立体化为核心的县域智慧安防体系,推进县域社会治理信息化、高效化和便捷化。连续15年蝉联省级平安县,成功创建全国文明城市。

二、宝贵经验和启示

近 4 年来，嘉善县实施《发展改革方案》积累了县域高质量发展的宝贵经验和有益启示。最根本的是，坚决贯彻落实习近平新时代中国特色社会主义思想，把习近平总书记的谆谆嘱托和亲切关怀转化为巨大动力、崇高责任和历史使命，从习近平总书记的重要批示指示中得到方向指引、理念提升、精神滋养、实践指导，奋力推进示范点建设水平不断提升、示范引领作用不断彰显。

（一）坚持把握新时代要求，科学绘制县域发展蓝图

嘉善开展示范点建设以来，随着中国特色社会主义理论和实践的创新发展，与时俱进地对发展改革蓝图进行丰富完善。国家发改委把握新时代的新要求，在国家层面从 2013 年制定《浙江嘉善县域科学发展示范点建设方案》提出建设"三区一园"、做县域科学发展的示范，到 2017 年制定《浙江嘉善县域科学发展示范点发展改革方案》提出建设"四区一园"、做践行新发展理念的示范，再到 2020 年编制《长三角生态绿色一体化发展示范区总体方案》、做落实长三角一体化国家战略的示范，嘉善县域示范点建设的理念不断创新、内涵不断丰富、要求不断提高、实践不断深化。嘉善在县域层面统筹推进"五位一体"总体布局和协调推进"四个全面"战略布局，对县域各领域建设和改革进行前瞻性思考、全局性谋划、整体性推进。正是因为站在新时代的制高点，紧紧把握住新时代中国特色社会主义不断发展的新要求，注重运用战略思维、创新思维、系统思维和系统方法科学绘制发展新蓝图，才为嘉善县域发展改革指出明确的方向和目标，为全县干部群众注入奋进的激情和力量，发展改革才得以沿着正确轨道不断推进，取得超乎预期的显著成效。

（二）坚持切实践行新发展理念，注重全面提升县域发展质量

几年来，嘉善县努力完整、全面、准确理解和贯彻落实新发展理念，系统、深刻把握新发展理念的科学内涵和实践意义，自觉把新发展理念贯穿于经济社会发展各领域和全过程。加大创新投入力度，汇聚创新资源，扶持创新产业，大力推动产业转型升级，持续提升发展的"创新含量"。统筹城乡规划、建设、管理、服务，统筹"五大建设"，统筹发展和安全，持续提升发展的整体性、协调性、均衡性。积极开展"美丽嘉善"建设，全面推动生产生活方式绿色转型，持续提升发展的环境友好度。深化与上海和长三角地区融合发展，持续提升发展的开放度。全方位提升普惠性的民生保障水平，增强城乡之间、外来人口和本地户籍人口之间公共服务的均等性，持续提升发展成果享有的公平性。实践证明，只有完整把握、准确理解、全面落实新发展理念，才能真正推动和实现高质量发展。

（三）坚持充分发挥区位优势，主动融入和服务国家战略大局

在推进示范点建设发展改革中，嘉善注重发挥自身区位优势，主动融入国家区域发展新格局。一方面，主动推进与毗邻的上海全面接轨、深度融合、同城化发展。另一方面，深度融入长三角地区国家重大战略，深度嵌入以上海为重要极点的全球产业链、供应链、经济链，从而走出了一条依托大都市大区域、面向大资源大市场的大开放、大合作县域发展之路。

（四）坚持敢打改革攻坚战，构筑县域高质量发展的体制制度保障

坚持以问题为导向，以闯关拔寨、敢吃螃蟹的精神，勇于攻坚克难。善于"发展出题目，改革做文章"，以改革破解发展中出现的问题、遇到的障碍。坚决贯彻党中央全面深化改革的部署，密切结合本县实际，系统谋划和不断推进经济体制、政治体制、文化体制、社会体制、生态文明体制等领域的改革和党的建设制度改革，完善党的全面领导体制，注重处理好政府和市场、政府和社会的关系，推动有效市场和有为政府的有机结合、活力社会和有力政府的相互促进，为县域高质量发展破除体制障碍、创造良好的制度环境。正是由于坚持以改革为抓手和动力，用好改革这个"关键一招"，适应形势和任务的需要持续深化改革，才攻破了一个个体制机制障碍和壁垒，为高质量发展提供体制制度保障。

（五）坚持发扬实干为先和"钉钉子"精神，确保各项任务落地落实

《发展改革方案》批复实施后，有大量认识需要深化，大量举措需要探

索,大量难题需要破解。嘉善县始终把示范点《发展改革方案》的贯彻落实作为头号工程,以时不我待的紧迫感、责无旁贷的使命感,求真务实,干在实处,扎实推进各项任务的落实。县委成立专责推进机构,成立专题工作组,强化关键领域重大发展改革任务的具体设计、综合集成、协同推进,分解年度重点任务,明确每项任务的责任部门和时间进度,加强落实进度的监督检查,保证了各项目标任务顺利完成。正是由于把压力变为动力,坚持实干苦干,一任接着一任干,以"钉钉子精神",谋划并打好一场场"战役",打出一套套"组合拳",才使制定的发展改革美好蓝图变成现实。

(六)坚持全面加强党的领导,以高水平党建统领县域高质量发展

树立党建统领政治导向,旗帜鲜明讲政治,大力加强党的政治建设。积极探索建立党的建设与经济、政治、文化、社会和生态文明建设相融合的新机制。着力弘扬红船精神、浙江精神等优秀文化精神,全面加强党的思想、组织、作风、反腐倡廉和制度建设,打造具有"双示范"鲜明标识的基层党建样板。正是由于全面加强党的建设,才使全县党组织的领导力、组织力、凝聚力、战斗力明显增强。

我们在评估中发现,对标"示范点建设"、对照现代化建设的新要求,嘉善县域发展改革仍面临不少问题和挑战。包括高质量发展存在多重短板,现代化经济体系有待完善,核心竞争力还不够强,平台承载能力尚有不足;在区域一体化发展的大趋势下,虹吸效应仍然存在,出现部分行业产业转移、高层次人才外流现象;资源要素有效供给面临较大压力,深化改革中的行政区划和法律法规瓶颈有待突破等。这些问题都有待于深入研究和探索解决。

三、几点建议

在全面建设社会主义现代化国家的新阶段、新征程,为继续发挥嘉善在践行习近平新时代中国特色社会主义思想、推动县域全面建设社会主义现代化实践中的示范引领作用,我们提出以下几点建议。

（一）将嘉善作为新发展阶段县域全面建设社会主义现代化的先行示范点

县域现代化建设对于全面建设社会主义现代化国家具有举足轻重的作用，目前尚没有全面建设社会主义现代化的县级示范区，有必要选取有条件的地方作为县域示范点，使其为国家扛旗、为时代示范、为县域全面推进现代化建设探路。10多年来，在习近平总书记亲切关怀和亲自指引下，嘉善在推动高质量发展、推进共同富裕、完善县域治理等方面发挥了很好的示范引领作用。嘉善原有发展基础比较薄弱而示范点建设后变化十分显著，后来居上的经验具有普遍性和说服力。综合来看，嘉善具备新发展阶段率先全面推进现代化的条件。建议把嘉善作为县域全面建设社会主义现代化的先行示范点，使之继续在我国县域全面建设社会主义现代化新征程中先行探路，提供有益经验，发挥示范引领作用。

（二）建议国家发改委等有关部门制定新发展阶段嘉善率先全面推进社会主义现代化的建设方案

2013年和2017年，由国家发改委牵头制定《浙江嘉善县域科学发展示范点建设方案》和《浙江嘉善县域科学发展示范点发展改革方案》，为嘉善科学发展和高质量发展，以及形成示范引领经验发挥了十分重要的作用。建议国家发改委等有关部门制定新发展阶段嘉善率先全面推进社会主义现代化的建设方案，继续对嘉善发展改革给予指导和支持。

（三）支持形成区域一体化发展中跨行政区、行政层级协同治理机制

嘉善以及相邻地区在落实长三角一体化国家战略过程中，还存在一些跨行政区、行政层级的政策法令障碍。例如，根据有关行政法规，行政执法权具有法定地域限制，跨行政区域执法很难实现实质性的一体化；一些改革在推进中会遇到行政层级、行政区划、部门分割形成的壁垒。为解决此类问题，建议国家出台相关政策，鼓励和支持包括长三角在内的区域一体化重点地区探索建立跨行政区的联合履职机制、跨行政层级的区域协调协作机制，强化跨行政区、跨行政层级的协同治理。

（四）研究完善相关法律法规赋予试点地区更多改革发展权力

嘉善承担多项省级以上改革试点任务，一些改革探索遇到法律红线难以突破、存在法律空白以及不同上位法相互打架等障碍。例如，农村集体经济股权、农民住房财产权、土地承包经营权等"三权"改革，城乡建设用地再开发等，遇到相关法律法规具体规定的"天花板"，改革难以有效推进。建议国家有关部门抓紧修订完善相关法律法规。在未完成法律修订之前，可通过适当的程序，赋予试点地区必要的先行先试权力。

（五）深入总结推广嘉善县域示范点建设中有益做法和经验

嘉善干部群众顽强拼搏、开拓创新，成功走出了一条贯彻落实新发展理念、推动高质量发展、率先高水平建成小康社会的道路。这是习近平新时代中国特色社会主义思想在县域范围内落实落地、开花结果的生动实践，雄辩地彰显了党的创新理论强大的真理力量。嘉善在实践中形成的一些重要经验，可为其他地方特别是其他县（市）结合本地实际，切实践行习近平新时代中国特色社会主义思想、扎实推动高质量发展、全面推进社会主义现代化提供借鉴。建议有关部门和研究机构深入系统总结推广嘉善县域示范点建设的成功经验，以充分发挥典型示范经验的重要作用。

【背景与效果】

服务党政决策和地方发展，是新型智库的重要任务。浙江嘉善县是习近平同志在学习实践科学发展观活动时的联系点，对嘉善县发展改革工作多次作出重要指示批示。2016年4月，魏礼群应浙江省发改委委托，牵头组织中国行政体制改革研究会等单位人员对国务院批复《浙江嘉善县域科学发展示范点建设方案》的实施情况进行评估，并将形成的评估报告报送习近平总书记，受到重视作出重要批示，党中央、国务院多位领导也作出批示，推动了实际工作。国家发改委于2017年2月又制定了《浙江嘉善县域科学发展示范点发展改革方案》。2021年4月，魏礼群再次应浙江省发改委委托，牵头组织中国行政体制改革研究会、北京师范大学社会治理智库专家王满传、孙文营、慕海平等，对《浙江嘉善县域科学发展示范点发展改革方案》的实施情况进行评估，形成了《推动县域高质量发展的生动范例——〈浙江嘉善县域科学发展示范点发展改革方案〉实施情况评估与建议》。此评估报告和建议受到习近平总书记和其他多位中央领导的重视作出批示。按照中央领导批示精神，国家发改委再次制定了《新发展阶段浙江嘉善县域高质量发展示范点建设方案》，经中央全面深化改革委员会批准实施。